D1924250

Die vorliegende Anthologie vermittelt dem Leser ein neues Bild von Island, eines, das weit über die alten Mythen von Elfen und über stolze Wikingersagas hinausgeht. Halldór Laxness, Steinunn Sigurðardóttir, Thor Vilhjálmsson, Kristín Marja Baldursdóttir und Einar Már Guðmundsson und viele andere wichtige Stimmen der isländischen Literatur präsentieren das moderne Island des 20. Jahrhunderts und erzählen uns vom Land im hohen Norden, von seiner gewaltigen Natur, vor allem aber von seinen Bewohnern und ihren Geschichten.

Die schönsten isländischen Erzählungen des 20. Jahrhunderts, die meisten davon erstmals in deutscher Übersetzung, sind in diesem Band versammelt.

insel taschenbuch 4038

Die schönsten Erzählungen Islands

Die schönsten Erzählungen Islands

Herausgegeben von
Soffía Auður Birgisdóttir,
Gert Kreutzer und
Halldór Guðmundsson

Insel Verlag

Mit Unterstützung von »Sagenhaftes Island«

SAGENHAFTES ISLAND
FRANKFURTER BUCHMESSE
EHRENGAST 2011

insel taschenbuch 4038
Originalausgabe
Erste Auflage 2011
© Insel Verlag Berlin 2011
Alle Rechte vorbehalten, insbesondere das des öffentlichen Vortrags sowie der Übertragung durch Rundfunk und Fernsehen, auch einzelner Teile.
Kein Teil des Werkes darf in irgendeiner Form (durch Fotografie, Mikrofilm oder andere Verfahren) ohne schriftliche Genehmigung des Verlages reproduziert oder unter Verwendung elektronischer Systeme verarbeitet, vervielfältigt oder verbreitet werden.
Vertrieb durch den Suhrkamp Taschenbuch Verlag
Quellenverzeichnis am Schluß des Bandes
Umschlagfoto: Roine Magnusson / Getty Images
Umschlaggestaltung: HildenDesign, München
www.hildendesign.de
Satz: Hümmer GmbH, Waldbüttelbrunn
Druck: CPI – Ebner & Spiegel, Ulm
Printed in Germany
ISBN 978-3-458-35738-4

2 3 4 5 6 – 16 15 14 13 12 11

Inhalt

Mensch und Natur

Der komische Alltag

Die phantastische Wirklichkeit

Von Frauen und Männern

Familienbilder

Mensch und Natur

Ólafur Jóhann Sigurðsson

Die Errichtung der Pyramiden

Es war Friðmundur Engiljón, der klügste Handwerker der Welt, der die Mysterien der Pyramide aufdeckte und mich lehrte, die geheimnisvollsten Menschenwerke auf Erden zu verstehen. Er trat heraus aus dem windstillen, heißen Dunst eines Julitags, beladen mit allerlei Geräten und Werkzeugen, zwirbelte würdevoll seinen rötlichen Schnurrbart und blieb für eine Zeit von gut zwei Monaten bei uns. Wir hatten ihn eigentlich schon viel früher erwartet, da er meinem Pflegevater brieflich versprochen hatte, spätestens zum Mittsommertag hierherzukommen, um eine neue Scheune und einen neuen Kuhstall zu bauen. Aber Mittsommer verging – die Tage danach vergingen auch und reihten sich zu einer Woche, einem halben Monat, drei Wochen, ohne daß Friðmundur etwas von sich hören ließ. Was dachte sich der Mensch? Hatte er sein schriftliches Versprechen vergessen? Hatte er andere Bauarbeiten in anderen Bezirken vorgezogen? Vater schüttelte sorgenvoll den Kopf und konnte nachts nicht mehr schlafen. Er sagte, er könne weder eine solche Wortbrüchigkeit verstehen, hol's der Teufel, noch habe er den Eindruck, daß diese Scheune noch vor dem Herbst zustande käme, geschweige denn der Kuhstall. Er betastete das Bauholz mit heftig gerunzelten Augenbrauen, ging ein ums andere Mal um den Bauplatz herum und sah dreißigmal am Tag zur Straße, aber alles nützte nichts: Friðmundur Engiljón war nirgends zu sehen. Die Wände warteten auf ihn, frischgemauert und verputzt, die Pfosten warteten auf ihn, lang und dick, ebenso das Wellblech und die Teerpappe, das Fensterglas, Nägel und Türangeln; aber Friðmundur Engiljón fuhr beharrlich fort, irgendwo weit in der

Ferne zu nageln und zu sägen. Er ließ sich durch nichts aus der Ruhe bringen, dieser Kerl! Es schien ihm nicht sonderlich wichtig, zu seinem Wort zu stehen!

Eines schönen Sonntags war es dann soweit. Es war mitten in der Heuernte, als ich an der westlichen Hofmauer dröhnend an ein rostiges Faßband schlug und abwechselnd auf das ungemähte Gras und den ersten Heustapel auf der Heuwiese hinter dem neuen Scheunenplatz schaute, aber die Sorgen meiner Pflegeeltern raubten mir jede Freude. Ich zerbrach mir den Kopf über Friðmundur Engiljón und beschimpfte ihn innerlich, als er plötzlich aus dem windstillen, heißen Dunst heraustrat, kleingewachsen, untersetzt und X-beinig, beladen mit seinen Geräten und seinem Gepäck. Er beschleunigte seine Schritte, wunderbar leichtfüßig, schlenkerte mit dem einen Unterarm im Takt seines Ganges, sah weder nach rechts noch nach links und kam schnell näher. Welch beispielloses Glück, daß ich gerade draußen war! Was für ein Glück, ihn vor den anderen zu sehen! Ich warf sofort das verrostete Faßband weg und eilte wie der Blitz ins Wohnzimmer und verkündigte mitten im Raum die frohe Botschaft. Friðmundur Engiljón ist da!

Ja, er war tatsächlich gekommen, quicklebendig und fidel. Ich konnte meine Augen nicht von ihm wenden, während er seinen roten Schnurrbart zwirbelte, sich den Schweiß von der Stirn wischte und goldbraunen Tabak in seine gebogene Pfeife mit dem gebrannten Tonkopf stopfte. Er brachte eine neue Atmosphäre ins Wohnzimmer, den Duft von Sägemehl und Hobelspänen, vom Rauchen und Reisen, aber seine Hände waren unbestreitbare Zeugen von Geschicklichkeit und Sachverstand, ihm geschenkt vom Schöpfer selbst. Es waren Handwerkerhände. Er lachte selten mit offenem Mund, sondern kicherte leise und schüttelte sich heftig innerlich oder kniff nur die runzligen Augenlider zusammen, bis die dunkelblauen Augen, klar und flink, Strahlen auf alle Anwesenden warfen. Und wenn er sprach, folgte seine Stimme einem fadendünnen Pfad zwischen Ausgelassenheit und Ernst, aber die Worte verwandelten sich in Vergleiche, Aphorismen und Rätsel, die meinen Verstand herausforderten und mir Fragen auf die Zunge legten.

Er schmauchte seine Pfeife und bat tausendmal um Verzeihung für seinen Verrat. »Das geschah nicht ohne Grund. Verdammt üble Plackerei!« Er hatte den Auftrag, ein kleines Wohnhaus zusammenzuflicken, wobei alles schiefging und sich in die Länge zog. Das Holz erwies sich als schlecht und nicht ausreichend; die Katze hatte wahrscheinlich eine Portion Nägel gefressen, denn eines Morgens waren sie alle; immer fehlte irgend etwas, und jedes Mal mußte man schleunigst in die Stadt; die Leute kampierten im Viehstall, einem undichten, dunklen Schuppen, den man nicht einmal mit einem ähnlichen Bauwerk im Osten in Bethlehem vergleichen konnte. Die Kleinkinder heulten, die Großmutter schlotterte, die Hausfrau jammerte ohne Unterlaß – und Friðmundur Engiljón hatte es nicht übers Herz gebracht, sich davonzumachen, bevor er das kleine Wohnhaus fertiggestellt hatte. Ja, ja, nun war keine Zeit, sich auszuruhen, jetzt hieß es, die Ärmel aufzukrempeln.

Nach diesen Worten kam er zur Sache, vermaß die Wände, maß Balken, Pfosten und Sparren, murmelte halblaut komplizierte Zahlen, schrieb aber nichts auf, schrieb kein Jota in sein rotes Notizbuch, verfrachtete vielmehr alles in sein Gedächtnis, kratzte sich hinter dem Ohr und sortierte jede Kleinigkeit dieses schwierigen Werks in den kahlen Schädel.

Was für ein Gedächtnis! Was für ein Schädel!

Er hatte eine Unmenge von Werkzeugen und Geräten: Sägen, Hämmer, Bohrer, Hobel, Stemmeisen, Kneifzangen, Greifzangen und Wasserwaagen; aber all diese Werkzeuge bewegten sich so sicher und geschickt in seinen Händen, daß es aussah wie Zauberei. Ich vergesse nie, wie stolz und glücklich ich war, als mein Pflegevater mich bat, Friðmundur Engiljón behilflich zu sein, Botengänge zu machen und ihm Molkenwasser in der Mittagshitze zu bringen, da ich zu jung und schmächtig sei, um bei der Heuernte von Nutzen zu sein. Das ließ ich mir nicht zweimal sagen und umkreiste ihn wie ein winziger Satellit, während der Sommer den klaren Himmel durchwanderte auf seinem Weg in den Herbst. Ich wurde nicht müde, ihn und seine Handbewegungen zu verehren oder den glänzenden Schädel im Sonnenschein zu bewundern, den Glanz in seinen warmen Augen, die neckischen Runzeln in seinem Gesicht und den sorgfältig gezwirbelten Schnurrbart, der voller Späne und Sägemehl war. Er hatte stets gute Laune und war immer bereit, mit mir über die unterschiedlichsten Dinge zu sprechen, gerade als wäre ich ein Erwachsener, aber seine Antworten und Bemerkungen glichen nicht selten schwerverständlichen Rechenaufgaben oder hochtrabenden Weisheiten, die mich mal herausragend begabt, mal fürchterlich dumm fühlen ließen. Ich habe mich oft schwarz darüber geärgert, daß ich mir seine Weisheit nicht besser zunutze machen konnte oder mehr von seinen Antworten und guten Ratschlägen im Gedächtnis verankerte; besonders schämte ich mich aber für meine unverschämten und idiotischen Fragen, die ich ihm anfangs an den Kopf warf, bis die Wissenschaft ins Spiel kam und Überlegungen zu den Pyramiden meinen Geist in Beschlag nahmen.

Ich sagte: »Warum hast du einen so komischen Namen? Warum heißt du Friðmundur Engiljón?«

»Es kann so manches passieren«, antwortete er und dachte über den Sparren nach. »Jetzt wäre es schön, einen Vierzöller zu haben, mein Junge!«

Ich reichte ihm den Nagel, griff den Faden aber wieder auf, sobald die Schläge nachließen:

»Glaubte der Pfarrer vielleicht, daß du ein Engel bist?«

»Ein Kalb weiß nichts vom Kreuzzeichen«, antwortete er. »Es ist gut, ein Pfarrer zu Ostern zu sein und ein Engel im Orkan.«

Ich schwieg eine kleine Weile und schaute neugierig auf seinen kahlen Kopf, bis ich mich nicht mehr beherrschen konnte:

»Warst du blond oder dunkelhaarig?« fragte ich.

»Weder noch«, antwortete er ohne zu zögern.

»Dann bist du dunkelblond gewesen«, sagte ich.

»Nein«, sagte er.

»Wie warst du denn?«

»Wahrscheinlich so, wie Gott mich schuf«, sagte er lächelnd und ließ die Schläge auf den Sparren knallen. »Es würde mich nicht wundern, mein Junge, wenn ich genauso gewesen wäre, wie Gott mich schuf!«

Dies stellte mich nicht völlig zufrieden, ich wollte irgendeine Auskunft darüber haben, warum ihm die Haare ausgefallen waren und ob es ihm nicht langweilig schiene, so kahl und ausdruckslos zu sein. Er antwortete mir so, daß ich meine Pflegemutter später bat, mir am Abend die Haare kurz zu schneiden, und ich hörte nicht auf zu quengeln, bis sie getan hatte, wie ich wollte. Aber das war noch nicht genug. Als ich ausgezogen war, vergrub ich mich unter die Bettdecke, faltete die Hände und bat den Schöpfer inniglich, mir in der Nacht eine Glatze zu schenken, eine weiße, glänzende Glatze, so daß ich genauso intelligent würde wie Friðmundur Engiljón, genauso klug und geschickt. Der hatte nämlich geantwortet: »Lange Haare – kurzer Verstand«, und kurz von seiner Arbeit aufgesehen, in die Ferne geschaut und würdevoll den Schnurrbart gezwirbelt, aber mir war es vorgekommen, als ob seine Augen auf meinem lockigen Schopf ruhten, und ich errötete tief vor Scham. Es war völlig unerträglich, nicht kahl zu sein.

Am nächsten Tag mußten wir bis nachmittags auf Sonnenschein warten. Kaum hatte uns der erste Strahl auf der grasbewachsenen Anhöhe beim Bauplatz getroffen, als Friðmundur die Säge hinlegte und mit der flachen Hand über den kahlen Kopf strich, bevor er Stemmeisen und Hammer ergriff.

»Was ist denn das jetzt?« sagte er und tat, als wäre er überrascht. »Pfui, du hast dich scheren lassen, Kamerad!«

»Ja«, sagte ich und versuchte, meine Stimme erwachsen klingen zu lassen. »Es ist viel besser, wenn man kurzgeschoren ist.«

»Nein, das kann man wirklich nicht vergleichen!« sagte er und nickte.

»Es ist so angenehm in der Hitze«, sagte ich und strich mir mit der flachen Hand über den Wirbel.

»Völlig richtig, ganz unvergleichlich angenehm!« stimmte er zu und schüttelte sich innerlich, während er eine Kerbe in den Querbalken über den Sparren schlug. »Du willst wohl der größte Intelligenzbursche sein!«

Ich hob fast vom Boden ab und konnte es kaum fassen, wandte mich, kaum daß die Worte gefallen waren, zur Scheune und zum Stall, trat neben ihm wichtigtuerisch auf der Stelle und redete über die Bauarbeiten, als würde ich vor Wissen und Gelehrsamkeit platzen. Ich erlaubte mir, verschiedene Vorschläge zu machen und meine Ansichten verlauten zu lassen – es wäre vielleicht geschickter, dies und jenes anders zu machen, den Nagel schräg einzuschlagen, das Stemmeisen so zu halten, tiefer einzukerben und den Hammer näher am Hammerkopf zu fassen. Friðmundur Engiljón hörte meinem Geschwätz lange geduldig zu, zündete sich dann seine Pfeife an, schmauchte sie bedächtig und lächelte spöttisch. Das war das erste und letzte Mal, daß er so über meine Worte lächelte, ich versuchte auch nicht mehr, ihm bei den Arbeiten Anleitungen zu geben.

»Hier schwimmen wir mit den Äpfeln, sagten die Pferdeäpfel!« kicherte er. »Schrecklich, wie die Erde bei Windstille dampfen kann!«

Ich schwieg wie ein Grab und wagte es nicht, ihn anzusprechen, bevor der Sonnenschein die letzten Wolken vom Himmel radiert hatte und die Luft sich mit dem kräftigen Duft der trocknenden Flecken auf der Hauswiese füllte. Ich lief ins Haus nach Molkenwasser und schaute verzagt auf Friðmundur Engiljón, während er die Trinkschale leerte und die Feuchtigkeit aus dem Bart saugte. Nein, meine Rolle war wahrlich nicht beneidenswert. Hier stand ich, beschämt und unbedeutend, brachte kein Wort heraus und hatte keine Möglichkeit, mir irgendwelche Anerkennung zu verschaffen. Ich wollte ein bedeutender Mann werden, auf schnelle, geheimnisvolle Weise, am liebsten verhältnismäßig reich, begabt sein, weltklug und gelehrt, die Leistungen sprechen lassen und in Lob und Bewunderung baden. Aber ich sah keine Möglichkeit, dieses kindliche Verlangen zu erfüllen. Der Sommer stand in schönster Pracht, das Wollgras wiegte seine prallen Ähren, das Wollgras scharte sich in Moorsenken zusammen, weiß wie frischgewaschene Wolle; die Leute arbeiteten eifrig bei der Heuernte, Friðmundur Engiljón zimmerte eifrig, aber ich war nur ein Laufbursche und Schwächling, zu nichts zu gebrauchen, und ich hatte es geschafft, mich mit Angeberei und Prahlerei lächerlich zu machen. Gott hatte mir noch nicht einmal eine richtige Glatze geschenkt.

»Wo zum Teufel ist nur mein Zollstock geblieben?« murmelte Friðmundur Engiljón und drehte sich in alle Richtungen, als wisse er sich nicht den geringsten Rat. »Nun ist der blöde Hund mit ihm irgendwohin über alle Berge abgehauen.«

»Nein«, sagte ich eiligst, »er liegt hier direkt vor dir.«

»Ausgezeichnet«, sagte er. »Herzlichen Dank. Du hast die Augen am rechten Ort, mein Junge. Denk mal an, das hätte man schon eher bemerken können! Ich wüßte nicht, wie ich weiterkommen könnte, wenn du nicht bei mir wärst.«

Ich lebte wieder richtig auf und nutzte die Gelegenheit, ihm zu sagen, daß ich im nächsten Winter in die Schule gehen würde, ich hätte in der Schule viele Bücher zu lernen und selbstverständlich die Absicht, bei der Prüfung der Beste zu werden.

»Das freut mich zu hören«, sagte er zufrieden und schwang den Zollstock wie einen Degen. »Den kann man gut lehren, der selber lernen will. Aber hast du schon ein paar Bücher?«

»Ich habe ein kleines Buch mit biblischen Geschichten.«

»Sonst keine?«

»Doch, das Erdkundebuch«, sagte ich.

»Das sieht schon besser aus«, sagte er. »Weißt du, wie viele Kontinente es gibt?«

»Fünf«, sagte ich unsicher und beeilte mich hinzuzufügen: »Es gibt ein Bild von Pyramiden in meinem Erdkundebuch.«

»Hab ich mir doch gedacht – Pyramiden!« sagte er und suchte nach einem Bleistiftstummel in seinen Taschen, machte einen Strich auf einen langen Balken und begann zu sägen.

Mir schien, daß er etwas Bemerkenswertes im Sinn hatte, so daß ich zögernd fragte: »Hast du schon einmal Pyramiden gebaut, Friðmundur?«

Er hörte einen Moment auf zu sägen, zwinkerte mir zu, und seine Augen strahlten vor Vergnügen: »Das wäre wohl gar nicht so einfach, mein Junge!« sagte er und lachte laut auf, darauf nicht gefaßt. »Da liegst du nicht verkehrt!«

»Ist das sehr schwer?« fragte ich geschmeichelt und brannte vor Neugier.

»Ein Problem?« wiederholte er und fuhr fort zu sägen. »Einige sind der Meinung, daß dies ein großes Problem sei, andere nicht. Ich habe das nie als Problem gesehen, ich fand das nicht ein bisschen schwierig. Und doch ist es keine Sache für Feiglinge, eine Pyramide zu errichten, mein Lieber. Zum Glück!«

»Hast du große gebaut?« fragte ich begierig und drängte mich in seine Nähe.

»Große und kleine«, antwortete er geheimnisvoll. »Der Haken war nur, daß sie ziemlich schnell einstürzen wollten.«

Ich erinnere mich nicht genau, wie es geschah, aber nach kurzer Zeit hatten wir beschlossen, gemeinsam eine Pyramide zu erbauen, sobald Friðmundur Engiljón letzte Hand an Scheune und Stall gelegt hätte. Ich erinnere mich, daß der Vorschlag von mir kam; ich fand es auch angebracht, sie auf der Hauswiese zu errichten, wo ich manchmal mit mir selber oder den ersten Schneeflocken im Herbst Fangen gespielt hatte. Wir beschlossen, daß unsere Pyramide alle anderen Bauten in unserem Bezirk und alle anderen Pyramiden auf der Erde überragen sollte – sie sollte in den Himmel ragen, blau und vergoldet, oben spitz wie eine Nadel, scharfkantig und eindrucksvoll. Freilich kam es mir bei genauerem Nachdenken in den Sinn, daß es uns an Geld, Material und Menschenkraft fehlen könnte, um ein derartiges Riesenbauwerk hochzuziehen. Und ich fürchtete ein wenig, das Ganze könnte in die Binsen gehen.

Aber Friðmundur Engiljón war da ganz anderer Meinung. Er sägte mit Eifer, geschickt, mit einem Lächeln im Gesicht, als sei es für ihn kein Kunststück, einen Ausweg aus solchen Kleinigkeiten zu finden:

»Material?« sagte er prahlerisch. »Das ist doch ein Leichtes, Material für eine Pyramide zu bekommen.«

»Wie denn?« fragte ich.

»Lass mich nur machen«, sagte er. »Ich bin nicht von gestern, mein Lieber. Aber du darfst keinem Menschen etwas davon sagen! Versprichst du mir das?«

»Ja«, flüsterte ich feierlich.

»Das bleibt unter uns«, sagte er. »Nicht weitersagen!«

»Nur unter uns«, wiederholte ich, »nicht weitersagen« –

und umkreiste ihn doppelt so zuvorkommend wie zuvor. So schnell war ich zu Ansehen gekommen. So schnell hatte mich das Glück in seine Arme genommen. Ich war zum Vertrauten Friðmundur Engiljóns geworden: Wir hatten ein gemeinsames Geheimnis, wir hatten beschlossen, vor dem Herbst eine Pyramide zu bauen.

Ich werde nie vergessen, wie dieser Sommer zu Ende ging. Er verging wie ein erwartungsvoller Traum, der in der Brust weiterklingt, lange nachdem man erwacht ist. Er wanderte durch den wolkenlosen Himmel, mild und strahlend; aber ganz allmählich überzog ein schwererer Farbton die Pflanzen, das Riedgras beugte sich nieder, und das Wollgras erlaubte dem Wind, seine weiche, weiße Wolle fortzuwehen. Schließlich blühte das Kartoffelkraut, und die Abende wurden dunkel und still, bis ein gelbroter Mond und mattblinkende Sterne das Firmament aufs neue aufsuchten. Ich war voller Unruhe und Furcht. Ich träumte fast jede Nacht von der Pyramide, und immer so, daß ich am meisten von allem befürchtete, daß uns nicht genug Zeit bliebe, sie zu vollenden, bevor der Winter begann. Manchmal nahm ich das Erdkundebuch, wenn die anderen beim Essen waren, schlug Ägypten auf und starrte wie in Ekstase auf das Bild dieser alten Bauwerke, die zugleich an Zauber und Weisheit erinnerten. Ich erwähnte gegenüber Friðmundur Engiljón ein ums andere Mal, ob er es nicht an der Zeit fände, sich ans Werk zu machen, aber er ging nie darauf ein und sagte nur, ich solle mich gedulden, bis die Scheune und der Stall fertig wären – »die Geduldigen haben Rückenwind, mein Junge, die Eiligen Gegenwind.« Dann fügte er hinzu: »Nun sind die Sparren an Ort und Stelle, die Gerüste stehen ausgezeichnet, und die Dachlatten sind darauf versessen, hier hingelegt zu werden wie Backpflaumen, wenn du so gut sein willst, mir das Nagelpaket dort anzureichen – nein, nicht das, sondern das andere!«

Ich reichte ihm das Nagelpaket und lauschte schweigend auf die Hammerschläge, rasch und bestimmt. Es war offensichtlich, daß Friðmundur Engiljón mit vollem Einsatz dabei war, das Werk mit allen Kräften voranzutreiben: Er stand am Morgen vor aller Zeit auf, arbeitete wie besessen bis zum Dunkelwerden und nahm sich keine Zeit, mit mir über Gott und die Welt zu reden, außer vielleicht dann und wann, wenn er unbedingt seinen Schnurrbart zwirbeln mußte. Und doch kam es mir vor, als ginge es nicht voran. Es waren fünf Heustapel auf den Hof gekommen, fünf riesige Heuhaufen, die mein Pflegevater in die Scheune schaffen wollte, sobald sie fertig war. Die Mahd war bald abgeschlossen; das Grün der Moore wich rasend schnell den welkenden Farben; das Mädesüß verlor seinen Duft; die Röte verließ die Bachnelkenwurz und das Sumpfblutauge; ich war mir darüber im klaren, daß der Herbst im Westen hinter den Wolken auf der Lauer lag und daß der Winter sich hinter dem Herbst versteckte. Und noch immer hatten wir mit der Pyramide nicht angefangen, sie nicht einmal erwähnt, geschweige denn eingehender über die Organisation des Werks, über Material und Geräte gesprochen. Das war ja alles schon überfällig.

Aber schließlich kam der Augenblick, daß Friðmundur Engiljón letzte Hand an Scheune und Stall gelegt hatte. Was für eine Scheune! Was für ein Stall! Er rauchte eine Pfeife nach der anderen und blies blaue Rauchwolken in die reifkalte Morgenluft hinaus, kittete die Fenster sorgfältig und fragte mit freundlichem Blick, ob ich mich auf den Schafabtrieb freue, morgen sei es soweit.

»Do-och«, antwortete ich zögernd und sah abwechselnd auf den Spachtel in seinen Händen und auf das halb niedergesunkene Kartoffelkraut. »Friðmundur«, sagte ich leise, »wann fangen wir denn mit der Pyramide an?«

»Kommst du mir schon wieder mit der verdammten Pyramide!« kicherte er lebhaft und schüttelte sich vor innerem Lachen. »Ja, nun gibt es nichts mehr, auf das man warten könnte, vielleicht fangen wir morgen an!«

»Morgen schon?« fragte ich zweifelnd und hörte in der Ferne Schafe blöken. »Wir haben doch kein Material.«

»Was für ein Unsinn«, sagte er und zeigte auf das Gebirge, »wir nehmen die Berge dort oben!«

»Das Gestein?« fragte ich neugierig. »Meinst du das Gestein?«

»Natürlich«, sagte er. »Natürlich meine ich das Gestein. Wir brauchen uns um den ganzen unnötigen Kram nicht zu kümmern, wie zum Beispiel Kitt und Fensterglas. Es gibt keine Fenster in den Pyramiden, mein Junge, keine Fenster!«

Mir kam das nicht geheuer vor. Für mich lag es klar auf der Hand, daß wir wohl kaum in der Lage wären, Felsbrocken aus dem Berg zu brechen, sie nach Hause auf das Wiesengrundstück zu schaffen, sie zu behauen und zu einer Pyramide zusammenzufügen. Ich schüttelte ungläubig meinen kahlen Kopf, kratzte mich hinter dem Ohr, spürte eine seltsame Beklemmung in der Brust und fühlte mich elend.

Auch Friðmundur Engiljón war tief in Gedanken. »Selten ist Voreiligkeit von Vorteil«, sagte er, »man kann gar nicht sorgfältig genug planen. Ich müßte gewiß eine kleine Reise in den Süden machen, bevor wir anfangen.«

»Glaubst du, daß du lange weg sein wirst?« flüsterte ich.

»Nein«, sagte er fröhlich. »Ich bleibe überhaupt nicht lange. Ich muß nur Soldaten und Peitschen besorgen.«

Ich war so perplex, daß ich kein Wort hervorbrachte, sperrte vor Verwunderung den Mund auf und wußte nicht ein noch aus. Was war los? Was führte der Mann im Schilde? Wollte er sich vielleicht aus unserer gemeinsamen Verschwörung herauswinden?

»Es ist nicht leicht, eine Pyramide zu bauen«, fuhr er fort

und erläuterte mir dann seine Pläne. Er sagte, daß wir unbedingt ausländische Soldaten brauchten, um alle Leute im Bezirk zusammenzutreiben, alle Pferde und Wagen im Bezirk, und dann müßten wir alle Männer und Frauen in die Sklaverei zwingen, sogar die Kinder, weder Gnade noch Milde zeigen, sie den ganzen Tag schuften und schwitzen lassen; die Soldaten müßten sie mit Peitschen schlagen und ihnen die Kleider herunterreißen und sie während der Messe an Sonntagen auspeitschen, wenn sie aufmüpfig würden. Er sagte, wir dürften nicht nachlassen, auch wenn die Männer blutige Rücken hätten, die Frauen krank und schwach und die Kinder abgemagert wären und ständig heulten. Nein, wir müßten alles mit harter Hand vorantreiben, fluchend und schimpfend, bis das Werk vollendet wäre – vielleicht nach zehn oder fünfzehn Jahren, wenn nichts dazwischenkäme. Eine Pyramide zu bauen – das war etwas anderes als nur die Zunge herauszustrekken!

Ich starrte Friðmundur Engiljón an, während er diese Tirade losließ, starrte auf seinen Mund, seinen Bart, seine Hände und Füße; aber als ich mir sicher war, daß er keinen Spott trieb, packte mich eine solche Furcht und ein solches Entsetzen, daß ich fühlte, wie das Blut aus meinen Adern schwand.

»Wie gefällt dir das, mein Junge?« fragte Friðmundur Engiljón. »Wie gefällt dir das?«

Ich brachte keine Antwort heraus.

»Es ist zu spät, ›Amen‹ zu sagen, wenn alle Diakone schweigen«, brummte er mit vorwurfsvollem Ton und sah mich schief an. »Ich werde dir eine prächtige Peitsche besorgen mit starkem Schaft und langem Lederriemen ...«

»Ich will das nicht«, sagte ich mit zitternder Stimme und krümmte mich zusammen.

»Was muß ich hören!« kicherte Friðmundur Engiljón. »Hast du den Mut verloren?«

»Ich will keine Pyramide bauen.«

»Du willst keine Pyramide bauen?« wiederholte er und versuchte, mich nachzuahmen, zog eine abscheuliche Fratze und spitzte den Mund: »Da soll doch der Teufel dreinschlagen! Soweit ich mich erinnern kann, kam die Idee von dir!«

»Ich möchte das jetzt nicht«, sagte ich.

»Du kannst ganz schön wankelmütig sein!« sagte er in beleidigtem Ton. »Heute das eine, morgen etwas anderes. Das ist ja prima. Keine Beständigkeit. Keine Ausdauer. Aber ich bin mir nicht sicher, ob du so billig davonkommst, mein Junge. Es ist immer sympathischer, zu seinem Wort zu stehen!« Er schmierte den Kitt langsamer auf den Scheibenrand, nahm dann die Pfeife aus seiner Tasche, stopfte viel Tabak in den verbrannten Tonkopf, zündete sie an und blies die hellblauen Rauchwolken wieder in die reifkalte Morgenluft hinaus.

»Wozu ist diese Scheune?« fragte er.

»Die Scheune?« antwortete ich einfältig. »Sie ist fürs Heu.«

»Und wofür ist dieser Stall dort, der neue Stall?«

»Der Stall?« antwortete ich. »Der ist für die Kühe.«

»Ganz genau«, sagte er. »Haargenau! Aber wofür ist eine Pyramide, mein Lieber? Das möchte ich mal gerne wissen!«

Ich zerriß einen alten Hobelspan, rot im Gesicht und verlegen, zog heftig die Nase hoch und spürte ein Zittern in den Kniegelenken. Ich schwieg wie ein Angeklagter.

»Ach, jaja«, sagte er in schleppendem Ton. »Da bist du in Verlegenheit, wie man hört, häßliche Maden in der Molke und schmutziges Mehl in der Tütenecke. Pyramiden sind für den Tod, Genosse. Pyramiden sind Tempel des Todes, voll von Leichen und Knochen, Skeletten und Totenschädeln. Randvoll!«

Ich war so erschrocken, daß ich keine Gewalt mehr über meine Gefühle hatte. Ich ließ den Hobelspan aus den Händen fallen, blickte wehmütig auf meine Füße hinab und sagte weinend, daß ich das alles nicht mehr wollte: Ich wollte keine Peitsche haben, wollte keine Pyramide bauen.

Friðmundur Engiljón legte Kitt und Spachtel beiseite, lachte laut auf und schlug mir freundschaftlich auf die Schulter, und seine Augen warfen freundliche, wärmende Strahlen.

»Jaja, jaja«, sagte er und war heiterster Laune. »Dann wollen wir damit aufhören und nicht wieder darauf zurückkommen. Ich habe niemals Pyramiden gebaut, außer in der Phantasie, mein Lieber, niemals außer hier im Oberstübchen!«

Er zeigte auf seinen kahlen Schädel und schmauchte seine Pfeife: »Das waren ganz andere Pyramiden als in deinem Erdkundebuch«, fügte er hinzu. »Viel bessere Pyramiden als in deinem Erdkundebuch!«

Dann verschwand er, hinaus in die geheimnisvolle Ferne, aus der er gekommen war, und ließ im Wohnzimmer Tabakduft zurück und helle, fesselnde Erinnerungen. Unser Sommer war vergangen. Er war durch den wolkenlosen Himmel gezogen und in die Arme des Herbstes gesunken, die Arme der Ewigkeit. Ich saß am Fenster und buchstabierte mich durch das Erdkundebuch, als die ersten Schneeflocken aus dem Weltall herabgeflogen kamen und auf die festgefrorene Erde fielen, auf die breite, ebene Wiese, wo wir die Pyramide bauen wollten. Guter Gott! Dann wäre sicher gewesen, daß wir jedes Menschenkind im Bezirk in die Sklaverei gezwungen und bewaffnete Soldaten und Geißeln geholt hätten, um einen Tempel für den Tod zu errichten, einen Tempel für Leichen und Knochen, Skelette und Totenschädel. Ich wurde rot vor Scham und augenblicklich von einer solchen Dankbarkeit gegenüber meinem Freund Friðmundur Engiljón erfüllt, daß ich das Buch zuschlug und aus dem Haus lief, um mit mir selbst und den ersten Schneeflocken über der Wiese Fangen zu spielen.

Sigfús Bjartmarsson

Der Mensch

Es begreift sicher niemand, der es nicht selbst erfahren hat, was Menschen voller Ungeduld und erwartungsvoller Spannung dazu bringt, sich ihre Nahrung selbst zu jagen, wo es doch so viel einfacher ist, etwas aus der Kühltheke zu holen und dafür, wie für anderes auch, einfach zu bezahlen. Was Menschen veranlaßt, mitten in der Nacht loszuziehen, um irgendwo Lockvögel aus Plastik in der Landschaft zu verteilen, sich anschließend bäuchlings in einen Graben zu legen und darauf zu hoffen, im ersten Büchsenlicht ein paar Kilo Fleisch vom Himmel zu ballern, die sich hinterher nur durch Gestank und einige schmutzige bis eklige Prozeduren in eine schmackhafte Mahlzeit verwandeln lassen. Oder bei Eiseskälte und übergischtenden Wellen zu einer Schäre hinauszufahren und dort zähneklappernd in der Hoffnung auszuharren, daß in der Morgendämmerung ein Flug Krähenscharben vom Meer einfliegen könnte. Oder was bringt Menschen dazu, sich auf dem Meer herumzutreiben, um ein paar strunzdumme Seevögel einzusammeln, an denen am Ende höchstens so viel dran ist wie an einer Hähnchenbrust? Oder was ist so unwiderstehlich daran, endlos in Bergen herumzukraxeln auf der Suche nach einem so simplen und arglos naiven Vogel wie dem Schneehuhn?

Na ja, der gute, alte Jagdtrieb natürlich, dieses mit Magie verwandte Gefühl, nach einem Knall einen Vogel vom Himmel fallen zu sehen; und dann auch noch die Tatsache, daß Essen, das man selbst ermordet hat, einfach besser schmeckt.

Mir für mein Teil ist das Wichtigste dabei das Gefühl, mich ein wenig von dem Lebewesen zu entfernen, das wie ein Allradbolide mit Vollgas über alles hinwegprescht, und mich dem Treiben um mich her ein Stück weit zu entziehen, dabei womöglich den uralten Gestank des Vernichtungskriegs gegen die Natur verdeckend, der ansonsten vom Menschen ausgeht, wo immer er auf den Plan tritt.

Tja, und dann fängt in den unteren Etagen des Bewußtseins das Raubtier an, sich zu regen, invalide natürlich, aber doch aus der Welt der Bequemlichkeiten in die Lage versetzt, sich ohne Maske und Scheinheiligkeit aus der Natur zu bedienen, seinem zukünftigen Essen direkt ins Auge zu blicken, oder mit anderen Worten in der Position des Superraubtiers und nicht bloß des Mordgesellen und/oder Verbrauchers jener Früchte jener intensiven Landwirtschaft, die in den westlichen Ländern bereits neun von zehn Tieren ausgerottet hat, die früher in diesen Ländern lebten.

Ein wenig seine eigene Zivilisationsmaske durchschauen und damit auch etwas von der Lüge und von den ganzen Verkleidungen und zugleich einen Einblick in die Welt gewinnen, wie sie einmal war, als der Mensch sich Nahrung noch auf eigene Faust beschaffen mußte. – Wieder zu einem winzigen Wesen in einer Welt werden, die ihre ursprüngliche Größe zurückerhält; die so lange entwickelte Schußwaffe trägt dann nur kurz, wenn man sie allein einmal an der Flughöhe der Vögel mißt.

Es gibt einem einen unbeschreiblichen Kick, unsichtbar zu werden, unter einem Tarnnetz an einer Einflugschneise zu liegen, die hoffentlich ein paar Gänse auf dem Weg zu ihrem nächtlichen Ruheplatz wählen werden. – Sämtliche Geräusche vereinen sich zur Friedfertigkeit selbst, und auf einmal landet ein Rotschenkel und fängt auf Armeslänge entfernt an, nach Futter zu suchen, ein Alpenstrandläufer kommt noch näher, und dann streift eine Ente in rauschendem Flug die wollige Weide.

Wenig später erhebt sich vielleicht ein Warnruf wegen eines Merlins oder einer Eule, die den Hügel abkämmen.

Dann spürt man schon, wie die Taubheit in den überfütterten Sinnesorganen nachläßt und statt dessen eine Wachheit und Empfänglichkeit erwachen, die erst eine Lücke füllen, dann eine zweite, bis man merkt, daß seltsame, fast vergessene Erinnerungen sich im Seelenrumpf oder sonstwo knurrend zu regen beginnen.

Kurz darauf entdeckt das Auge vielleicht plötzlich eine einzelne Gans im Anflug. – Selbstverständlich fängt man sofort an, auf der Lockflöte Gequake von sich zu geben, das Sicherheit und Frieden vorgaukeln soll, was an sich natürlich gemein ist, denn wahrscheinlich kommt sie bloß deshalb auf einen zugeflogen, weil ihre innere Einsamkeit ein freudiger Strom durchläuft, genau in dem Moment, in dem ein roter Blitz ins Auge zuckt. Der Knall hat das Ohr noch nicht erreicht, als der Schlag sie trifft und sie dem Erddunkel zustürzt.

Oft genug steht man am Ende auch wieder auf, ohne einen Schuß abgefeuert zu haben, und schleicht sich von dannen, weil schlicht die Dunkelheit ein solches Fortbewegen hervorruft.

Tja, und abgesehen davon, daß es den Charakter stärkt, einmal keine Beute zu machen, macht es geradezu einen besseren Menschen aus einem, einmal irgendwo gelegen und versucht zu haben, jedes einzelne Geräusch wahrzunehmen, jedes kleine Ereignis zu beobachten, seine Kenntnisse und sein Verständnis ein klein wenig zu erweitern, neben seiner Eignung, Tier unter Tieren zu sein.

Und dann beginne ich manchmal mit Sympathie an die zu denken, die sich neben dem Sammeln als erste an Kleintieren versucht haben, die probierten, Verstand und vordere Gliedmaßen zu koordinieren, um für sich und ihre Angehörigen zu töten. – Und ich begreife ein wenig besser das selige Glück nach einem langersehnten Erfolg und die ohnmächtige Wut, wenn einem die Beute durch die Lappen gegangen ist, das mißmutige Gesicht, wenn ein Schuß danebenging, die Verzweiflung, wieder einmal etwas auf die immergleiche dusselige Weise vergeigt zu haben.

Unter Umständen erhebt sich das Denken bei solchen Gelegenheiten aus dem Dunkel zwischen den Grashöckern und fliegt im matten Licht der Geschichte oder der Sternbilder weit nach Süden, kreist nach Raubvogelart über einer appetitlichen Talsenke, bis sich der Morgen rötet, und dann zeigt sich, daß wir uns tief im Dunkel der Zeiten und in Afrika befinden.

Ein altersgelber Schein herrscht dementsprechend in dem schwachen Licht von oben vor, das immerhin ein ganzes Diorama von Stielaugen und vorgeschobenen Unterkiefern in unregelmäßigem Halbkreis um den Bahnbrecher beleuchtet, der gerade einen halben Schritt tut.

Höchstwahrscheinlich steht die ganze Horde unter einem für alle geltenden Tabu, doch dann auf einmal bricht der Bann so brutal wie Glas unter einem Stein.

Ein Junges, wie gesagt, reißt sich aus dem Stillstand und damit zugleich aus den fest geschmiedeten Fesseln der Gewohnheit und der Tradition, denn es will unbedingt den aufrechten Gang voräffen.

Dieser anmaßende Vorstoß ruft allerdings umgehend ein tiefes Unmutsknurren aus den Kehlen beider Geschlechter hervor, und schon wird das Junge durch einen gezielten Schlag seiner Mutter zu Boden gestreckt, die gleichzeitig ein großtuerisches Freudengebell und ein kehliges Lachen ausstößt und ein Riesenspektakel mit Stöcken und Steinen veranstaltet.

Da aber ist der Neuerer schon wieder zugange, geht schwankend ein paar ängstliche Schritte ohne Zuhilfenahme der Vorderläufe, die ihn aber gerade nur bis zu einer sich öffnenden

Lücke in der Reihe der Verwandten tragen, wo er rasch wieder in die vertraute Körperhaltung der Altvorderen zurückfällt und sich beeilt, das letzte Stück ins rettende Unterholz des Waldes auf allen vieren zurückzulegen.

Schreckens- und Wutgeheul verfolgen ihn bis in den Schutz der vergänglich-trügerischen Schatten der Zukunft.

Das Zischen und Pfeifen, das Murren und Murmeln ebbt langsam ab und verschwindet ebensoschnell im wertvollen Schatz des Vergessens.

Aus dem dichten Urwald dringen wieder nur die Geräusche unerreichbarer Vögel und Tiere.

Keiner trommelt sich auf die Brust, die ersten Schritte lösen keinen einzigen Siegesschrei aus.

Nun weiß natürlich niemand, wie viele Generationen für Fortschritte dieser Art teuer büßen mußten, Mobbing und Übergriffe dafür zu ertragen hatten, daß sie auf zwei Beinen gingen und den Kopf höher trugen als andere, und nicht weniger auch für jede Dummheit, für die sie versuchsweise ihre Vorderbeine einsetzten. Man braucht nicht viel Phantasie, um sich das hämische Gelächter, die Vorwürfe und Angriffe vorzustellen, die sie dafür einstecken mußten, die kollektive Mithilfe beim Wurzel- und Ameisenausgraben, beim Samen- und Früchtesammeln zu verschmähen und dafür lieber größeren Tieren nachzujagen oder an einem Wasserloch auf der Lauer zu liegen, einen Stein im einen Vorderlauf, eine Keule im anderen.

Es ist mit Sicherheit eine schon so alte Geschichte, daß Normale eben solche Originalität und Kreativität mit den ausgesuchtesten Bosheiten und Gemeinheiten belohnen, die ihrem begrenzten Einfallsreichtum zu Gebote stehen.

Vermutlich wurden die Pioniere deswegen einige Jahrtausende lang alle wie einer aus dem Schutz der Horde in ein Einzelgängertum ausgestoßen, das ihnen ein wohlverdientes Ende in einer nicht zu verteidigenden Höhle einbrachte, oder sie legten sich in einem wildlosen Gebiet unter freiem Himmel kraftlos und frierend zum Sterben nieder.

Kein Mensch weiß, was schließlich dazu führte, daß sich der aufrechte Gang trotzdem durchsetzte. Ob er zum Beispiel plötzlich derart in Mode kam, daß sich Vorurteile gegenüber Vierfüßlern ausreichend verbreiteten, damit unter Führung hochweiser Mittelsmänner zu den Göttern, die auf einmal unabhängig von irgendwelchen kümmerlichen Wurzeln Kurs auf die Zukunft nehmen wollten, solche Kreaturen ausgerottet wurden.

Oder ob man das Gehen auf zwei Beinen nach und nach so unwiderstehlich sexy fand, daß Vierfüßler immer seltener zum Zug kamen und deshalb so schnell von der Bildfläche verschwanden, als hätte strenge Zuchtwahl die Sache durchgezogen.

Ebenso ist denkbar, daß man sich in aller Friedfertigkeit nach und nach dieses abartige Verhalten genauso angewöhnte wie jede andere Macke, die, wie es so zu gehen pflegt, irgendwann einmal zur Norm wird, und daß der Fortschritt anfangs kein bisschen radikaler war, als daß der aufrechte Gang lediglich dazu diente, die Vorderbeine für das Alter aufzusparen.

Tja, und dann wuchs ihr Gebrauchswert vielleicht nur so langsam, daß Otto Normalverbraucher und -in gar nicht mitbekamen, wie es allmählich immer besser klappte, sich sein Essen zu morden, ob es sich dabei nun um unnütze Verwandte oder Unschuldige handelte, denen etwas zustieß; hinzu kamen noch kleinere Tiere, Fische und Vögel, doch damit nähern wir uns bereits evolutionsgeschichtlich höherstehenden Tricks und Techniken.

Obwohl der Widerstand gegen das Jagen über lange Zeit hinweg bestimmt noch viel ausgeprägter und haßerfüllter gewesen ist als heute und man wahrscheinlich kaum irgendwo in Ruhe jagen durfte, ohne vom Aberglauben der Alten und der Alphaweibchen in den Sammlergangs an heilige Bäume und Beerensträucher, Wurzelfundorte und Quellen, um nur ein paar zu nennen, behelligt zu werden, so hat sich doch allmählich der Geschmack durchgesetzt, daß alles mit Blut drin Hauptgericht und alles übrige nur Beilage ist.

Wie gesagt, um eine lange und löcherige Geschichte kurz zu machen, die Fähigkeit zu jagen entwickelte sich in den Sprüngen, zu denen Notzeiten die Menschen zwangen, vor allem die fruchtbaren Fortschritte zu Beginn der Eiszeit. Mit anderen Worten waren also Hunger und Not die Hauptlehrmeister, bis Kriege diese Rolle übernahmen, denn sie haben, wie jeder weiß, in den letzten Jahrhunderten die größten Fortschritte hervorgebracht.

Als nächstes will ich bei einer langen Reihe schlapper und zufriedener Männer mit schön runden Bäuchen von zu vielem Essen und Tragekörben voller Mammutfleisch haltmachen. Kann gut sein, daß sie soeben eines der letzten Exemplare in der Tundra erlegt haben, denn das Mammut war eine der ersten Tierarten, die mit Hilfe des Fortschritts ausgerottet wurden. – In ihrem Fall handelte es sich wahrscheinlich besonders um die Speerschleuder, die die Durchschlagskraft des Speers vervielfachte und ihn beinah ebenso tödlich machte wie eine große Jagdbüchse.

Nun gut, das selbstgefällige Lachen der groben Kerle ist noch nicht ganz verhallt, obwohl es gewöhnlich lange dauerte, bis man genügend für alle von dem großen Tier abgeraspelt hatte. Die Glückseligkeit rührt auch nicht nur von dem dampfenden Geruch nach Essen her, der aus der Höhlung des gewaltigen Tierleibs aufsteigt, sondern auch vom offensichtlichen Wohlwollen der Geister, der Sonne oder des Südwinds oder dessen, was auch immer dem Schleuderer Stärke und dem Bogen solche Treffsicherheit verliehen haben mag, daß die Mammutkuh in die Knie brach und dann unter heftigem Speerbeschuß der anderen auf die Seite fiel.

Da waren sie nicht weniger in Triumphgegröle ausgebrochen als Hooligans im Stadion, bevor sie den Kadaver aufbrachen.

Und schließlich fand vermutlich so etwas wie die Prozession zum Altar statt, als jeder seinen Anteil vom Herzen und der Leber und einen Schlag dampfender Blutsuppe dazu in Empfang nahm.

Manche sind bestimmt so versessen auf diesen Trank, daß sie beim Zerlegen der Beute immer wieder innehalten und eine Handvoll von dem rotgetränkten Schnee aufnehmen, den sie dann zusammen mit dem Mageninhalt schlürfen, der bei jedem Tier den größten Leckerbissen darstellt und stets brüderlich geteilt wird.

Zu Hause in den Höhlen wartet das Feuer, das vom Himmel stammt und von Frauen und Kindern unterhalten wird, wenn ihnen nicht überhaupt die ganze Ehre auf diesem Feld des Fortschritts zukommt.

So hatten sie es also gut im Frühjahr; noch mehr als das hell flackernde Winterfeuer wärmte es vermutlich, das Licht in der ersten Pfütze des Schmelzwassers spiegeln zu sehen, das aus den Eingeweiden der Erde sickerte. Diesen Lebensspender in jedem kleinen Auswuchs des Eises aufglitzern zu sehen, das den ganzen Winter über zu einem todbringenden Ungeheuer angewachsen war, das sich wütend knurrend und dröhnend über die Welt gewälzt und gebreitet hatte, und jetzt seinen Rückzug unter dem Angriff guter Kräfte zu beobachten, bis es zu nichts Bösem mehr imstande war, nur noch verschlagen und auf Tod aus zuckte, zusammenschmolz und überall aus seinem weißen, schattenfleckigen Leib näßte, bis sein Fleisch krachend in sich zusammenfiel wie ein totes Tier.

Von da an halten sie täglich Ausschau nach dunklen Streifen im Süden, so wunderbar, daß man sie endlos betrachten kann, dunkle Streifen zwischen Himmel und Erde, bis sich aus ihnen ein einzelner Fleck heraushebt und dann noch einer und noch mehr, zur Hälfte aus Luft und zur Hälfte aus grauem Gezweig. – Wahrscheinlich kommt es für sie einer Geburt gleich, die ersten Rentiere über dem Horizont auftauchen zu sehen, aus einer unbekannten Welt heranziehend, als würde der Südwind sie ihnen zutreiben.

Jetzt möchte ich zwar den hektischen und gern vorblätternden Leser, begierig, jedes Buch so schnell wie möglich zu beenden, nicht länger zappeln lassen, indem ich eine Zivilisationsstufe nach der anderen abfische, aber ich kann mich nicht enthalten, wenigstens noch ein paar schöne Beispiele aus der Methodenlehre der Jagd zu servieren.

Das erste kommt von den Arawakindianern: Die Spanier sind bereits in alle Länder ihres Verbreitungsgebiets in der Karibik eingedrungen, kapieren aber nicht, warum diese Menschen, die mit Pfeil und Bogen alles treffen können, unter keinen Umständen dazu zu bewegen sind, Gänse und Enten zu schießen. Nein, die fängt man auf dem Wasser, sagen sie, nehmen einen Kürbis, schlagen ein Loch hinein für den Kopf und zwei kleinere für die Augen, stülpen ihn sich auf wie einen Helm und waten dann so an die Vögel heran, als wären sie ein treibender Kürbis, nicht unbedingt mit der Strömung, denn Vögel verstehen wenig von Physik.

Dann packten sie sie bei den Beinen, zogen sie unter Wasser und drehten ihnen den Hals um.

Den spanischen Chronisten zufolge erwischten die Geschicktesten oft eine große Zahl, bevor den Vögeln etwas spanisch vorkam und sie davonflogen.

In Nordkanada gab es einen Stamm, der Schneegänse fing, indem er Gräben anlegte, etwa vierzig Zentimeter breit und tief und annähernd vier Meter lang, an beiden Enden zur Grasnarbe hinauf abflachend.

Sobald Gänse in Sicht kamen, pflückten die Indianer Wildreis und streuten ihn auf den Boden des Grabens. Das sahen die Vögel aus großer Höhe, landeten und eilten von beiden Enden in den Graben, denn jeder wollte von den leckeren Körnern sein Scherflein abhaben.

Dann schritten die Indianer aus den Büschen hervor und zur Tat. Da aber die Gänse, durch die Grabenwände gehindert, nicht die Flügel entfalten konnten, schafften es nur einige wenige an den Grabenenden, sich in die Luft zu schwingen, falls sie denn in dem Gedränge überhaupt wenden konnten.

Obwohl die Angehörigen dieses Stammes den Ruf genossen, faul zu sein, waren sie flink und geschickt darin, Hälse umzudrehen; darum war es vielleicht das darauf Folgende, was ihnen den Leumund, Faulpelze zu sein, eingetragen hatte. Sie stellten nämlich jede Gans auf den Kopf und schüttelten geduldig und in aller Seelenruhe jedes Reiskörnchen wieder aus ihr heraus, bevor sie sich mit ihrem Fang wieder in die Büsche verzogen, um auf den nächsten Schwarm zu warten.

Tja, und die Leute aus unserem heimischen Breiðafjörður latschten doch manchmal im Winter übers Eis zu den selben Vogelschären hinaus, wo sie im Sommer erst die Jungvögel massakriert hatten; im Winter dann schlichen sie sich an die schlafenden Krähenscharben an.

Dazu waren natürlich Mondlicht und zwei bei der Jagd gut aufeinander eingespielte Männer erforderlich. Sie schlichen oder krochen von zwei Seiten auf die schlafenden Vögel zu und mußten dann die wachehaltenden gleichzeitig mit beiden Händen zugleich packen. Die eine Hand mußte ihnen den Warnruf im Hals ersticken, mit der anderen mußte ihnen fest der Hintern zugedrückt werden, denn wenn eine wachehaltende Krähenscharbe nicht krächzen kann, dann warnt sie mit gräßlich lauten Furzen.

Es blieb dann nichts anderes übrig, als den Vogel fest unter den Arm zu klemmen und ihm trotz Furzens und Flügelschlagens den Garaus zu machen. Gelang indessen die lautlose Überwältigung, ging das Töten anschließend leichter vonstatten.

Doch die Geschichte der Jagd ist nicht nur unterhaltsam. Oft brauchte nur eine Kleinigkeit schiefzugehen, um selbst Völker in Not zu stürzen, die sonst zur Sicherung ihres Überlebens auf die Jagd bauten.

Ganz zum Schluß möchte ich noch eine wahre Begebenheit zum besten geben, die sich kurz vor der Nordküste Kanadas zutrug, und zwar so spät im Herbst, daß sich dort kein lebendes Wesen mehr aufhielt, bis auf einen vereinzelten Krabbentaucher, der dort seine letzte Runde drehte, und vielleicht eine flüchtige Schar Schneehühner. Ein einzelner Pelzhändler lenkte in Begleitung einiger Trapper seine Hundegespanne einen Fluß hinauf, der ihn am schnellsten wieder zum Handelsposten zurückbringen würde, als sie auf einer Ausweitung des Stroms ein paar Inuitfamilien beim Fischen antrafen.

Die Inuit baten inständig, ihnen etwas Fett zu verkaufen, denn sie hatten im Herbst keine Rentiere gefunden und ihnen drohte eine reine Fischdiät, was gleichbedeutend war mit dem Hasenhunger: Derart magere Kost bringt nicht einmal so viele Kalorien ein, wie das Jagen oder Fischen selbst verbraucht. Die Expeditionsteilnehmer glaubten, sie hätten gerade genug für sich selbst und noch einen weiten Weg vor sich, doch überließ einer von ihnen einem halbwüchsigen Mädchen, das elternlos und schon ziemlich ausgemergelt war, ein paar gefrorene Fische aus dem Hundefutter, und die Männer vergaßen nicht, wie sie darüber herfiel.

Der Winter wurde einer der härteren, und im nächsten

Frühjahr beschlossen die Männer im Handelsposten, ungewöhnlich genug, einen Trupp auszusenden, um nach diesen Inuit zu suchen.

An der Stelle, wo sie geangelt hatten, waren sie nicht mehr, aber sie hatten einige Utensilien zurückgelassen, die sie eigentlich kaum entbehren konnten.

Ihre Spur ließ sich jedoch leicht verfolgen, denn die Gruppe hatte immer mehr Dinge fortgeworfen.

Gegen Abend fanden sie die ersten Leichen oder etwas Ähnliches, denn der Winter war nicht nur für die Menschen hart gewesen.

Einige Tage später waren alle gefunden, allerdings beharrte einer der Suchenden darauf, er habe das Mädchen nicht darunter gesehen, dem er die Fische geschenkt hatte.

Zwei Tage später führten die Raben sie zu der Stelle, wo das Mädchen auf dem Rücken zwischen einigen Grashöckern lag.

In ihrer Kleidung fanden sie einen Lederbeutel mit einigen Kaninchensehnen, ein paar zerbröselten trockenen Grashalmen, Schneehuhnkot, und zwei Schuß Munition hatte sie noch bei sich. – Im Arm hielt sie, als wäre es ein Kind, ein Gewehr.

Thor Vilhjálmsson

Schnee in Paris

I.

Es begann zu schneien.

Da stand der Bettler auf und fluchte, er hatte sich ein gemütliches Lager auf dem Lüftungsgitter über der Öffnung des Metro-Tunnels hergerichtet: Da stieg Wärme auf, wenn es draußen kalt war. Er konnte nicht geschützt unten auf den Bänken auf den Bahnsteigen schlafen. Wenn die Züge am Abend den Betrieb einstellten, wurden alle von dort hinausgetrieben und die Eingänge sorgfältig verschlossen. Dort war kein Zufluchtsort für die Stiefkinder der Gesellschaft, obdachlose Vagabunden. Aber oben zwischen den Gitterrosten gab es Wärme von den U-Bahn-Schächten, wenn das Wetter kalt war. Es war seine einzige Zuflucht, dort auf dem Bürgersteig auf dem Rost zu schlafen.

Aber nun ließ es sich einfallen, zu schneien. Merde, dachte er, verdammter Mist.

Die Schneeflocken waren groß und weich und fielen langsam herab, und bald lag eine dünne Schneedecke über der Erde. Es war wie eine Postkarte vom Weihnachtsfrieden für romantische Einfaltspinsel in warmen Häusern.

Er stand auf, klopfte sich ein wenig ab, rückte die Sicherheitsnadel, welche den Fetzen von einem Mantel zusammenhielt, ein wenig weiter nach innen, damit er enger am Körper anlag, schlug den Kragen am Hals nach oben und schüttelte seine Schultern; der Mantel war verschlissen und erinnerte mehr an Lumpen als an menschliche Kleidung. Dann steckte er die Hände in die Taschen: Sie hatten keinen Boden, und er konnte mit den Händen seinen nackten Körper berühren.

Er begann herumzugehen. Hunger quälte ihn, als er anfing, sich zu bewegen. Als er in der Wärme aus den Metro-Tunnels lag, hatte er eine Weile keinen Hunger verspürt, hatte schnell vergessen und Frieden gefunden, vielleicht hatte er sogar geschlafen. Aber der Schnee hatte ihn wieder auf die Beine gezwungen.

Er hatte den ganzen Tag nichts gegessen. Früh am Morgen hatte er zwei halbverschimmelte Apfelsinen und ein hartes Stück Brot in einer Mülltonne gefunden, was die Ratten höflicherweise für ihn übriggelassen hatten, aber danach hatte er nichts mehr zu sich genommen.

Nun wurde es langsam wieder Zeit, erneut in den Tonnen zu suchen. Nicht sofort. Nein, ganz bestimmt nicht sofort. Er würde warten, bis man etwas sehen konnte. Gegen Morgen, wenn die Mülltonnen in menschenleerer Ruhe vor den Häusern auf den Bürgersteigen stehen und den Pferden des Milchmanns lauschen. Nun war Nacht, es war viel zu früh.

Er fühlte ein brennendes Verlangen nach einem warmen Glas Rotwein, aber er hatte nichts. Verdammter Schnee, dachte er.

Die Welt war weiß und kalt und erbarmungslos ...

2.

Sie standen am Fenster und schauten hinaus. Sieh mal, wie schön, sagte sie. Sie stand hinter ihm, ihren heißen Leib an seinen gelehnt. Sie preßte zärtlich ihr Kinn auf seine Schulter, wie er da am Fenster saß. Sie beobachteten, wie der Schnee fiel.

Die Schneeflocken waren groß und weich und fielen langsam herab, und bald lag eine dünne Schneedecke über der Erde. Es war wie Weihnachtsfrieden.

Der Schnee legte sich auf die Hausdächer, und die waren

weiß, und auf die Bäume und versah sie mit Festtagsschmuck. Er streckte die Hand nach einer Schneeflocke aus, und sie blickten schweigend auf den Tropfen in seiner Hand. Sollen wir nicht hinausgehen und einen Spaziergang machen?

Die Nacht war so wunderbar. Der Schnee fiel in großen weichen Flocken, und alles war durchdrungen von geheimnisvollen Melodien und voller Zauber, der alle Dinge erfüllt und lebendig macht und niemanden tot.

Sie gingen lange Nächte, und *die Welt war zauberhaft weiß, und es war so wunderbar, jung zu sein und geliebt zu werden und zu leben.*

3.

Verdammt, dachte Monsieur Labourde, als er aus seinem neuen Mercedes-Benz stieg – es hat angefangen zu schneien –, er kam gerade von einer Vorstandssitzung der großen Labourde-Fabrik in Poitier. Das ist die reine Hölle!

Er war ein Mann mittleren Alters, klein und dick, und sein Gang glich dem eines Wasservogels auf trockenem Land. In Wirklichkeit fluchte er nicht über den Schnee, sondern über das junge Ding Ninette, dem der Teufel eingab, mit einem Amerikaner nach Süden, nach Cannes abzuhauen. Und das nach alldem, was er für sie ausgegeben hatte, nachdem er sie vor zwei Monaten oben auf dem Montmartre in einem Varieté entdeckt hatte, wo sie mit nackten Brüsten tanzte und sich danach für fünf- bis zehntausend Franc die Nacht verkaufte. Sie war jung und schön, und man sah ihr die käuflichen Liebesdienste nicht an, sie war noch nicht lange im Geschäft. Als er sie sah, dachte er: Sacré Dieu, die muß ich retten. Er hatte für sie eine hübsche Wohnung gekauft und sie mit wertvollen Geschenken überschüttet. Dafür mußte sie dasitzen wie eine kleine, züchtige Geisha und auf einen kleinen, dicken

Mann mittleren Alters warten und ihn lieben. Aber jetzt war sie weg. Verdammte Kuh!

Er wollte sich nicht eingestehen, daß ihn die Sache nicht gleichgültig ließ. Überhaupt, wenn er über sie nachdachte, schoß es ihm immer in den Sinn, welche Miene sie wohl im Dunkeln machte, wenn er klein und dick mit schlaffer Greisenhaut über dem Fett neben ihrem jungen, kräftigen, straffen Körper lag: Natürlich würde sie ihren Ekel nicht verbergen, wenn die Dunkelheit sie schützte. Oft hatte er auch bemerkt, daß hinter ihrer gespielten Ausgelassenheit bei Helligkeit eine mitleidige Verachtung der gekauften Liebe im Alter steckte, die für jede Zärtlichkeit bezahlen muß und fett, schlaff und einsam war. Es war ihm schon immer klar, wie ihn seine schöne, gesunde und dumme Sklavin insgeheim verachtete.

Aber er vermied es, an sie zu denken, es war so demütigend.

Labourde war kein Dummkopf: Wie leicht wäre das Leben, wenn man sein Denken nicht durch Lügen fesselte, die man doch manchmal durchschaute, allmächtiger Gott! – dann kaufte man Aktien und richtete sein ganzes Finanzgenie darauf, seine Konkurrenten zu vernichten oder die Polizei auf Arbeiter prügeln zu lassen, die ständig mehr Lohn fordern und nie Frieden geben.

Jetzt war er müde, als er aus seinem Mercedes-Benz stieg. Müde und einsam und fett und verdammt, alt zu werden mit Schmerbauch und Glatze, und er wußte, daß man dann keine Zärtlichkeit mehr bekommt, außer der für teures Geld erkauften.

Längst hatte er bemerkt, daß seine Frau ihn haßte, und auch er würde sie gehaßt haben, wenn ihm diese künstliche Frau nicht längst völlig egal gewesen wäre, die seit langem keine Zierde des Hauses mehr war und die grausamen Spuren der Zeit unter aller Art Ölen, Salben und dicken Schichten von Schminke verbarg, und er wußte, daß sie seinen Fahrer bestach, mit ihr zu schlafen, der sie natürlich verachtete und verabscheute, wenn er es tat, aber sie war zu dumm und tierisch, um unter der Erniedrigung zu leiden. Und die Kinder: verzogene Schmarotzer, dumm wie ihre Mutter, verdorben fürs ganze Leben durch Überfluß und Hochmut.

An diesem Abend kam es ihm plötzlich in den Sinn, daß er selbst auch einmal ein armes Kind war, das im Sonnenschein am Strand flache Steine sammelte und sie auf dem Wasser hüpfen ließ und barfuß durch die schäumenden Fluten lief. Das war ihm plötzlich eingefallen, als er bei der Sitzung den Schaum im Bierglas sinken sah, aber er beeilte sich, an etwas anderes zu denken, denn das war lange vorbei und vergessen, und es war so schmerzlich, daran zu denken, daß er alles verloren hatte, was er damals besessen hatte, weggeworfen hatte für das, was war ... ja, was hatte er eigentlich dafür bekommen?

Nein. Nein. Nein – nicht daran denken.

Zum Teufel noch mal, dachte er darum, es hat angefangen zu schneien.

Er steckte den Schlüssel ins Schloß, öffnete und ging in den überladen dekorierten Flur wie ein Schwimmvogel, er war klein, fett und steif in den Knien und klopfte den Schnee von den Schuhen. Denn setzte er sich allein in das allzu große Zimmer, das wie das Foyer eines Mittelklassehotels war, läutete nach dem Diener und ließ sich von ihm eine Flasche Cognac Martell Cordon Bleu, ein Glas und eine Schale mit Eis bringen und begann zu trinken: warum? Er tat das fast nie. Nicht allein!

Aber als er begann, die Hitze des Alkohols zu spüren, brachte ihm das weder Vergessen noch Freude, sondern verstärkte den Schmerz, der in ihm brannte, und spülte Erinnerungen und Sehnsüchte an die Oberfläche, die er lange zu morden versucht hatte, und alles wurde so unerträglich bitter. Er wünschte sich auf einmal, wieder ein armes Kind zu sein, das zusah, wie der Weihnachtsschnee fiel, das Gesicht an die kalte Fensterscheibe gepreßt, und er stand eine Weile am Fenster und betrachtete die großen, weichen Flocken, die langsam herabfielen, und schon war die Erde mit einer dünnen Schneedecke bedeckt. Aber weil er wußte, daß alles auf ewig verloren war, wollte er hinausgehen und sich in den Schnee legen und den Herrgott eine weiße Decke über ihn breiten lassen und einschlafen.

Dann setzte er sich wieder hin und trank erneut eine Weile. Nach einigen Gläsern war er betrunken – und der mächtige Herr des Finanzwesens, das Grauen seiner Gegner und der Schrecken der Arbeiter begann auf einmal zu weinen: ein kleiner, dicker und einsamer Herrscher der Welt.

Die Welt war so weiß und friedlich für alle außer ihm. Als er den Schnee ansah, wußte er, daß seine Milliarden nichts waren und daß er nichts hatte, sondern völlig ungebunden und mittellos war, und da wußte er, daß er sterben mußte – und er erschoß sich in dieser Nacht.

4.

Der Dichter Igor, der aus seinem Land geflüchtet war, saß an der Bar und trank und war ein wenig angeheitert, aber noch nicht viel. Es tat angenehm weh. Eine stille Flamme. Dann sah er, daß es draußen zu schneien begann. Der Schnee fiel sacht und still in großen, weichen Flocken herab, und bald lag eine dünne Schneedecke über der Erde.

Ihm war, als schneite es in sein Glas hinein und er trinke himmlische Sorglosigkeit in das Feuer in seinem Inneren.

Er drehte das Glas zwischen seinen Fingern. Es war gut, seine Kühle an seinen von hoffnungsvoller Sehnsucht müden Fingern zu fühlen. Und als er das Glas schüttelte, schlug der

Eiswürfel darin an das Glas, und er lauschte der Melodie, die wie ein kleines Largo über eine ruhige, tiefe Nacht klang, wenn die Welt ganz von Schnee bedeckt ist und die Natur menschenleer und heilig.

Er saß allein über seinem Getränk und beobachtete, wie draußen der Schnee fiel.

Die Welt war weiß und herrlich in trauriger Schönheit und Einsamkeit, und es war so schmerzlich zu leben, daß er dasaß und trank, damit sein Kummer einen Augenblick lang Frieden würde und ruhig und tief und nicht wahnsinnig, und das geschah für eine kleine Weile, bis er zu betrunken war.

5.

Der Barkeeper Jean würfelte mit einem der Gäste um einen Schnaps, als es zu schneien begann. Er achtete nicht darauf.

Er gewann.

Der Gast war ein amerikanischer Tourist: ein junges, weichfleischiges Papasöhnchen, das viel redete. Er war betrunken. Es war keine Kunst, ihn im Spiel zu besiegen: Er schwatzte ununterbrochen und war betrunken.

Dann kamen andere Gäste herein. Es waren zwei Männer. Sie bestellten einen Dubonnet. Jean bediente sie. Dann sah er, daß es angefangen hatte zu schneien. Denn sie schüttelten Schnee von ihrer Kleidung, als sie eintraten.

Kann ich diesen verdammten amerikanischen Trottel nie loswerden, dachte er. Er wollte dem Schneien zusehen.

Der Amerikaner schaute mit stumpfen Augen auf das Freudenmädchen Simone, die am Ende der Bar saß und mit einem Glas Nuttenbrause vor sich rauchte. Sie bemerkte es: 'Ello baby, sagte sie.

Bon soir, Madame, sagte er. Vous come here.

Sie kam. Sie setzte sich neben ihn: You buy me a cognac?

Sure, sagte er.

Jean, rief er.

Yes, Sir, sagte Jean und eilte zu ihm, stellte sich vor ihm auf und legte die Hand an die Stirn, wie bei einem militärischen Gruß, und sein Lächeln war allzu breit, als daß es ehrlich gemeint sein konnte.

Der Amerikaner bestellte einen Drink für die Dirne. Sie blinzelte Jean zu. Er erwiderte den Blick, ohne daß der Betrunkene es sah. Schröpf den Teufel nur ordentlich, dachte er. Er brachte ihnen zwei Getränke.

You good friend, sagte er zum Amerikaner und lächelte mit dem Mund, die Augen kalt.

Sure, sagte der Betrunkene.

Diese Teufel, dachte Jean und stand bei der Kasse und sah zum Fenster hinaus. Der Schnee fiel sacht in großen, weichen Flocken herab, und es lag eine dünne Schneedecke über der Erde. Er sah auf den Bürgersteig jenseits der Straße. Dort fiel blaues Neonlicht auf den weißen Schnee.

Er haßte diese Arbeit. Er haßte es, hier Abend für Abend herumzuhängen und wie ein Hund um blöde Ausländer herumzuscharwenzeln, die er verachtete. Schmeicheln und kriechen vor reichen, nutzlosen Idioten, auf die man meilenweit hinabsah. ›Yes, Sir‹ zu Amerikanern sagen, denen man eins ins Maul hauen und sagen möchte, sie sollten sich nach Hause scheren. Warum mußte er diese elenden Kerle bedienen, die nicht anderes zu tun hatten, als in Restaurants und Kneipen herumzuhängen, um das Gefühl innerer Leere und der Versklavung durch ihr Geld loszuwerden? Warum hatte er nicht das Geld? Er, der diesen Glückspilzen der Volksprivilegien alles voraus hatte: Lebenskraft, Intelligenz und neues, frisches Blut. Aber eines Tages würden sie die Rollen tauschen. Er schaute auf den kalten, grausamen Schnee und dachte daran, wie er sich eines Tages rächen würde.

Jean, rief der Amerikaner.

Yes, Sir, sagte er und verbeugte sich allzu tief und kriecherisch.

How much, lallte der Betrunkene. Er betrachtete den schlaffen, stumpfen Amerikaner mit der Ausdruckslosigkeit zweier, dreier nutzloser Generationen von Schmarotzern und rechnete im Nu aus, wieviel mehr er ihn ohne Gefahr über seine Rechnung hinaus bezahlen lassen könnte, ohne daß der Gast Verdacht schöpfte. Er wußte, daß die Liebesdienerin den Rest bekäme. Verdammte Hure, dachte er.

Er nannte eine hohe Summe. Das Freudenmädchen Simone sah ihn an. Er sah, daß sie merkte, daß es viel zuviel war. Er zwinkerte ihr zu und grinste, denn er wußte, daß es völlig ungefährlich war, wenn sie es wußte. Sie würde nicht wagen, den Amerikaner zu warnen. Sie würde ja ihren Anteil noch bekommen. Er würde nachher von ihr wissen, daß auch sie den Amerikaner beraubt hatte. Es war alles ungefährlich. Sie würde schweigen.

Der Amerikaner und die Frau gingen.

Die beiden Männer, die aus dem Schneesturm gekommen waren, saßen ruhig bei einem billigen Getränk und sprachen leise über Geschäfte. Es waren Franzosen. Es wäre nicht leicht, an ihnen etwas zu verdienen. Er hatte kein Interesse an ihnen. Er würde kaum das Trinkgeld von ihnen bekommen, geschweige denn mehr.

Sonst war die Bar leer. Es waren an diesem Abend nur wenige Leute unterwegs. Es war gar nicht so übel, daß die dänische Alte, der die Bar gehörte, mal kurz weggegangen war. Sonst hätte sie ihm das abgenommen, was er dem Amerikaner aus der Tasche gezogen hatte. Meistens saß sie an der Bar und rechnete genau nach, was jeder einzelne zu bezahlen hatte, ihr Herz war ein Geldschrank. Es war unmöglich, etwas für sich abzuzweigen, wenn sie dabei war. Sie war so habsüchtig, daß es die Gäste vertrieb, wenn sie sahen, wie sie über ihnen wie ein Aasgeier lauerte und versuchte, mit gierigen Augen, die wie Geldmagneten waren, ihre Barschaft an sich zu saugen.

Aber jetzt war er allein. Und nun mußte es unbedingt anfangen zu schneien, daß niemand kam, den er um sein Geld erleichtern konnte.

Er schaute, wie der Schnee draußen in großen, weichen Flocken herabfiel, und fühlte beim Betrachten ein undefinierbares Wohlbehagen in sich aufsteigen. Er war nicht wütend über den Schnee, daß er ihm einen Haufen Geld wegnahm. Der Schnee war kalt und mitleidlos wie er selbst. *Und die ganze Welt war kalt und weiß und erbarmungslos,* und man mußte die passenden Tricks anwenden, um nicht niedergetrampelt zu werden, aber eines Tages würde er ihnen die Faust zeigen und sich an den Teufeln rächen.

Er schaute in den Spiegel und grinste kalt.

6.

Jacques Emanuel war den ganzen Tag gewandert und hatte das Verlangen zu schreiben, zu schaffen. Dann ging er in ein Café an der Place St. Michel, bestellte sich einen Kaffee und versuchte, verborgene Dinge ins Licht des Bewußtseins zu beschwören. Er saß lange da und schaute auf den schwarzen Kaffee in der Tasse, nahm einen weißen Zuckerwürfel nach dem anderen, bedächtig, nachdenklich, hielt sie in seinen schlanken Fingern direkt über der Oberfläche des Getränks, so daß sie es berührten, versenkte sie dann vorsichtig, so daß nichts überschwappte, denn die Tasse war randvoll. Dann rührte er lange um, und der Kaffee lief über, ohne daß er es bemerkte, und er vergaß, daß er rührte. Er fühlte etwas um sein Bewußtsein flattern, konnte es aber nicht einfangen, irgend etwas geriet fast in seine Reichweite, aber er konnte es nicht greifen: irgend etwas zu schreiben.

So saß er, und seine Gedanken eilten dem nach, was im Nebel lag, tasteten sich im Dunkeln vorwärts: ein Blinder, der weiß, daß genau neben ihm etwas ist, fühlt, daß da etwas ist – aber was? Man muß herausfinden, was, und man sucht, tastet sich blind auf dunklen, schlüpfrigen Pfaden vorwärts und versucht, es herauszubekommen, als ob davon das eigene Leben abhinge. So saß er da.

Dann begann es zu schneien. Der Schnee kam in großen, weichen Flocken und fiel sacht zur Erde herab, und bald lag sie unter einer dünnen Schneedecke.

Schnee, der den Menschen gleicht. Menschen, die kommen und gehen. Menschen, die geboren werden, leben und sterben. Wie die Schneeflocken, die groß und weich und traurig herabfallen. Schicksal der Menschen, dachte er. Schnee – und es begann in seinem Inneren etwas zu entstehen, näherte sich, kam aus dem Nebel, es löste sich etwas, das versucht hatte, geboren zu werden. Wie Schnee aus grauem, prallgefülltem Himmel, der den ganzen Tag versucht hatte, dies zu gebären. Das, worauf man den ganzen Tag gewartet hatte, die Ewigkeit, die heute war.

Er schreibt, nimmt um sich nichts wahr, nichts außer dem Schnee, der geheimnisvoll und göttlich und tragisch fällt wie seine Kunst, wie die Schicksale der Menschen im Roman.

Nun hat er endlich diese Nähe, nach der er suchte: Nun ist das hier, was nicht hier war, von dem man aber den ganzen Tag wußte, daß es in der Nähe war, und von dem das Leben abhing, daß man es finde. Man suchte und wußte nicht, wonach. Weiß noch immer nicht, wonach, dessen Geburt ihn aber erfüllt, der Lauf ist, der allein sein Leben ausmacht, der Rausch, der das ganze Dasein erfüllt, alles ist: die Geburt, die der Mensch als ganzer erlebt und der kein anderes Leben hat.

Es entsteht, was in ihm versucht hat zu werden, in ihm gewachsen und gewachsen ist, gewachsen im Nebel des Bewußtseins, der ihn umfing und lähmte, solange er nicht fand – jetzt stürzt es voran, bekommt Form: entsteht wie der Schnee, von dem der Himmel schwer war, aber nicht wußte, was es war ...

Der Himmel gebiert seine weiße Trauer, in dunklen Tiefen gezeugt: Er hat sich schwer und sprachlos und verwaist um sie gewölbt, und nun ist sie endlich geboren und füllt alles, was ist, und ist nichts anderes als die kristallisierte Maßlosigkeit des Strebens, voranzueilen zur Harmonie in einem einzigen Bild ...

Rúnar Helgi Vignisson

Erotik in der Mittsommernacht

Also, es war so: Wir kamen von einer mitternächtlichen Gletschertour auf den Snæfellsjökull zurück, verschwitzt und vollkommen erledigt. Da sagt Óli:

»Jetzt in den Hotpot, das wär genau das Richtige.«

»Wir haben doch gar kein Schwimmzeug dabei«, wendet Dísa ein.

»Na und? Mir ist völlig egal, ob du bei mir alles siehst oder nicht«, sagt Óli. »Außerdem ist Mittsommernacht.«

»Hat das Schwimmbad nicht längst zu?«

»Reinkommen ist kein Problem«, sage ich. »Der Zaun ist umgefallen, hast du das nicht gesehen, Schatz?«

»Ich hatte gerade an was anderes gedacht.«

»Und überhaupt, seit wann lassen sich Isländer durch Zäune von irgendwas abhalten«, sagt Óli. »Und seit wann fragen Isländer nach der Uhrzeit, wenn sie dringend ein Schwimmbad brauchen.«

»Ja, aber wenn jemand kommt?«

»Dann geht es uns eben genauso wie damals, als ich mit dieser deutschen Reisegruppe in den warmen Quellen von Landmannalaugar baden war«, sagt Guja. »Entweder wir waren die einzigen, die was anhatten, oder die einzigen Nackten.«

»Da ist die Abzweigung. Hier rechts rein!« ruft Óli. »Also was ist, wollen wir?«

»Wir können zumindest die Lage peilen«, sage ich und fahre drauf zu.

»Park das Auto ein bißchen weiter weg«, sagt Dísa. »Damit wir niemanden wecken.«

Ich gehorche, und wir steigen aus. Wir entdecken nirgends

ein Lebenszeichen, vielleicht ist die gesamte Nachbarschaft verreist, denke ich. Als wir am Becken ankommen, ziehen sich Óli und Guja sofort aus. Ich schaue zu Dísa hinüber, die unschlüssig dasteht und sich verlegen umsieht. Dann beginne auch ich mich auszuziehen und bedeute ihr mit Blicken und Gesten, das gleiche zu tun. Ich bin längst nackt, als sie endlich anfängt, sich aus ihren Kleidern zu schälen. Schließlich lassen wir uns zu Óli und Guja ins heiße Wasser sinken.

»Das ist himmlisch«, sagt Óli. »Genuß pur!«

Da sitzt er, gibt sich ganz und gar seiner Entspannung hin und scheint sich durch nichts auf dieser Welt beunruhigen zu lassen.

»Alter Genießer.«

»Findest du das nicht auch wunderbar, Dísa?«

»Doch, es ist toll, aber ich kann mich unter diesen Umständen nicht entspannen.«

»Versuch doch mal, dich wenigstens für ein paar Minuten locker zu machen, Schatz.«

»Hört mal, Mädels, so geht das aber nicht!« sagt Óli mit strenger Miene. »Echt. So hoch gebildete und würdevolle Damen wie ihr, ohne einen Fetzen am Leib, hier in diesem Hotpot irgendwo in der Einöde. Also wirklich, Mädels.«

»Hör auf mit dem Blödsinn, Óli.«

»Ich bin empört!«

Wir liegen noch eine Weile schweigend im Wasser und lassen die Anstrengung aus uns heraussickern. Ein sanfter Windhauch kommt auf, und im Osten fangen die Wolken an zu glühen. Für einen Moment lasse ich mich gehen, spüre, wie meine Augenlider schwer herabsacken, und mache sie schnell wieder auf. Da sehe ich einen Hund, der mit hängender Zunge in unsere Richtung trottet. »Na, Hund«, flüstere ich, »alles klar?«

»Sollen wir nicht lieber gehen«, sagt Dísa. »Er könnte anfangen zu bellen.«

»Na, komm her.« Óli, mit seinen Gedanken offenbar gerade ganz bei Guja, schnalzt mit der Zunge. »Komm schon. Braver Hund.«

Aber der Hund bleibt genau vor unserem Kleiderhaufen stehen und beschnüffelt ihn von allen Seiten.

»Was, wenn er ...?«

Óli schleicht sich vorsichtig an den Köter heran.

»Na komm, mein Hündchen. So ist's brav.«

»Paß auf, Óli«, sagt Guja, »gleich schnappt er nach dir.«

»Und zwar genau vorne zwischen die Beine«, lache ich.

»Guter Hund.«

»Vielleicht ist es ja ne Hündin«, sagt Dísa. »Óli ...«

Der Köter sieht auf und mustert uns genau.

»Nein, nein, nicht bellen. Überhaupt nicht nötig«, sagt Óli und klettert langsam aus dem Becken. »Ist ja gut, mein Mädchen.«

»Óli. Óliii!!!«

Und dann sehe ich auch, warum Guja plötzlich so beunruhigt klingt.

»Na komm«, sagt Óli und pirscht sich näher. Der Hund starrt ihn an. »Na, komm.« Auf einmal zuckt das Tier zusammen, reißt das Maul auf, schlägt seine Fänge in unseren Kleiderhaufen und rennt davon.

»Nein, Fiffi! Das nicht!«

»Großer Gott!« stöhnt Dísa. »Er hat unsere Klamotten!«

»Nicht alle«, sage ich und springe aus dem Wasser, um die Lage zu begutachten.

»Scheiße. Er hat die Hose mit den Autoschlüsseln«, sage ich.

»Ich faß es nicht«, sagt Dísa. »Sind Gujas und meine Sachen noch da?«

»Zumindest teilweise.«

Óli rennt jetzt über die Wiese, dem Köter auf den Fersen.

Versucht immer noch, ihm gut zuzureden. Ich renne hinterher.

»Óli! Die Autoschlüssel! In der Hosentasche!«

»Shit!«

Ich steige in das, was der Hund von meinen Kleidern übriggelassen hat, die Mädels machen es genauso. Ihre Kleidung scheint noch mehr oder weniger vollständig, nur bei Dísa fehlt das Oberteil. Óli kommt angelaufen, schnappt sich seine Hose und sein Shirt. Ich bleibe zurück, ohne Hose.

»Los hinterher, das Scheißvieh holen wir ein«, sagt Óli. »Wir brauchen schließlich die Schlüssel.«

Der Köter ist noch nicht weit gekommen, während wir uns, naß wie wir sind, in unsere Klamotten winden. Lauernd duckt er sich nebenan auf der Wiese ins Gras, die Diebesbeute noch immer zwischen den Zähnen. Mit vereinten Kräften versuchen wir, ihm die Hose zu entlocken, zuerst mit Schmeichelrufen, dann, als wir damit nichts ausrichten, wird unsere Wortwahl schärfer. Wir versuchen, ihn zu umzingeln, ihn in die Enge zu treiben, ihn zu überlisten, um uns schließlich auf ihn zu stürzen. Nichts geht, und allmählich kriege ich kalte Oberschenkel. Wir ringen verzweifelt die Hände, da hören wir plötzlich jemanden rufen: Ero! Hierher, Ero-Schätzchen! Im selben Augenblick läßt der Hund die Jeans aus der Schnauze fallen und trollt sich auf seinen Hof zurück, wo jetzt eine Frau im Morgenrock im Hauseingang erscheint. Ich laufe sofort zu meiner Jeans und zwänge mich hinein, erleichtert, als sich die Autoschlüssel in der Hosentasche abzeichnen. Das Schwimmbad hat tagsüber geöffnet! ruft uns die Frau hinterher und schlägt die Haustür zu.

»Hier gehe ich so schnell nicht wieder schwimmen«, sage ich. »Da frieren einem ja die Eier ab.«

»Du wolltest es doch unbedingt.«

»Ero heißt das Vieh auch noch«, sagt Óli. »Ero ... tik.«

»Nein, darum ging's mir nicht.«

»Doch. Du wolltest Guja nackt sehen. Kannst es ruhig zugeben.«

»Schluß jetzt damit«, beschwichtigt Óli.

»Mir ist vollkommen egal, wer mich nackt sieht«, sagt Guja. »Meinetwegen kannst du gucken, solange du willst, Loftur.«

»Ihr wart doch auf einmal so wild drauf, wenn ich mich recht erinnere«, sage ich.

»Ach, aber dabeisein wolltest du. Oder sehe ich das falsch«, sagt Dísa.

Das Blut rauscht in meinen Ohren.

»Jetzt macht aus der Sache mal nicht mehr, als sie wert ist. Irgendwann reicht es.«

Schweigend fahren wir zu unserer Pension zurück. Ich schalte das Radio an. Als wir auf dem Hof ankommen, ist die Bäuerin schon auf den Beinen.

»Guten Morgen!« begrüßt sie uns gut gelaunt. »Sagt bloß, ihr habt es wirklich bis auf den Gipfel geschafft.«

»Allerdings«, sagt Óli. »Hatten schließlich ausgezeichnetes Wetter und eine grandiose Aussicht.«

»Kann ich mir vorstellen. Es gibt nichts Schöneres, als bei gutem Wetter auf den Gletscher rauf. Habt ihr nicht die Energie gespürt?«

»Und ob wir das haben«, sagt Guja. »Hinterher fühlt man sich wie ein neuer Mensch.«

»Ja, aber seht euch vor«, fährt die Bäuerin fort und scheint sich dabei eher an uns Männer zu richten als an die Mädels. »Hier am Fuß des Gletschers sind schon jede Menge Kinder entstanden. Das kommt von der Energie, die vom Gletscher ausgeht. Voriges Jahr hatten wir ein deutsches Ehepaar hier, mit einer siebenjährigen Tochter, die ist hier bei uns entstanden. Man wird einfach zum Naturkind, hier, so direkt am Gletscher.«

»Das glaub ich gern«, sagt Óli. »Und wer weiß, vielleicht hat die Kleine ja inzwischen ein Geschwisterchen.«

Ich spüre Gujas verschmitzten Seitenblick.

»Nicht daß ich wüßte. Die beiden waren auch nicht mehr die Allerjüngsten. Sie hatten es lange versucht und nie Glück gehabt – und dann endlich, nach dem Urlaub hier bei uns, kam das Töchterchen. Da habt ihr's. Seht euch bloß vor!«

»Verkaufen Sie auch Verhütungsmittel?« fragt Óli.

Ich muß grinsen und schaue mich nach Dísa um, entdecke aber nur den Mann der Bäuerin, der deutlich älter zu sein scheint als sie. Ich gehe auf unser Zimmer und finde dort Dísa. Sie ist auf dem Weg ins Bad und tut, als bemerke sie mich nicht.

»Darf ich mit reinkommen?«

»Ich will jetzt allein sein.«

»Verstehe. Die nächste Eiszeit. Wie ist die Vorhersage, wie lange dauert es diesmal? Damit man sich drauf einstellen kann.«

»Mann, halt die Klappe.«

»Darf ich dich darauf hinweisen, daß ich bei der ganzen Geschichte noch am meisten draufgezahlt habe? Der kleine Freund hat sich fast komplett zurückgezogen, so gebibbert hat er vor Kälte.«

»Geschieht ihm recht.«

»Wieso das denn? War doch nicht meine Idee, das mit dem Hotpot.«

»Nein, aber du warst gleich ganz erpicht.«

»Und wenn? Spricht irgendwas dagegen, ab und zu mal ein bißchen die Sau rauszulassen?«

»Ach, darum ging es doch gar nicht. Glaubst du, ich seh nicht, wie du Guja ständig abtaxierst? Du kriegst ja kaum deine Augen von ihr los.«

»Jetzt hör aber auf. Im Moment sind sie zum Beispiel ganz bei dir.«

»In der Not frißt der Teufel Fliegen.«

»Was ist eigentlich los? Warum führst du dich so auf? Kriegst du vielleicht nicht genug Aufmerksamkeit von mir?«

»Sie hat natürlich keinen Bauch und keine Schwangerschaftsstreifen. Auch keinen Hängebusen vom Stillen. Nein, sie ist jung und knackig, flacher Bauch, straffe Brüste.«

»Jetzt reicht's aber. Hör mal, was hast du überhaupt? Hab ich dich irgendwie kritisiert? Soweit ich weiß, kriegst du von mir mehr Aufmerksamkeit, als dir lieb ist.«

»Und warum starrst du sie dann so an?«

»Ich starre sie nicht ›so‹ an, was immer du damit meinst. Als ob ich mir den Hals verrenken würde, nur um sie anzustarren. Aber klar, ich schaue sie an, wenn sie mir direkt vor die Nase läuft oder wenn ich mit ihr rede.«

»Du weißt sehr gut, was ich meine. Gib's doch einfach zu, daß du Óli glühend beneidest.«

»Schwachsinn. Ich liebe dich und deinen Körper, nicht zuletzt, weil du unsere Kinder ausgetragen hast. Aber du kannst schließlich nicht erwarten, daß ich mit verbundenen Augen rumlaufe, wenn andere Frauen in der Nähe sind.«

»Davon war ja auch keine Rede. Es ist einfach so verdammt offensichtlich.«

»Das war mir nicht klar.«

»Soso, das war dir nicht klar. Versuchst also nicht mal, deine lüsternen Blicke im Zaum zu halten.«

»Du müßtest doch selbst am besten wissen, wie schwer es mir fällt, meine Blicke im Zaum zu halten, wenn irgendwo eine schöne Frau auftaucht. Noch dazu, wenn sie nackt ist.«

Sie seifte sich von oben bis unten ein.

»Und das, ist das vielleicht nichts?« fragte ich und zeigte nach unten, wo sich der Beweis meiner Worte abzeichnete.«

»Und? Weiß ich, ob das nicht ihr gilt?

»Während ich dich anschaue!«

»Du könntest mich anschauen, und dabei an sie denken. Das dürfte für einen wie dich ja wohl kein Problem sein.«

»Dísa!«

Ich schlüpfe zu ihr unter die Dusche und versuche, sie zu küssen.

»Nein!«

»Komm, vertragen wir uns wieder! Wir haben nun mal zusammen diese Kinder in die Welt gesetzt, also sind wir ihnen auch schuldig, daß wir anständig miteinander umgehen. Oder nicht?«

»Doch, allwissender Erzähler.«

Ich begann sie zärtlich zu streicheln, über den Rücken, den Hintern, aber als ich mich ihrem Schoß näherte, sagte sie noch einmal Nein! und stieg aus der Dusche. Ich schwieg, seifte mich selber von oben bis unten ein. Ich hörte, wie sie eine Slipeinlage in ihre Unterhose klebte und dann wortlos ins Schlafzimmer hinüberging. Ich war kurz davor, ihr irgendwas hinterherzugiften. Ich dachte an Óli und Guja und stellte mir vor, wie bei ihnen jetzt gerade ganz andere Töne angeschlagen wurden und wie sie nun das vollendeten, was sich vorhin im Hotpot zwischen ihnen angebahnt hatte. Während ich mich hier mit meiner Ehefrau und Kindsmutter im Kriegszustand befand.

Ich trocknete mich ab und ging nackt hinüber ins Zimmer. Sie lag auf der Bettdecke und las. Als ich sie so vor mir liegen sah, schoß mir die Begierde plötzlich durch den ganzen Körper, als hätte man mir ein Liebeselixier in die Vene gespritzt.

Und ohne nachzudenken ging ich zu ihr hin, griff nach ihrem Slip und versuchte, ihn ihr von den Beinen zu streifen. Beim ersten Mal hatte ich keinen Erfolg, denn sie wehrte sich heftig.

»Laß das!« sagte sie.

Aber ich war wie besessen, riß ihr den Stoff herunter und

vergrub mich in ihrem Schoß. Sie preßte die Knie zusammen, doch ich riß sie energisch auseinander und stieß meine Zunge zwischen ihre Beine.

»Hör auf!« sagte sie noch mal und wollte mich wegstoßen, aber jetzt machte ich mir meine körperliche Überlegenheit zunutze und versuchte mit aller Gewalt, zwischen ihre Beine zu kommen, ich wußte, wie sehr sie es genießen konnte, überall gestreichelt zu werden, wußte auch, wie steif sie vor Spannung und Erregung oft wurde.

»Ah, meine Frau«, keuchte ich, »meine Frau.«

»Ich gehör dir nicht«, sagte sie.

»Ich muß dich aber jetzt haben«, murmelte ich und meinte zu spüren, wie sie sich ein winziges bißchen entspannte, also warf ich mich mit einer schnellen Bewegung auf sie und versuchte, in sie einzudringen, außer mir vor Leidenschaft.

»Aaah, ich liebe dich, ich will dich«, stöhnte ich und versuchte, sie auf den Mund zu küssen. Statt dessen landete der Kuß ungelenk auf ihrem Hals, ich sog an ihren Ohrläppchen und versuchte erneut, in sie einzudringen. Ich war schon an der richtigen Stelle, aber sie war noch immer verkrampft und auch nicht besonders feucht, und das machte es schwierig. Da packte ich ihre Schenkel, riß sie grob auseinander, und stieß mich gleichzeitig in sie hinein.

»Ich muß«, keuchte ich, »ich muß.«

Ich kam ungewöhnlich schnell, hechelnd glitt ich von ihr herunter. Dabei bemerkte ich, daß sie weinte, aber das ging mir schon lange nicht mehr besonders nahe, sie war einfach fürchterlich sensibel und beim Höhepunkt oft den Tränen nahe.

»Man wird einfach zum Naturkind, hier am Gletscher«, seufzte ich. »Das ist nicht gelogen. Und Mittsommernacht noch dazu. Ich mußte dich einfach haben. Du bist so verdammt sexy. Verstehst du jetzt, was ich meine? Hey? Alles in Ordnung?«

Der komische Alltag

Þórbergur Þórðarson

Wie ich einmal schwanger war

In meinem Bewußtsein gibt es zwischen einer Vorstellung und einer realen Erfahrung keinen großen Unterschied. Ich kann imaginäre Ereignisse wie steinharte Realität erleben. Ich nehme sie mit Augen, Ohren und dem Tastsinn wahr. Ich spüre, wie ihre Auswirkungen meinen Körper umschließen, der mal erfüllt ist von himmlischen Wonnen, dann wieder von höllischen Qualen durchdrungen. Ja, mir ist die Welt der Imagination sogar wirklicher als die sichtbare Welt.

Das Wechselspiel zwischen Körper und Seele ist so überaus flexibel, wenn ich das so ausdrücken darf, daß sich jeder kleinste Gedanke, ja sogar die geringste Gedankennuance in meinem Nervensystem ausprägt wie der Wind auf einer Wasserfläche. Für mich ist es nichts Neues, von einem Augenblick auf den anderen die Farbe zu wechseln; im einen Moment zu zittern wie Espenlaub, um im nächsten Augenblick bärenstark wie Goliath zu sein. Von unbedeutenden Einfällen oder Vorkommnissen kann ich unerträgliche Magenschmerzen bekommen. Unbedeutende Einfälle oder Vorkommnisse können mir andererseits körperliche Qualen auch wieder vertreiben. Mein Körper ist ein wundersam feines Instrument, auf dem abwechselnd himmlische Engel oder Teufel der Unterwelt spielen.

Die Witterung zählt zu den schlimmsten Übeln, denen ich ausgesetzt bin. Bei schlechtem Wetter geht es mir meist elend. Ich bin matt und kränkelnd. Bei schönem Wetter strotze ich vor Lebenskraft und Inspiration. Aber Schönwettertage gibt es wenige auf dieser windumtosten Schäre mitten im Ozean, welche die Geographie als »Insel im Atlantik« bezeichnet und die Fortschrittsdandys als »Goldkiste der Welt«.

Das ist es, was man in ausländischer Sprache *sensitiveness* nennt, und was wir als Empfindsamkeit bezeichnen können. Empfindsamkeit ist geistige und körperliche Reife. »Für etwas empfindsam« zu sein bedeutet, mehr Erschütterungen des Daseins zu registrieren als die Allgemeinheit. Wir können sogar behaupten, daß das Ziel des Menschengeschlechts auf dieser Erde darin besteht, den Wahrnehmungshorizont zu erweitern, also vom Dasein immer mehr in unseren Wahrnehmungsbereich zu bekommen. Dazu plagen wir uns mit Pflug und Hacke ab. Dazu betätigen wir uns wissenschaftlich und künstlerisch. Wenn aber eine mächtige Einbildungskraft oder heftige geistige Regungen hinter der Empfindsamkeit stehen, kann diese kostbare Begabung eine Schwächung bewirken, körperliche Schäden oder Hysterie.

Ja, liebe Lára! Ich habe in den paar Tagen meines Daseins schon so manches erfahren. Jetzt sitze ich hier an meinem Schreibtisch und gehe im Geist durch all die Leiden, die über mich hereingebrochen sind. Ich spähe furchtsam und voller Zweifel im Zimmer umher. Ich traue kaum meinen eigenen Augen. Ich begreife es einfach nicht, daß ich wirklich und wahrhaftig an diesem Platz hier sitze. Es scheint mir, als müsse ich die Erinnerung eines Irren sein, der jahrelang in der Klapsmühle gesessen hat, oder der Schatten eines dahingegangenen Unglücksraben, der vor langer Zeit an ebendiesem Schreibtisch saß, bevor ihn seine Einbildungskraft zwischen vier Bretter einsargte.

Ich war noch lange nicht im Konfirmationsalter, als ich meine erste Entdeckung in der Biologie machte. Sie war grauenhaft. Es beschämt mich, wenn ich sie dir gegenüber erwähne. Aber sie war originell, und eine ganze Zeit lang war sie mir ein unerträglicher Anlaß für Grübeleien. Ich meine deshalb, daß ich davon erzählen sollte.

Es war an einem schönen Sommertag während der Heuernte. Ich war gerade dabei, die Mutterschafe an den hofnahen Berghängen zusammenzutreiben. Da brach wie ein Blitz aus heiterem Himmel die Überzeugung über mich herein, schwanger geworden zu sein. Ich begann, mich zu untersuchen. Ich befühlte mich, drückte und fummelte an mir herum. Ich fand alle Anzeichen dafür, daß es keine Einbildung war. Frauen bereitet so etwas Vergnügen. Es ist ihr Beruf. Ich kann gleichfalls nicht behaupten, daß ich erschrocken war. Ich habe neun Sprachen gelernt und acht Jahre lang in Island Wörter gesammelt und aufgezeichnet. Mir ist trotzdem kein Wort und keine Wendung geläufig, die eine Ahnung von meinen seelischen Qualen zu vermitteln imstande wären. Am ehesten noch könnte ich sie mit den Leiden einer verdammten Seele vergleichen, die von der Vorsehung dazu verurteilt wurde, von Ewigkeit zu Ewigkeit in einer brodelnden Schwefelquelle auf dem Kopf zu stehen. Trotzdem klingt mir dieser Vergleich viel zu priesterhaft, als daß du dir eine Vorstellung davon machen könntest, wie mir zumute war.

Ich wagte es nicht, irgend jemandem gegenüber diese Demütigung zu erwähnen. Um so unerträglicher wuchsen sich meine Leiden aus. Ich wurde von Abscheu und Schrecken ganz aufgezehrt. Daß aber so etwas auch ausgerechnet über mich kommen mußte! Wofür sollte ich armer Tropf denn büßen? Beinahe hätte ich Haß auf die anderen Kinder entwikkelt, die keinen vorgewölbten Bauch hatten. Sie konnten wie junge Lämmer in der Sommersonne umhertollen. Nur ich mußte mich mühsam und hochschwanger dahinschleppen.

Ich versuchte, meinen Zustand genauer zu ergründen. Ich las, wenn niemand in der Nähe war, heimlich Jónassens Heilkundebuch. Doch. Jedes Wort stimmte perfekt mit meinem Befinden überein. Ich las und las, bis ich das Kapitel auswendig konnte. Das war mir trotzdem nicht genug. Ich mußte jedes Wort und jeden Buchstaben, so wie sie im Buch abgedruckt waren, vor Augen haben. Immer hegte ich die Hoffnung, dadurch doch noch irgendwelche neuen Hinweise zu bekommen. Und als in mir alle Hoffnung geschwunden war, durch die Worte auf eine neue Wahrheit zu stoßen, begann ich, die Satzzeichen und die Form der Lettern zu studieren.

Am bittersten brannte mich die Scham, die ich wegen dieser Demütigung erfahren sollte. Überall würde ich verhöhnt und verspottet werden. Weder würde ich es jemals wieder wagen, jemandem ins Gesicht zu blicken, noch vor die Haustüre zu treten. Alle wären mir feindlich gesonnen und würden mich verlachen. Das war mir allerdings nichts Neues, nachdem ich ja den Satz des Pythagoras erfunden hatte und seither als sonderbar galt. Das hier aber mußte doch noch weitaus demütigender werden. Und dann käme die Geburtshelferin und würde mich, der ich splitternackt daliegen würde, überall befingern. Und dann noch die Schmerzen obendrein! Einmal habe ich mitgekriegt, wie eine Frau ein Kind gebar. Man hörte sie bis in den Gemüsegarten hinaus. Und so etwas stand mir bevor!

Sobald sich die Gelegenheit ergab, sonderte ich mich von den anderen ab und untersuchte sorgfältig meinen Zustand. Ich fand heraus, daß die Leibesfrucht tagtäglich wuchs. Manchmal spürte ich sie sogar in mir strampeln. Aber wie zum Teufel konnte das sein? Auf welche Weise hatte sich dieser unerwünschte Eindringling Eingang in mich verschafft? Darüber zerbrach ich mir tagein, tagaus den Kopf, je länger die Schwangerschaft andauerte. Eine ganze Zeit lang kam ich auf keine Ursache. Ich begann, mir aus den biblischen Erzählungen die Überschattung mit dem Heiligen Geist zu vergegenwärtigen. Aber ich bin nie etwas Derartigen gewahr geworden. Dann fiel mir eine Geschichte ein, die ich über ein Mädchen aus dem Eyjafjörður in Nordisland gehört hatte. Sie war von einem Luftzug in der Wohnstube geschwängert worden. Sie brachte ein Mädchen zur Welt. Es wurde Guðrún Zugluftstochter getauft.

Ich hielt es für möglich, daß diese Ursache auch auf mich zutraf. Ich war winters bei stürmischem Wetter oft dünn bekleidet draußen herumgesprungen. Und jetzt fiel mir ein, daß Mutter mich oft davor gewarnt hatte, den Bauch kalt werden zu lassen. Ja, in dem Augenblick kam es mir sogar so vor, als habe sich in dieser Ermahnung meiner Mutter immer etwas geheimnisvoll Unheilschwangeres verborgen. Es war mir fast eine Befriedigung, die Beschämung den hochedlen Naturkräften zuschieben zu können, die mir kräftemäßig ja weitaus überlegen waren. Die Winde kamen doch von Gott. Meine Leibesfrucht mußte daher Gottes Willen entsprechen. Diese Sophisterei erschien mir aber dann doch zu abwegig, als daß sie meine Beschämung vor den Menschen ausgelöscht hätte.

Sie leuchtete mir nie so ganz restlos ein. Und so nach und nach begann ich daran zu zweifeln, ob die Erklärung überhaupt stimmte. Nach langem Hin und Her beschloß ich endlich, mit diesem Problem bei einer alten Frau im Nachbarhof Zuflucht zu suchen. Für mich war sie hochgelehrt. Lange war sie Geburtshelferin gewesen und hatte vielen Kindern ins Leben geholfen. Mittlerweile hatte sie aufgrund ihres Alters und wegen Blindheit schon lange damit aufgehört. Sie würde wegen meines Zustandes keinen Verdacht schöpfen, wenn ich mir in aller Unschuld bei ihr Auskunft holte. Und ich wußte, daß sie verschwiegener war als andere.

Ich traf die Alte draußen vor dem Hof an. Sie breitete gerade Wolle zum Trocknen aus. Ich grüßte sie und sagte in heiligster Einfalt: »Wie ist das, Oddný? Können Frauen von einem Windstoß schwanger werden?« Die Alte prustete wegen meiner Unwissenheit laut los. Vor unermeßlicher Scham versank ich zutiefst im Erdboden und lief grußlos davon. Danach war ich davon überzeugt, daß der Wind für keine Frau der

Kindsvater sein konnte. Und ich mußte doch denselben Gesetzen wie die Frauen unterliegen. Am meisten wunderte ich mich aber darüber, daß ich mir überhaupt einen so abwegigen Unsinn hatte einfallen lassen können. Jetzt erschien es mir als offensichtlicher Blödsinn. Lange danach noch wagte ich mich weder zu der alten Oddný, noch ließ ich mich bei anderen aus dem Haus dort blicken.

Ich war in der Sache keinen Schritt weitergekommen. Dabei ließ mich das Nachgrübeln über die Vaterschaft keine Sekunde lang in Frieden. Ob ich wach war oder im Bett lag, immer versuchte ich mir über die Ursache dieses seltsamen Ereignisses Klarheit zu verschaffen. Nachts lag ich deswegen schlaflos im Bett. Tagsüber hielt ich mich abseits und sinnierte. Aber diesem Rätsel war wahrhaftig nicht so einfach auf den Grund zu kommen. Nach langem Kopfzerbrechen kam ich schließlich auf die Lösung. Sie war fürchterlich. Es war Nacht. Ich setzte mich auf und wiegte mich für den Rest der Nacht vor und zurück.

Mir fiel eine Geschichte ein, die mir meine Großmutter vor ewig langer Zeit erzählt hatte. Sie handelte von einer rachsüchtigen Hebamme. Einmal wurde sie zu einer Frau in Kindsnöten gerufen. Die Hebamme hatte etwas gegen den Mann dieser Frau. Und aus Rache befreite sie die Frau von den Schmerzen der Geburt, indem sie »das Kind dem Mann anhängte«. Diese schrecklichen Worte, »dem Mann das Kind anhängen«, verstand ich so, daß sie ihn anstatt die Frau das Kind gebären ließ. Mir schien es sonnenklar, daß etwas Ähnliches bei mir passiert sein mußte. Aber wer konnte mir solch ein Übel antun? Die Geburtshelferin in meiner Gegend war besonders ehrlich und kinderlieb. Die hätte mir nie ein Kind in den Bauch gezaubert, mir, der schwächlichen Elendsgestalt.

Aber nicht weit von mir weg wohnte ein alter Homöopath. Man sagte ihm allerlei magische Fähigkeiten nach. Er hatte in seinen jungen Jahren vogelfreie Geächtete erlegt und mit einem mächtigen Gespenst gekämpft. Er war ein ausgemachter Schalk und stand noch in der alten heidnisch-magischen Tradition. Zu seinem Pachtland gehörte ein alter aufgegebener Bauernhof. Dort spukte es. Eines Tages reihte der Mann viele Sensenblätter zwischen seinem Grundstück und dem verlassenen Gehöft auf. Er richtete die Schneiden gegen das leere Haus, murmelte Beschwörungen und legte einen Bann darauf, so daß die Gespenster nicht über die Sensenblätter kämen. In seinen späteren Jahren erblindete er. Er suchte überall nach medizinischer Hilfe, aber seine Krankheit besserte sich nicht. Er sagte, daß er nur ein Mittel wüßte, um seine Sehkraft wiederzuerlangen. Es bestünde darin, sich die Augen herausnehmen zu lassen und sich statt dessen Hundeaugen einzusetzen.

Oft wurde der Mann zu Frauen in Kindsnöten gerufen. Ich war überzeugt davon, daß er mir das Kind angehängt hatte, um sich selbst bei irgendeiner Bäuerin einzuschmeicheln. Das war des Rätsels Lösung. Da war mir der Homöopath verhaßter als der oberste aller Teufel selbst.

Einige Wochen vergingen. Mir wurde es von Tag zu Tag beschwerlicher. Ich war knieweich und unsicher auf den Füßen. Da erwachte in mir das unwiderstehliche Verlangen, mich der Leibesfrucht zu entledigen, aber auf möglichst unauffällige Weise. Sofort fiel mir der Rauðhálsa-Teich ein. Er war still und recht tief und das Wasser darin war schlammig, so daß man nicht bis auf den Grund sah. Diese geniale Idee schimmerte durch meinen Geist wie ein Sonnenstrahl durch dichtesten Nebel. Für einen Moment spürte ich mich aller Sorgen entledigt. Aber es dauerte nicht lange, bis ich auf ein neues Problem stieß. Es war meine Unkenntnis über die Geburt und all die gefährlichen Begleiterscheinungen. Heimlich las ich die Volkserzählungen von vorne bis hinten. Dann grub ich aus meinem Gedächtnis alle Gerüchte aus, die ich von alten Frauen über das Aussetzen von Kindern gehört hatte. Sie wußten eine unerschöpfliche Menge solcher Geschichten aus ihrer eigenen Erinnerung und der ihrer Eltern zu berichten. Aber im selben Atemzug redeten sie davon, wie gottesfürchtig die Leute damals gewesen seien und wie unerschütterlich in ihren Überzeugungen. Und sie vergossen Tränen über die Sitten- und Glaubenslosigkeit der jungen Generation, die aufgehört hatte, dem Teufel ihre Kinder in Teichen und Lavaspalten zu überlassen.

Aber ich dachte sicherlich so wie die jüngere Generation. Die meisten Geschichten über Aussetzungen fand ich fürchterlich abstoßend. Die Ausgesetzten lebten oft noch jahrzehntelang und winselten oder jaulten erbärmlich, wenn Unwetter aufkam. In einer Lehmmulde, die östlich meines elterlichen Hofes lag, hörte man oft das Heulen eines Ausgesetzten bei einsetzendem Ostwind. Dort war irgendwann in grauer Vorzeit ein Kind zurückgelassen worden. Und in der Felsscharte von Ullarhraun war noch so ein ausgesetztes Kind. Ich wagte mich dort nie in die Nähe.

Zwar fand ich die Aussetzungsgeschichten widerlich. Trotzdem bewunderte ich auch die konsequente Haltung und Gottesfürchtigkeit der Alten, ihre mutige Entschlossenheit und die Pflege der alten Überlieferungen. Überall waren Ausgesetzte. Die Gerüchte wußten auch, daß es ohne Schwierigkeiten zu machen war. Wenn dem Teufel die Leibesfrucht überlassen wurde, ging die Geburt wie von selbst und die Kindsmutter war ohne große Umstände ihrer Schmerzen ledig. Gleich danach konnte sie sich an ihre Arbeit begeben, als wäre nichts passiert. Es erschien mir selbstverständlich, das zu versuchen.

Irgendwie schlich sich bei mir die Überzeugung ein, daß die Geburt in der Nacht stattfinden mußte. Da wollte ich mich meiner privaten Angelegenheit widmen. Das war in Suðursveit allgemein so üblich. Nach einer kleinen Weile wäre alles vorüber. Am Tag darauf könnte ich frei und unbeschwert mit den anderen Kindern spielen.

Aber was, wenn die Leute schon jetzt von meinem Zustand wußten? In der letzten Zeit, so kam es mir vor, hatten sie mir mehr und mehr so eigentümliche Blicke zugeworfen. Und ich glaubte sogar, daß alle auf meinen Bauch starrten. Und jemand hatte mir vorgeworfen, daß ich mich so schwerfällig bewegte. Warum sagte er schwerfällig? Warum sagte er nicht steif, faul oder träge? War das ein Zufall? Oder wußte er alles? Wenn die Leute schon Bescheid wußten, würde man mir sicherlich nachgehen und alles käme ans Licht. Auf dem Weg zum Rauðhálsa-Teich würden die Geburtswehen einsetzen und ich würde schwerkrank nach Hause getragen werden. Oder ich würde verhaftet werden, während ich mein Vorhaben an dem Teich abschloß. Das war doch schlimmer als alles andere. Dann flöge die Neuigkeit durch alle Landkreise. Und ich wäre überall die Zielscheibe für Hohn und Spott. Die Lästermäuler würden mich Kindsaussetzer, Kindsmörder-Bergur oder nur »Der vom Rauðhálsa-Teich« nennen. Ich würde es nie mehr wagen, jemandem ins Gesicht zu blicken. Der Gemeindevorsteher würde es dem Bezirksamtmann melden. Der Bezirksamtmann würde mich abholen lassen, an Händen und Füßen binden und in den finsteren Kerker sperren. Dort läge ich allein in Kälte und Finsternis. Dort würde man mich verprügeln und foltern und ich bekäme nichts zu essen vorgesetzt als schwarzes Brot und pures Wasser.

Dann erinnerte ich mich an die Geschichte einer Frau, die in der Nacht ihr Kind aussetzen wollte. Sie schlich sich aus dem Bett, als sie glaubte, daß alle eingeschlafen seien, und strebte einer Schlucht zu, die außerhalb der Heuwiese war. Mitten auf dem Weg dorthin rief man ihr nach. Da fiel sie schwerkrank zu Boden und wurde nach Hause getragen. Auf diese Weise wurde ihr Plan aufgedeckt.

Ich kannte einen alten, gebrechlichen Mann. Er war der Sohn dieser Frau. Ich ekelte mich immer vor ihm. Er war blind und sein Gesicht häßlich verrunzelt. Seine Augen waren speigelb. Das war widerwärtig. Er nahm andauernd Schnupftabak und fluchte. Manchmal stopfte er sich umständlich einen Riesenkautabakklumpen in die Nase und sagte: »Kleines Scheißloch, verflixtes!« Früher war er reich gewesen, aber jetzt streifte er in seiner Nachbarschaft umher. Man sagte ihm nach, daß er böse über andere herzog und von ausgesprochen galligem Gemüt war. Die meisten waren ihm wohl auch feindlich gesonnen.

Ich habe viel gehört, was dieser Kerl so von sich gegeben hat. Und mir kamen seine Geschichten immer eklig und rätselhaft vor. Einmal redete er davon, daß er Vieh in der Nähe eines Sees zusammengetrieben habe. Auf dem See war eine kleine, grasbewachsene Insel. Da brütete ein Singschwan. »Ich ließ den Hund auf den Schwan los. Als er aber auf die Insel kam, fauchte ihn der Schwan an. Und der Hund zerfiel auf der Stelle.«

Einmal ging der Kerl zu Pfingsten in die Kirche, als er schon blind und gebrechlich geworden war. Ich war in der Kirche und saß ihm im Chor gegenüber. Das war ein paar Jahre, bevor ich schwanger wurde. Der Priester sprach von den Drohungen der Hölle und den Qualen der Verdammten. Er malte uns die Sünde und ihre Folgen in den schrecklichsten Höllenbildern aus. Ich erschauerte, als ich mir das anhörte. Ich nahm an, daß er jedes Wort gegen den alten Mann richtete. Mir erschien es sogar so, als blickte er unverwandt auf ihn, während er seine Predigt hielt. Der unglückliche, arme Teufel tat mir in der Seele leid. Er saß zitternd vor Altersschwäche in seiner Ekke. Seine speigelben Augen starrten ins Dunkle. Ich nahm den

Widerschein ewiger Verdammnis in jeder Runzel und jedem Gesichtszug wahr. Und ich sah vor mir all die Höllenqualen, die der alte Grauschopf zu erwarten hatte. Es war mir sogar, als füllte sich die Kirche mit Nebel und Teufeln. Und ich wünschte mir mit Tränen in den Augen, daß ich aus diesem fürchterlichen Gotteshaus nach Hause käme.

Das alles brachte ich mit dem Versuch seiner Mutter in Zusammenhang, ihr Kind auszusetzen. Ich glaubte, daß Gottes Zorn über der Familie hing. Es war etwas Unappetitliches und Mysteriöses an all diesen Leuten. Womöglich erwartete mich nun dasselbe Schicksal wie den alten Mann. Womöglich käme auch ich an den Bettelstab, zöge als ein Obdachloser von Haus zu Haus, sagte wie er Verse für einen Bissen Brot auf und wäre auf ewig ausgestoßen. Ich spürte eine sonderbare Bedrohung über mir schweben, seitdem ich über das Aussetzen nachdachte. Ja, ich fand, daß die ganze Natur, die Leute und die Häuser mir eigenartig ferngerückt waren, ganz so, als saugte mich etwas aus der sichtbaren Welt.

Diese und ähnliche Überlegungen setzten sich bei mir fest, besonders wenn ich allein war. In der Nacht wanden sie sich um mich wie die Würgaale aus den Tümpeln beim elterlichen Hof, die ich von jeher fürchtete; sie machten sich wie grimmige Monster in meiner Seele breit. Ich kämpfte aus Leibeskräften gegen sie an. Ihre unheimliche Macht über mich nahm aber desto mehr zu, je mehr Widerstand ich leistete. Viele Nächte lang tat ich kein Auge zu. Wenn ich einnickte, träumte ich von Schüsseln voll Blut und von der schweißüberströmten Geburtshelferin, die bis zu den Schultern blutbespritzt war. Oft überstiegen meine Qualen alle Grenzen derartig, daß ich mich im Bett aufsetzte, mich wie ums Leben vor- und zurückwiegte und hastig und ohne nachzudenken meine Gebete herunterspulte. Ich konnte eine Unmenge von Versen, Psalmen und Gebeten. Allerdings glaubte ich nicht ein Sterbenswörtchen davon. Aber ich spürte eine Befriedigung darin, irgend etwas herzuplappern. Es lenkte die Aufmerksamkeit von meinem Unglück ab. Wenn kein Gebet mehr übrig war, murmelte ich Verse, sagte Volksdichtung auf oder rief mir die Fluttabelle aus dem Vorjahreskalender ins Gedächtnis.

Ich spürte, daß sich dieses Großereignis rasch seinem Ende näherte. Ich schob einen unerfreulichen Kugelbauch vor mir her. Der Bauch war hart wie Beton geworden, ständig bewegte sich etwas in mir, und manchmal glaubte ich, ein seltsames Jaulen zu vernehmen. Meine Füße waren bleischwer, und ich war auf den Tod krank. Und noch immer hatte ich keinen Ausweg aus diesem schrecklichen Labyrinth gefunden. Die letzten Tage überlegte ich, mir den Hals aufzuschlitzen oder mich zu ertränken.

Eines Nachts im August schlief ich ungewöhnlich wenig. Gegen Mitternacht saß ich aufrecht, wiegte mich und sagte meine Gebete auf. Kurz vor Sonnenaufgang nickte ich endlich ein. Ich schlief traumlos bis vormittags. Als ich erwachte, schien die Sonne durchs Fenster über meinem Bett. Ich war allein in der Wohnstube. Alle Hausleute waren draußen bei der Heuarbeit. Warum war ich nicht geweckt worden? Mein Gott! War jetzt alles herausgekommen? Mußte man mich jetzt mit schwerer Arbeit verschonen?

Ich sprang aus dem Bett und ergriff ein blitzscharfes, großes Schlachtmesser, das jemand in einen Balken in der Wohnstube gesteckt hatte. Ich berührte mit der Schneide den Fingernagel. Aber wie leicht ich mich fühlte! Ich tastete und drückte an mir herum. Das machte ich bei jeder Gelegenheit. Jetzt aber war es seltsam. Zum Teufel, ich hatte keinen vorgewölbten Bauch. Er war weich und schlaff wie bei einem ausgenommenen Kabeljau. Kann so etwas Einbildung sein? Ein geflecktes Mutterschaf fiel mir ein, das mein Vater mal besessen hatte. Es lammte einen halben Monat vor der Zeit während eines

Schneesturms im Frühjahr. Ich trippelte wieder zum Bett und riß die Bettdecke zu Boden. Da war nichts Verdächtiges zu sehen. Ich ließ mich auf allen vieren nieder und spähte unters Bett. Da war auch nichts zu sehen, nur der Nachttopf. Ich zog ihn hervor und drehte und wendete ihn hin und her. Überhaupt nichts Ungewöhnliches. Wie ging das zu? Ich nahm den Spiegel von der Wand und bespiegelte mich von allen Seiten. Und ich überzeugte mich davon, daß nichts mit mir los war. Ich konnte mich vor Freude kaum beherrschen. Ich rammte das Schlachtmesser wieder in den Balken, zog mich in aller Eile an und rannte raus. Und wie leicht ich mich bewegte! Als hätte man mir einen Felsblock aus der Magengrube gewälzt! Aber was war passiert? Das ist mir bis heute ein ungelöstes Rätsel.

Das ist eines der ersten Schöpfungswerke meiner reichhaltigen Phantasie. Seither ist eine Schöpfungsgeschichte auf die andere gefolgt. Der Herr schuf die Welt in sechs Tagen und ruhte am siebenten. Ich habe werk- und feiertags geschafft. Ich mußte aufhören, Schnupftabak aus Tabaksbeuteln aus Widderhoden zu nehmen. Ich habe regelmäßig mit leichenkalten Fingern in den Hautbeutel hineingelangt. Ich habe glühende Meteoriten auf meinen Kopf fallen gespürt, wenn ich draußen unter freiem Himmel herumlief. Sie haben mich in Fetzen gerissen und zu Asche verbrannt. Ich habe Woche um Woche ein Sarkom hinter dem Ohr wachsen gefühlt. Vierzig Tage und vierzig Nächte habe ich es betastet, habe genau gespürt, wie es sich veränderte und mit jedem Tag größer wurde. Und die Schmerzen waren fast unerträglich geworden. Einer meiner Bekannten hat ein leichtfertiges Gedicht darüber gemacht. Da kam diese Zeile vor:

»Kann das hinter meinem Ohr größer werden?«

Der Dichter Jónas Hallgrímsson schreibt:

> Finsternis ist der Menschen Feind;
> verletzt Leben und Seele,
> immer dunkel und immer schweigend,
> so wie der Hölle Feuer
> angefüllt mit Hohn und Trug.
> Ich weiß wohl, daß ein wüster Geist
> wohl kaum in diesem Land
> sich im lichten Sommer herumtreibt.

Ein Mann mit der Phantasie eines Jónas kann nicht anders denken. Für mich ist die Dunkelheit ein endloser Kampf gegen Mörder und Teufel. Sie haben mich stückchenweise zerfetzt. Sie haben mich um Sinn und Verstand gebracht. Jahrelang habe ich mir im Irrenhaus die Fetzen vom Leib gerissen. Jahr um Jahr habe ich gegen das Ersticken gekämpft, in einem engen Sarg eines drei Ellen tiefen Grabes lebendig begraben. Das übersteigt jedes Vorstellungsvermögen. Ich habe Nacht für Nacht gespürt, wie unter mir der Lattenrost in die Höhe hüpfte. Selbst als ich mit der Lungenentzündung dalag, stand ich dreimal pro Nacht auf, um ihn wieder zurechtzurücken. Nacht für Nacht haben mich Geisterpranken aus dem Bettgestell gezogen und mich gewürgt. Wenn ich eine Gespenstergeschichte erzähle, glaube ich jedes Wort davon. Andererseits kann ich ihr auch voll Skepsis gegenübertreten, weil ich über die große Befähigung verfüge, Dinge mit wissenschaftlicher Genauigkeit zu untersuchen. Ich habe vor meinen Füßen den gähnenden Abgrund in die brodelnde Hölle erblickt. Aber auch die Himmel habe ich sich öffnen sehen, und himmlische Heerscharen sind zu mir niedergestiegen. Und sie haben sich vor mir verneigt und gesagt: »Du bist der, der da kommen soll.«

Ärzte nennen das Hysterie. Das ist eine Kramschublade,

und da werfen sie jedes der wunderbaren Werke des Herrgotts hinein, das sie im Mikroskop nicht erkennen können. Ich nenne das eine entwickelte Phantasie. Und zwar nicht nur das Bewußtsein mit der Umgebung gemeinsam zu besitzen, sondern das gemeinsame Bewußtsein auch mit den Möglichkeiten der Umgebung. Aber du wirst kaum nur die Segnungen der Einbildungskraft alleine erringen. Auch deren Fluch muß dir unausweichlich zuteil werden. Während die Welt, in der du lebst, unter Elend und Korruption stöhnt, wird dir deine geistige Reife zum Übel und zu Tränen. Du kannst nie glücklich werden, solange jemand leidet.

»Solange einer noch im finsteren Loch hockt, bin ich nicht frei«, sagte ein amerikanischer Philosoph, und sie verurteilten ihn zu zehn Jahren Gefängnis. Das ist das geheimnisvolle Gesetz des Lebens. Der Dummkopf versteht es nicht. Er ist in seiner Beschränktheit selig, wenn die Welt auch sündigt und weint.

Das wahre Verständnis von etwas zu erlangen bedeutet, ein gemeinsames Bewußtsein damit zu bekommen, es als einen Teil von sich selbst zu spüren, eins damit zu werden. Diese Fähigkeit ist selten. Gleichwohl ist sie die Voraussetzung für den Glauben, die Künste und die Wissenschaften. Einer, der nicht innerhalb eines Augenblicks »aus seiner Haut schlüpfen« kann und selbst die abwegigsten Verrücktheiten als Anteile seiner selbst erspürt, der ist weder dazu in der Lage, Kunst zu erschaffen noch Wissenschaften oder Religion.

Der Dummkopf fürchtet sich nicht. Weswegen fürchtet er sich nicht? Weil er nicht versteht. Weil er sich die Gefahr nicht greifbar vor Augen halten kann. Der Ungebildete bewundert seinen Mut. Mir tun sie beide leid. Der gereifte Mensch »erlebt« die Gefahren, und er fürchtet sich. Der geistig Arme nennt ihn Feigling. Ich hingegen bewundere seinen Menschenverstand. Der Mut des Dummkopfs ist keine Heldentat.

Er ist das unüberlegte Vorwärtsstürmen einer blinden Seele. Der Mut des Weisen jedoch, der den Schrecken »erlebt«, der geht in die Richtung von Buddha und Christus.

Böðvar Guðmundsson

Der Skaldenmet

Als der Bauer Davíð aus Múli ins Althing gewählt wurde, brachte er Vorlagen für zwei neue Gesetze ein: Das eine sollte den Isländern erlauben, künftig auch Bier mit einem geringfügig höheren Alkoholgehalt als Quellwasser zu brauen, das andere sollte Jóhannes aus Ból ein Dichterstipendium gewähren.

Der Bauer von Ból verfügte nämlich über ungeahnte Talente. Er war etwa so groß wie Napoleon und Helgi Hjörvar, aber dichtete viel besser als die beiden. In seinen jüngeren Jahren hatte er derart markige Verse geschmiedet, daß man sie nur in den entlegensten Berghütten deklamieren konnte, doch mit den Jahren bekam seine Lyrik ein feierliches Gepräge, sie fand über die Region Síða hinaus Verbreitung und wurde schließlich auf ganz Island bekannt. Gelehrte aus der Hauptstadt verfaßten Aufsätze über ihn und pilgerten nach Síða, um ihn zu studieren, und manchmal brachten sie Ausländer mit, um ihnen »diese niedrige Kernflora der isländischen Bauernkultur«, wie sie sich ausdrückten, zu präsentieren.

Der Gesetzesentwurf zum Bier wurde abgelehnt, aber Jóhannes aus Ból erhielt das Dichterstipendium.

Von der Fördersumme kaufte er sich einen Jeep; es war zu der sogenannten Zeit zwischen Heu und Gras, als das Futter in den Ställen zur Neige ging, die Schafe aber noch nicht auf die Weide konnten. Guðjón aus Skarð erboste sich dermaßen darüber, daß er seinem Hengst Korkubleikur ein dünnes Seil an die Gebiß-Stange knüpfte und auf schnellstem Wege nach Ból ritt, um Jóhannes aufrichtig seine Meinung zu sagen.

»Ganz ehrlich«, hub Guðjón an, »das ist das Verrückteste,

was ich je gehört habe. Als Davíð letztes Frühjahr zu seiner Wahlversammlung hier war, habe ich ihn gebeten, mir ein Taschenmesser und neues Glas für meine Aladinlampe zu besorgen. Ich habe weder das eine noch das andere bekommen, aber jetzt verschleudert er öffentliche Mittel auf solche Weise. Das ist doch Schwachsinn.«

Dann nahm er seinem Pferd den Strick ab, trat ins Haus, trank Kaffee und ließ seiner Wut weiter freien Lauf. Jóhannes brachte ihn am Ende mit dem Jeep nach Skarð zurück, wenn er auch noch keinen Führerschein besaß, aber zum einen war sonst niemand unterwegs, und zum anderen war die Strecke nichts anderes als eine ausgefahrene Wagenspur über glattes Geröll, so daß alles unfallfrei ablief.

Im Herbst machte Jóhannes den Führerschein und schrieb nebenher weiter Gedichte. Davíð sorgte dafür, daß sein Dichterstipendium aufgestockt wurde. Er bekam sogar einen Preis und wurde nach Reykjavík eingeladen, um die Auszeichnung zu empfangen und seine Verse im Rundfunk vorzutragen.

Jóhannes traute sich nicht, mit dem Jeep in die Hauptstadt zu fahren, und nahm lieber den Linienbus. Der Kultusminister lud zu einem Cocktailempfang ein und hielt eine Ansprache.

»Zum Wohl«, sagte der Minister am Ende. »Ich hoffe, Sie mögen Dry Martini.«

»Englisch zu lesen fällt mir mächtig schwer; aber unterhalten könnte ich mich wohl ein bißchen mit den Amis«, räumte Jóhannes ein. »Allerdings habe ich Sabatini auf dänisch gelesen. Sind die vielleicht irgendwie verwandt?«

Der Kultusminister konnte nichts dazu sagen, Sabatini war ihm kein Begriff, und obwohl er dem gleichen Parlament angehörte wie Davíð aus Múli, kannte er die Strophe nicht, die Davíð einmal über zwei ausländische Literaten gedichtet hatte:

Ich schlemme nicht mehr insgeheim,
trink' nicht mehr wie ein Loch,
ich lese jetzt nur Oppenheim
und Sabatini noch.

Nach dem Cocktailempfang des Kultusministers schleppten ein paar Schriftsteller aus Reykjavík Jóhannes mit zu einem Besäufnis, wo es viel ungezwungener zuging als bei dem Regierungsmitglied; die Schriftsteller klopften ihm auf die Schulter und ließen ihn direkt aus der Flasche trinken.

»Du bist ein verdammt guter Kerl«, sagten die Schriftsteller, »ein verdammt guter Kerl.«

Es stellte sich heraus, daß einige von ihnen unzählige seiner Strophen auswendig hersagen konnten. »Wie machst du das nur, so schöne Gedichte zu schreiben?« wollten sie wissen. »Nimm noch einen Schluck, mein Lieber. Und bist obendrein so ein verdammt guter Kerl!«

Jóhannes fragte, ob sie Dry Martini kennen würden.

»Das ist ein ganz gefährlicher Feind«, sagte Steinn Steinarr. »Nimm dich vor ihm in acht.«

»Das ist eine Mischung aus Wermut und Schnaps«, sagte Þórunn Elfa, »aber halte dich lieber an die puren Sachen. Kognak hat noch keinem geschadet.«

»In Dry Martini ist aber auch Wasser drin«, sagte Meister Þórbergur. »Das ist ein verdünntes Gesöff.«

»Ein *Gen*ie wie du, mein lieber Namensvetter«, sagte Jóhannes úr Kötlum, »ein *Gen*ie wie du sollte nichts anderes als *Gen*ever trinken.«

Jóhannes hatte einen leichten Kater, als er tags darauf im Linienbus nach Hause fuhr, aber er fühlte sich trotzdem unsagbar glücklich. Es war einfach großartig, mit den Autoren aus der Hauptstadt zusammenzusein. Statt ihn zu beneiden oder ihm die sinnlose Vergeudung öffentlicher Mittel in Form seines Dichterstipendiums vorzuhalten, nahmen sie ihn ohne viel Federlesens in ihren Kreis auf und sagten, daß er ein verdammt guter Kerl wäre. Und sie hatten versprochen, ihn zu besuchen.

In den nächsten zwei Jahren legte Jóhannes sein Dichterstipendium auf einem Sparbuch bei der Sparkasse an. Bald würde er seinen fünfzigsten Geburtstag feiern, denn das Alter macht weder um gute noch um schlechte Dichter einen Bogen. Und dann sollte es ein Fest geben, das jeglichen Zweifel aus der Welt schaffen würde, ob das Dichterstipendium nun ein richtiger oder ein falscher Umgang mit öffentlichen Geldern war.

Darüber herrschte vollkommene Einigkeit zwischen den Eheleuten. Überhaupt stimmte Sólveig in den meisten Angelegenheiten mit ihrem Mann überein, außer bei solchen Nebensächlichkeiten des Alltags wie Politik und Religion. So waren sie sich beispielsweise völlig einig, an ihrem alten Wohnhaus einen Anbau zu errichten und Jóhanna auf eine Internatsschule zu schicken, ganz zu schweigen vom Einkauf all der Lebensmittel und Kleidung und anderer Dinge, die für den Haushalt nötig waren; sobald es jedoch um die Landwirtschaftspolitik von Josef Stalin oder die spirituelle Glaubwürdigkeit des Mediums Hafsteinn ging, gerieten sie aneinander. Da hatte jeder seine eigene Meinung. Was aber die Verwendung des Dichterstipendiums für die Ausrichtung der Feier anlangte, da gab es keine Uneinigkeit.

Etwa zu der Zeit, als sich das Laub nach den sommerlangen Liebkosungen durch den Sonnenschein rot verfärbte und die Blaubeeren auf den Abhängen und Böschungen vor lauter Saft zerplatzten, begann Sólveig, für den Geburtstag zu backen. Die Hühner hatten fleißig gelegt, und nun wartete ein großer Berg Eier darauf, zusammen mit Mehl und Margarine, Zucker und Backaromen, Kakao und Kokosraspeln verarbeitet zu werden. Die beiden halbwüchsigen Söhne Sæmundur und Kári wurden zum Teigrühren verdonnert; sie saßen von morgens bis abends mit Schüsseln zwischen den Knien und ließen die Holzlöffel kreisen, bis ihnen die Arme schmerzten. Hin und wieder legten sie eine kurze Pause ein, stippten heimlich einen Finger in den Teig und schleckten ihn ab, Schokoteig mit Rosinen mundete ihnen am allerbesten. Wenn es nichts zu rühren gab, wurden sie zum Beerenpflücken von einem Berghang zum nächsten geschickt, denn einer von den vielen Leckerbissen, die den Gästen angeboten werden sollten, waren russische Pfannkuchen. Diese stellten eine Neuheit in der Gegend dar, eine Überraschung für die bevorstehende Feier; das Rezept war durch mündliche Verbreitung oder mit dem Ostwind auf den Hof gekommen und existierte nicht in schriftlicher Form. Russische Pfannkuchen werden in der Weise zubereitet, daß man zunächst einen Pfannkuchen bäckt, ganz normal, wie man Pfannkuchen eben bäckt, dieser kommt auf einen flachen Teller oder ein Brett und wird – während er noch warm ist – dicht an dicht mit frischen Blaubeeren belegt und anschließend mit reichlich Zucker bestreut; dann wird in aller Eile der zweite Pfannkuchen gebacken und darüber gelegt. Während er noch warm ist, kommt die nächste Schicht Blaubeeren und Zucker darauf, es wird wieder ganz fix ein Pfannkuchen gebacken und obenauf gelegt. Und immer so weiter, bis der Stapel eine Handbreit hoch ist. Dann beginnt man einen neuen Stapel und verfährt in gleicher Weise. Wenn die Pfannkuchen erkaltet sind, schneidet man die Stapel in Stücke, so wie es mit dem Backwerk gemacht wird, das man heute im allgemeinen Kriegstorten nennt oder – nach einer bekannten Romanfigur von Halldór Laxness – Stößeldora-Kuchen.

Zwei Tage vor Vollendung seines fünfzigsten Lebensjahres stand Jóhannes frühmorgens auf, streifte sich seine Sonntagshose über, obwohl es ein Werktag war, gab seiner Sólveig einen Kuß, setzte den Jeep in Gang und nahm den kürzesten Weg in die Hauptstadt, über die sieben Berge zwischen den Gletscherkuppen hindurch. Es war ein wolkenloser Spätsommertag, Büsche und Heidekraut schillerten in allen Farben, die Sonnenstrahlen funkelten auf dem Firn, und die Nachtschatten verkrochen sich ängstlich in die Schluchten oder stürzten von den Felsen hinab. Für einen Dichter muß es zweifellos ein großes Vergnügen sein, an einem solchen Tag in der kahl gefegten Einöde zwischen den Gletschern unterwegs zu sein. Selbst wenn der drohende fünfzigste Geburtstag ein untrügliches Zeichen dafür ist, daß nun in nicht mehr allzu weiter Ferne liegt, was manche für das Schwerste von allem halten.

Und so genoß auch Jóhannes aus Ból seine Fahrt und die Einsamkeit zwischen den Gletschern, an diesem wundervollen Morgen stand ihm das Leben mit all seiner Freude und Schönheit um einiges näher als der Tod.

Ziehe ich über die Hochheide hin, auf großer Reise, erwartungsvoll ..., summte er fröhlich vor sich hin, und tatsächlich paßte wohl kaum etwas besser zu dieser seiner Fahrt – hier fuhr er in heiterer Erwartung eines bedeutenden Ereignisses. Donnerwetter, wie gut sich dieser Eggert Ólafsson doch ausdrücken konnte.

Sein Aufenthalt in der Hauptstadt war nur von kurzer Dauer. Nach einigem Umherirren fand er den staatlichen Monopolladen für Alkohol, dort sah es wirklich sehr hübsch aus. Er kaufte dreißig Liter Schnaps und dreißig Liter zuckersüßen roten Wermut, ließ sich vom Verkäufer helfen, die Flaschen bis zum Jeep zu tragen, und fuhr dann den gleichen Weg über die sieben Berge zwischen den Gletschern wieder nach Hause.

Am darauffolgenden Tag stapfte er mit zwei 40-Liter-Milchkannen in den Hofbach und scheuerte sie von außen und innen blitzblank, dann schaffte er sie in die Vorratskammer, wo seine Söhne den Teig für die letzten Kuchen rührten, und mixte in ihnen zu gleichen Teilen Schnaps und roten Wermut; die Milchkannen nannte er nach den Kesseln, in denen der nordischen Mythologie zufolge der Skaldenmet aufbewahrt wird, Són und Boðn.

»Hier, probiert einmal, Jungs«, sagte Jóhannes und fuhr mit einer Schöpfkelle in die Mischung. »Das ist Dry Martini.«

Seine Söhne streckten ihre Zungen in die Kelle und schüttelten sich – sie waren viel Besseres gewöhnt, nachdem sie vom Kuchenteig mit Rumgeschmack genascht hatten.

»Ihr habt ja keine Ahnung, was wirklich gut schmeckt«, sagte Jóhannes und schlürfte aus der Kelle. »Aber das lernt ihr noch mit der Zeit, ihr Grünschnäbel. Womöglich ist das Ganze so aber noch viel zu stark, die Leute werden davon ja stockbetrunken.«

In der Region Síða gehörte es nicht zu den guten Sitten, Alkohol zu panschen. Die einzige Ausnahme, die akzeptiert wurde, war ein Schuß Schnaps im Kaffee, vor allem wenn die Männer bei Regen und Kälte vom Schafabtrieb und vom Aussortieren im Pferch zurückkehrten. Ansonsten trank man pur und sagte, bevor man die Flasche ansetzte:

Mit Wasser ausgedünnten Schnaps, den soll der Teufel holen.

Nichtsdestotrotz füllte Jóhannes nun die beiden Milchkannen mit klarem Wasser aus dem Hofbach auf und befolgte damit strikt die Anweisungen von Þórunn Elfa und Meister Þórbergur.

In der Vorratskammer von Ból standen jetzt achtzig Liter Dry Martini inmitten von Blechkuchen und Sahnetorten und russischen Pfannkuchen und harrten der durstigen Gäste, die am nächsten Tag kommen sollten.

Die ersten Festteilnehmer stellten sich kurz nach Mittag

ein – Verwandte von weither, die eigene Zelte mitbrachten, die sie auf der freigeräumten Hauswiese errichteten. Sie wollten lieber Kaffee und Kuchen als Alkohol und fanden es verfrüht, gleich so richtig mit dem Trinken loszulegen; anstandshalber nahmen sie dennoch ein Schlückchen und fragten, was das für ein Getränk wäre, sie hielten ihre Gläser prüfend gegen das Licht und kosteten verwundert die unbekannte Flüssigkeit.

Um die Kaffeezeit kam der Kultusminister in seinem Dienstwagen, begleitet von einem Professor aus Deutschland. Der Professor wollte unbedingt ein paar Worte mit dem Dichter wechseln, und der Kultusminister versuchte sich als Dolmetscher. Aber die Unterhaltung verlief schauderhaft schlecht, Jóhannes war es nicht gewöhnt, über einen Dolmetscher mit anderen zu kommunizieren.

»Frag den Mann doch einmal, mein Guter, ob er nicht ein Gläschen trinken will«, gab Jóhannes zurück, als der Kultusminister die Frage des Professors übersetzt hatte, wie weit denn die Wurzeln der isländischen Lyriktradition zurückreichen würden.

Keiner der Anwesenden verstand, was der Kultusminister daraufhin zu dem Professor sagte, es war eine ziemlich lange Rede, aber die Antwort des Professors beeindruckte alle dermaßen, daß sie im Gedächtnis haften blieb.

»Sehr interessant«, sagte er ein ums andere Mal, »sehr interessant.«

Das konnte nur bedeuten, daß er nichts gegen einen guten Schluck einzuwenden hatte. »So, jetzt bekommt ihr Dry Martini«, rief Jóhannes und servierte seinen Gästen randvoll gefüllte Gläser, »und der ist echt. Los, probiert einmal, Jungs.«

Jóhannes kam es vor, als wären die Männer nicht so recht zum Trinken aufgelegt. Der Fahrer des Ministers nippte noch nicht einmal an seinem Glas, wenn er auch sonst ein ganz lustiger Kerl war und neben amüsanten Geschichten anstößige Verse zum besten gab. Er hatte sich zu Sólveig in die Küche zurückgezogen und lehnte es rigoros ab, seinen Kaffee zusammen mit dem Minister und dem Professor im Wohnzimmer zu trinken, wo die Unterhaltung über Lyrik und Tradition nach wie vor schleppend verlief und kurz vor dem Erliegen war, als die Schriftsteller aus der Hauptstadt auf dem Anwesen eintrafen.

Jetzt allerdings kam Leben in die Bude.

Jóhannes úr Kötlum drückte seinen Namensvetter lange an sich – eine erinnerungswürdige Umarmung, denn der eine war riesig groß, der andere winzig klein. Þórbergur segnete das Getränk, schaute mit dem Ausdruck der größten Verwunderung drein und zitierte einen Ausspruch seines Großvaters Steinn. Der Kultusminister und der Professor aus Deutschland bedankten sich sehr höflich und fuhren ab.

Nach der Melkzeit wurde das Wohnhaus in Ból brechend voll. Es wimmelte von Leuten, und die beiden Söhne standen mit nassen Unterarmen jeder hinter einer Milchkanne und schenkten den Geburtstagsgästen immer wieder ein.

Das Stimmengewirr erinnerte an einen Vogelfelsen, meinten einige der Anwesenden, die von der Küste kamen und sich auskannten.

So viele Dinge liefen gleichzeitig ab: Der alte Pfarrer Skúli und Meister Þórbergur tauschten Anekdoten über Geistliche aus, die dermaßen witzig waren, allen voran die Geschichten über die Pfarrer von Kálfafell, daß sich die Umstehenden vor Lachen bogen. Unterdessen dirigierte Friðþjófur aus Fremstidalur einen spontan gebildeten Chor und schlug dabei den Takt mit einem handfesten Birkenstock, den er ansonsten als Gehhilfe nutzte; der Knüppel stammte aus dem Gehölz unweit seines Hofes und hatte einen von Wind und Wetter geformten Knauf. Wenn der Mann auch nicht mehr der Jüngste war, so schwang er seinen Stock doch voller Energie nach links und rechts und sang mit leidenschaftlicher und dröhnender Stimme, die er im jahrelangen Wettstreit mit dem Nordwind geschult hatte. Ólafur aus Dæli und Jóhannes úr Kötlum führten während des Gesangs einen heftigen Streit über kollektive Landwirtschaft. Mitten im größten Lärm bat Davíð aus Múli ums Wort, ohne es zu bekommen, und hielt eine lange Lobrede auf das Geburtstagskind, in die er gelegentlich Verszeilen einstreute, welche allerdings kaum jemand richtig verstand, weil sich ein paar halbwüchsige Mädchen den Hausknecht von Bakki – einen gutherzigen Einfaltspinsel – zur Zielscheibe ihres Spottes auserkoren hatten und dabei ohrenbetäubend kreischten. Und übertönt wurde all dies noch durch das wohlklingende Lachen von Vilborg aus Hjalli.

Die alte Gríma aus Skarð war in ihrem langen Leben nicht auf vielen Vergnügungen gewesen, und Alkohol hatte sie so gut wie nie angerührt, und sie hatte ihr Lebtag noch keine solche Köstlichkeit zu essen bekommen wie die russischen Pfannkuchen. Sie mühte sich mit einem großen Stück auf einer Untertasse ab und versuchte, es mit einem Teelöffel zu zerkleinern, doch die Pfannkuchen waren zäh, und hin und wieder spritzte der Saft aus den Blaubeeren. Sie hatte Angst, daß das weiße Vorhemd ihrer Nationaltracht einen Fleck abbekommen könnte, und so schob sie sich verstohlen das ganze Stück mit den Fingern in den Mund.

Das war ein ziemlich großer Happen.

Plötzlich lief sie blau an und stürzte vornüber.

Die ganze Gesellschaft verstummte.

Þorsteinn aus Bakki, der keinen Alkohol trank und dem regionalen Komitee gegen den Alkoholmißbrauch angehörte, kam als erster wieder zu sich.

»Hanna«, rief er laut und vernehmlich. »Nun tu doch etwas, Frau.«

Hanna hatte als junges Mädchen, bevor sie den Bauern von Bakki ehelichte, Krankenpflege gelernt, sie kniete bei der alten Gríma nieder und tastete nach ihrem Puls. »Holt den Doktor«, sagte sie mit bebender Stimme.

Jósep, der Arzt, hatte vor dem ganzen Lärm im Haus Reißaus genommen und saß draußen auf der Treppe. Er genoß gut gelaunt den wunderschönen Abend und sah der Mondsichel zu, wie sie als Boot mit hoch aufragendem Steven den dunkelblauen Horizont entlangsegelte.

»Das Leben ist schon merkwürdig«, dachte er bei sich. »Als junger Mann kam ich hierher, um kurzzeitig Ruhe und Obdach zu finden, bevor ich die steile Leiter der wissenschaftlichen Karriere erklimmen wollte. Und jetzt habe ich schon dreißig Jahre hier zugebracht, ich habe Erkältungsmixturen verabreicht, Impfungen gegen Keuchhusten vorgenommen und die eine oder andere Schrunde wieder zusammengeheftet; die Jahre sind dabei ins Land gegangen und Ruhm und Ehre in immer weitere Ferne gerückt. Haben mich die Elfen in diesen Tälern so betört? Oder habe ich mich mit den Riesen eingelassen und gehöre nun zu ihnen?«

Er schüttelte sich wehmütig, nahm einen anständigen Schluck aus seinem Glas und wollte sich gerade eine Zigarette anzünden, als ein fremder Bursche auf die Treppe hinausstürzte.

»Bist du der Arzt?« krächzte der junge Mann stimmbrüchig. »Da drinnen liegt 'ne tote Alte.«

Als Jósep am Unglücksort eintraf, war das Gesicht der alten Gríma ganz dunkelblau verfärbt, und sie röchelte.

»Ruft sofort einen Krankenwagen!« sagte er mit entschiedener Stimme, begann die Atemwege des alten Mütterchens freizulegen und nestelte die Zahnprothese aus ihrem Mund.

Guðjón aus Skarð tapste mürrisch um ihn herum.

»Sie hat überhaupt nichts«, brummte er mißgelaunt. »Sie

führt sich immer so auf. Wozu da einen Krankenwagen holen?«

Darauf ging natürlich keiner ein; unverzüglich wurde in Nes angerufen und der Krankenwagen bestellt.

Da bemerkte Jósep, daß Gríma einen ziemlich großen Kloß in ihrem Hals hatte. Er schob seine Finger so weit, wie er nur konnte, in ihren Rachen, Augenzeugen behaupteten später, sein Arm wäre bis zum Ellenbogen verschwunden gewesen. Aber egal, ob das nun stimmt oder nicht, jedenfalls bekam er irgend etwas zu fassen und zog schließlich einige blaubeerblau gefärbte Reste des russischen Pfannkuchens heraus.

Die alte Gríma erbrach sich über das weiße Vorhemd ihrer Tracht und schnappte einige Male tief nach Luft. Jósep half ihr auf die Beine.

»Sieh doch nur, was du mit deinem Kostüm angestellt hast, Alte«, schimpfte Guðjón.

Die alte Gríma begann zu weinen. Da stand sie nun völlig beschmutzt und auf wackeligen Beinen inmitten all der Leute und lauschte unterwürfig den tadelnden Worten ihres Mannes; sie war es nicht gewöhnt, vor so vielen Leuten heruntergeputzt zu werden. Sólveig, Hanna und Vilborg nahmen sie beiseite, zogen ihr das Festkleid aus und wuschen ihr das Gesicht. Sie kümmerten sich ganz liebevoll um sie und redeten ihr zu, sich das Ganze nicht allzu sehr zu Herzen zu nehmen, das könne schließlich jedem einmal passieren. Sólveig gab ihr einen ihrer Röcke und einen Pullover, und obwohl die beiden vielleicht nicht genau die gleiche Figur hatten, so paßten die Sachen doch einigermaßen. Zum Schluß verabreichten sie ihr einen Eßlöffel Dry Martini und setzten ihr die falschen Zähne wieder ein. Gríma gewann allmählich ihre gute Laune zurück, und Hanna mischte sich mit ihr wieder unter die Leute. Da konnte Vilborg nicht länger an sich halten, die Gefahr war ausgestanden, und die komischen Aspekte der Begebenheit erfaßten sie mit unwiderstehlicher Kraft. Sie bekam einen solchen Lachanfall, daß sie sich hinsetzen mußte, und Sólveig wiederum ließ sich von ihrem Gelächter so anstecken, daß sie sich festhalten mußte, um nicht umzufallen. Den Rest des Abends konnte die eine die andere nicht ansehen, ohne laut loszuprusten.

Guðjón aus Skarð gab den russischen Pfannkuchen die Schuld an allem: »Von diesen verdammten Russen ist noch nie etwas Gutes gekommen«, sagte er vorwurfsvoll zu Jóhannes úr Kötlum und machte sich auf einen heftigen Wortwechsel gefaßt. »Ich hasse sie.«

Kurze Zeit später war das unangenehme Vorkommnis vergessen, Friðþjófur aus Fremstidalur hob erneut seinen Birkenknüppel, und Gísli aus Tunga und sein Schwiegervater Broddi, der inzwischen von weither eingetroffen und in die Ecke zu Gísli und zu seiner Tochter, der Lehrerin, vorgedrungen war, trugen ein zauberhaftes Lied über Wellen vor, die sich nach Sonnenuntergang im leichten Westwind kräuseln. Es wurden noch mehr Kuchen aufgetischt und noch mehr Gläser gefüllt. Zunächst herrschte noch ein wenig Mißtrauen gegenüber den russischen Pfannkuchen, aber das ging vorbei, und dann war es etwas Herrliches, sich den Blaubeermund mit einem Trunk zu spülen, den das Geburtstagskind mit irgend so einem ausländischen Namen versehen hatte, den sich kein Mensch merken konnte.

»Wie heißt das Zeug noch mal, Jói?« fragte Friðþjófur aus Fremstidalur. Er legte seinen Knüppel beiseite und schloß das Geburtstagskind in seine ungeheuer langen Arme. »Dreimal Tine? Nein, nichts von wegen dreimal Tine! Das ist Skaldenmet.«

Die Festgäste bekamen zunehmend einen Schwips, und hin und wieder trat jemand hinaus in die kühle Herbstnacht, um sich im Mondenschein ein wenig auszunüchtern. Benedikt aus Hjalli war Doddi aus Fell dabei behilflich, sich zu übergeben, anschließend wusch er ihm im Hofbach das Gesicht und rieb es mit einem trockenen Grasbüschel ab. Der Einfaltspinsel aus Bakki wollte sich auf der Wiese zwischen den Bülten etwas ausruhen und fiel in tiefen Schlaf. Dort wäre er womöglich auch liegengeblieben, wenn Gerða aus Fell nicht über ihn gestolpert wäre. Sie war ausgesprochen nachtblind, und als Doddi nach einiger Zeit immer noch nicht zurück war, hatte sie sich aufgemacht, ihn zu suchen. Der Einfaltspinsel war einfach nicht wach zu kriegen, und so wurde er in die Küche getragen und auf dem Tisch abgelegt. Da schlummerte er weiter wie ein Murmeltier, während einige ein Liedchen anstimmten, andere einen alten Konflikt beilegten und noch andere den Versuch unternahmen, die kompliziertesten Probleme der Weltpolitik zu klären. Als der Sanitätswagen endlich eintraf, kriegte keiner etwas davon mit, plötzlich tauchten zwei Männer in weißen Kitteln in der Küche auf, sie hatten eine Krankentrage dabei und wollten unbedingt jemanden abtransportieren. Ein paar schelmische Burschen deuteten auf den Einfaltspinsel, die Weißkittel rollten den bewußtlosen Kerl auf das Tragegestell und brausten mit Sirenengeheul davon. Guðjón aus Skarð setzte sich aus Versehen auf eine Untertasse mit den Resten eines russischen Pfannkuchens, sein Hinterteil leuchtete purpurrot, und Vilborg aus Hjalli kratzte mit einem Messer die zermatschten Blaubeeren von seiner Hose, so daß er dachte, sein letztes Stündlein hätte geschlagen.

In der Region Síða galt es als ungebührlich, eine schöne Feier zu verlassen, bevor alles ausgetrunken war. Aber hier stand man vor einer gigantischen Herausforderung. Entweder war das Dichterstipendium zu großzügig bemessen, oder die Gäste waren ungenügend vorbereitet, sowohl Són als auch Boðn an einem Abend auszuleeren. Gegen drei Uhr morgens zogen sich die Verwandten zum Schlafen in ihre Zelte zurück, die

Schriftsteller aus der Hauptstadt waren schon lange eingenickt, und das Geburtstagskind schlummerte wie ein Säugling an der Brust seines Namensvetters Jóhannes úr Kötlum. Gísli aus Tunga verfrachtete alle Leute aus seiner Gegend, die er zusammensammeln konnte, auf die Ladefläche seines Wagens und kutschierte jeden einzelnen nach Hause. Sólveig lief noch geraume Zeit durch das Haus und besah sich den Schauplatz der Feierlichkeiten. Überall standen halbvolle und leere Gläser herum, der Fußboden war mit Kuchenkrümeln und Sahnekleckssen übersät, und in einer Ecke hatte Friðþjófur aus Fremstidalur seinen Birkenknüppel liegengelassen, den Dirigentenstock des abendlichen Festkonzerts.

Jetzt herrschte Stille bis auf das Schnarchen der Schriftsteller.

Són war ausgeleert, aber in Boðn gab es immer noch reichlich Dry Martini.

Doch auch der verschwand in den darauffolgenden Stunden, Jóhannes hielt es nämlich für unsinnig, Alkohol allzu lange aufzubewahren.

»Da bildet sich doch bloß Schimmel, wenn er zu lange steht«, sagte Jóhannes. »Ich will es nicht soweit kommen lassen.«

Und so teilte er sich mit seinem Nachbarn Guðjón aus Skarð die Reste des Dichterstipendiums.

Brüderlich und in gutem Einvernehmen.

Fortan galt diese spezielle Variante von Dry Martini in der Region Síða nicht nur als gesunder, sondern auch als unübertroffener Spender von Geselligkeit. Auf lange Zeit wurde den Gästen bei jedem festlichen Beisammensein eine Mischung vorgesetzt, die zu gleichen Teilen aus Schnaps und süßem Wermut bestand und mit einem Schuß Wasser verdünnt war. Dieses Getränk tat dem Seelenfrieden gut und inspirierte zu Dichtung und schönem Gesang.

In der Region Síða nannte man es Skaldenmet.

Þórarinn Eldjárn

Der Klang der Wörter

Es war einmal eine Stadt, wo keine zwei Menschen dieselbe Sprache sprachen. Trotzdem verstand jeder jeden, und alle lebten in Frieden und Eintracht zusammen. Es fiel auf, wie fröhlich, herzlich und – so unglaublich es klingen mag – gesprächig die Einwohner waren. Die Stadt lag in einer namenlosen Region mitten in Europa. Die Region fand nirgendwo namentlich Erwähnung, da sie bereits seit langem so abgeschieden war, daß man sie bestenfalls als schwarzes Loch auf der Landkarte beschreiben konnte. Häufiger jedoch wurde sie überhaupt nicht beschrieben.

Trotzdem war es letzten Endes unvermeidlich, daß die Umwelt auf dieses linguistische Phänomen aufmerksam wurde, doch selbst die fähigsten Sprachwissenschaftler fanden keine hinreichende Erklärung.

Und am allerwenigsten konnten die Einwohner dieser Stadt selber etwas zu seiner Erklärung beitragen. Jeder sprach seine eigene Sprache, und das war für sie so natürlich und selbstverständlich, daß niemand auf die Idee kam, darüber nachzudenken. Bislang ist immer noch die Meinung vorherrschend, daß die Gründe dafür teils geographischer, teils politischer Natur waren. Die Stadt, von der hier die Rede ist, lag seit Menschengedenken im Grenzgebiet von allen möglichen Ländern, und im Laufe der Zeit hatte das Karussell der Geschichte sie für kürzere oder längere Zeit zu all diesen Ländern gehören lassen, unter Umständen sogar öfter als einmal. Sie war in weitaus höherem Maße als andere Weltgebiete Zankapfel zwischen etlichen benachbarten und herandrängenden Völkern und Staaten gewesen, Schnittmenge, Teilmenge, Potenzmenge, Füllmenge oder Vereinigungsmenge in einer Unzahl von politischen Gebilden, deren Sterne im Laufe der Jahrhunderte aufgestiegen und dann wieder gefallen waren: Von Herzogtümern, Großmächten, Kaisertümern, tausendjährigen Reichen, Republiken, Freistaaten, Glücksreichen und allen möglichen heiligen und unheiligen Allianzen.

Ein Historiker mit Spezialgebiet Geschichtsgeographie hatte sich angeblich einmal an dem hoffnungslosen Unterfangen versucht, eine Karte anzufertigen, auf der die Entwicklung der Landesgrenzen in diesem Gebiet dargestellt werden sollte. Nach vieljährigen Studien saß er vor einem unüberschaubaren Wust an Linien auf einer Karte, die stark an eine Schnittmusterbeilage aus einem prallen Burda-Heft erinnerte. Versehentlich geriet diese Karte seiner Frau in die Finger, und ihr gelang es mühelos, nach dieser Vorlage einen Hosenanzug, einen Anorak und zwei Partykleider zu schneidern, bevor sich das Mißverständnis herausstellte.

Die Stadtbewohner verfügten deshalb über eine jahrhundertelange Erfahrung mit allen Spielarten bekannter Regierungsformen. Sie hatten Bekanntschaft mit der Monarchie gemacht, mit Diktatur, Tyrannei, mit Demokratie und Anarchie, um nur einige zu nennen. In der Ungewißheit, die mit solchen Turbulenzen verbunden ist, wie beispielsweise Unterdrückung oder Umwälzung, Neuordnung oder Aufruhr, waren die Einwohner es recht bald leid geworden, ständig die Sprache wechseln zu müssen, je nachdem, welches Land jeweils das Sagen hatte. Aufgrund dessen waren sie wohl einfach zu dem Schluß gekommen, daß es am sichersten war, wenn jeder seine eigene Sprache besaß, die ihm niemand nehmen konnte. In gewissem Sinne könnte man das als psychologische Defensivtaktik bezeichnen: In einer unsicheren Welt tendiert ein jeder dazu, sich an dasjenige zu klammern, was die eigene Persönlichkeit ausmacht; er setzt unbewußt alles daran, die Sprache zu pflegen, die ihm näher steht als die Muttersprache: die Sprache des Ichs, die Sprache, in der er denkt. Wer könnte die verbieten oder unterdrücken?

Vielleicht war das die richtige Erklärung für dieses Phänomen. Möglicherweise gab es aber eine ganz andere, eventuell auch gar keine. Die Einwohner wußten das nicht, und wie gesagt, sie wußten nicht einmal, daß es da irgend etwas Wissenswertes gab. Der Sprachlernprozeß bei Kindern ging genau wie andernorts schmerzlos vonstatten. Kinder lernen Sprachen überall nach demselben Motto: Wie der Lehrer, so der Hörer. Jedes kleine Kind, das nach und nach seinem eigenen Ich-Bewußtsein auf die Spur kam, begriff in der Fülle der Zeit, daß die Mutter ihre eigene Sprache sprach, und der Vater eine andere. Die älteren Geschwister hatten auch jedes seine Sprache. Der Opa sprach eine Sprache, die Oma eine andere. Kindermädchen kamen und gingen, jede mit ihrem individuellen Eia und Popeia in einer neuen Sprache. Aus dem Brabbeln eines jeden Kindes entwickelte sich deshalb eine persönliche Eigensprache, und alle hatten sie ein Gespür dafür, daß ihre Sprachen sich in erster Linie von all den anderen zu unterscheiden hatte. Darin lag die Verwandtschaft.

Und so war es lange geblieben. Die Wörter selber waren für die Einwohner kein Mittel zur Kommunikation in der Art, wie wir sie aus anderen Märchen kennen. Die gesprochene Sprache war kein System, wo in den Hauptpunkten Einigkeit über die Bedeutung der einzelnen Wörter herrscht, sondern in ihr spiegelte sich direkt das Bewußtsein des Sprechers wider. Es gab da auch zahlreiche andere und gleichwertige Faktoren, mit Hilfe deren man anderen seine Gedanken und Wünsche, seine Empfindungen und Vorhaben mitteilte.

In diesem Sinne hatten Wörter keine »buchstäbliche« Bedeutung. Blicke, Mienen, Gesten und stimmliche Nuancen sorgten in einem komplizierten Zusammenspiel dafür, daß der jeweilige Sprecher seinem Gegenüber zu verstehen geben konnte, welche Bedeutung sich hinter seiner Artikulation der Phonemcluster verbarg. Dieses Verfahren prägte selbstredend das Verhalten der Leute so, daß sie zwar das Wesentliche genauso problemlos wie andere zum Ausdruck bringen konnten, sich jedoch sehr viel tiefer in sich selbst und andere hineinversetzen mußten, damit diese nonverbale Methode funktionierte. Eine Methode, die auf den ersten Blick dazu angetan scheint, mehr Distanz zwischen den Menschen zu schaffen und dem eigenen Ego Vorschub zu leisten, aber de facto hatte es genau den umgekehrten Effekt: Gegenseitige »Verständnislosigkeit« führte dazu, Verständnis und Einvernehmen zu intensivieren.

Deshalb gab es keine Wörterbücher, und natürlich auch keine Bücher, geschweige denn geschriebene Literatur. Die Einwohner der Stadt waren allesamt Analphabeten, denn jeder hätte ja für niemand anderen als für sich selber schreiben können. Trotzdem gab es literarische Texte, Gedichte und Theaterstücke im Überfluß. Wie könnten Menschen auch ohne so etwas leben? Dichtung jeder Art genoß höchstes Ansehen, aber die Werke konnten nur mündlich, physisch und konkret veröffentlicht werden. Wie bei jeder anderen zwischenmenschlichen Verständigung waren Gestik, Habitus und Mitteilungsstrategien von großer Bedeutung. Die Wörter als solche hatten für niemand anderen als den Dichter eine präzise Bedeutung, der Klang der Wörter hingegen spielte eine wesentliche Rolle. Die Menschen hatten ein überaus feines Gehör dafür, daß gewisse Persönlichkeiten, darunter die besten Dichter, sich wunderschön ausdrücken konnten, mit anderen Worten, in ihrer Sprache fanden sich besonders angenehme Klangkombinationen, und sie artikulierten ihre Werke besser und interessanter als andere.

So lebten noch weit bis ins vergangene Jahrhundert hinein die Bewohner der Stadt froh und zufrieden vor sich hin. Sie waren fleißig und anspruchslos, und auch selbstgenügsam. Sie lebten zumeist von der Landwirtschaft, die in den Außenbezirken der Stadt betrieben wurde. Im zwanzigsten Jahrhundert waren sie die längste Zeit von einer Großmacht vereinnahmt worden, die man nicht unbedingt mit Idealen wie Freiheit und Demokratie in Verbindung brachte. Da die Einwohner der Stadt imstande waren, für sich selber zu sorgen, und nie Anlaß zu Klagen gaben, ließ man sie aber in Ruhe. Darüber hinaus gab es bei ihnen auch keinerlei nationalistische Bestrebungen. Die Großmacht gab sich also von ihrer gelassensten Seite und zeigte nicht einmal Interesse daran, diesen Menschen ihre eigene Sprache aufzuzwingen. Es erregte aber die Aufmerksamkeit der wenigen Inspekteure, die in die Stadt geschickt wurden, oder auch der Touristen, die sich dorthin verirrten, daß derart vorbildliche und ordentliche Menschen alle durch die Bank Analphabeten waren. Das stimmte zwar nicht so recht mit der Ideologie der Großmacht überein, die zumindest theoretisch großes Gewicht auf die Bildung der Untertanen legte, doch man unternahm trotzdem nichts, da sich beim besten Willen kein Experte finden ließ, der sich mit der vermeintlichen Sprache dieser Leute auskannte. Ortsfremde früherer und späterer Zeiten, die natürlich kein Wort von dem verstanden, was in der Stadt geredet wurde, befanden sich nämlich samt und sonders in dem Glauben, daß es sich um eine einzige Sprache handelte. Das war insofern eine begreifliche Schlußfolgerung, als niemandem das Verständnis und die Einmütigkeit unter den Einwohnern entgehen konnte, und ebensowenig die lebendige »literarische« Kultur.

Man stößt in diversen Reiseberichten früherer Jahrhunderte auf dergleichen Äußerungen. Die Autoren bedauern es zutiefst, keinen Zugang zur Sprache [sic!] der Einheimischen gefunden zu haben, da die ganz offensichtlich hochkompliziert und schwierig und nicht in den Griff zu bekommen war, nicht zuletzt mangels schriftlicher Quellen. Alle heben jedoch eigens hervor, wie gut sie von den Einwohnern verstanden wurden, wenn sie sich ihrer eigenen Sprache bedienten. »Aus irgendwelchen Gründen schienen diese Leute meine Wünsche besonders gut zu verstehen, wenn ich sie langsam und mit präzisen Lippenbewegungen und gleichermaßen heftig gestikulierend in meiner eigenen Muttersprache vorbrachte, so wie sie mir am reinsten und besten von den Inseln im Breiðafjörður geläufig ist«, beschreibt der Arabienreisende Pfarrer Ketill Þorkelsson in seinen *Reisefabeln* (Kopenhagen 1907-08).

Die Menschen in der Stadt fühlten sich wohl. Abends saßen sie in den Cafés und unterhielten sich angeregt, ein jeder in seiner Sprache. Ein Junge und ein Mädchen sahen sich tief in die Augen. Er sagte »ich liebe dich« in seiner Sprache, was beispielsweise wie »lanas na vifrio« klingen konnte. Sie verstand das auf Anhieb und antwortete in ihrer Sprache, vielleicht mit »sangran sprju adver«, und Klang und Gebaren waren derart, daß es keinerlei Mißverständnisse gab.

Doch zu Beginn des letzten Jahrzehnts im vergangenen Jahrhundert kam ein Sprachwissenschaftler in die Stadt und ließ sich dort unbemerkt nieder. Damals hatten gerade wieder einmal gewaltige Veränderungen in der politischen Landschaft des Kontinents stattgefunden. Die Großmacht war plötzlich in ihre Bestandteile zerfallen und sang- und klanglos von der Bildfläche verschwunden. Neue Bündnisse bildeten sich und schufen ein neues Umfeld. Alte Grenzen wurden aufgehoben, und andere, noch ältere, wurden zum Teil oder zur Gänze neu gezogen. Die Stadt mit der abgeschiedenen Randlage befand sich nun an der Peripherie des Zentrums, wie es hin und wieder auch in früheren Zeiten der Fall gewesen war. Parallel zu den politischen Umwälzungen war eine informationstechnologische Revolution über die Welt hereingebrochen. Der Sprachwissenschaftler stand dabei in vorderster Front. Als er eines Abends im Internet nach einem attraktiven Thema für seine Doktorarbeit suchte, stieß er per Zufall auf einen Bericht über diese mysteriöse und schwer in den Griff zu bekommende Sprache. Sein Interesse war auf der Stelle erwacht und er witterte eine große Chance, als er feststellte, daß diese Gegend seit vielen Jahrzehnten zum ersten Mal wieder verkehrstechnisch Anschluß an die Außenwelt hatte. Er hielt seine große Stunde für gekommen.

Schon wenige Tage später war er an Ort und Stelle und konnte mit der Forschungsarbeit beginnen, indem er Sprachproben sammelte. Ganz allmählich wurde ihm die erstaunliche Sachlage klar. Nachdem er die erste Phase der Verwunderung und Ungläubigkeit überwunden hatte, veränderte sich seine Mission grundlegend – er betrachtete sich jetzt nicht mehr in erster Linie als Forscher, sondern als Retter des Ortes. Er wollte diesen Leuten helfen, sich der modernen Realität zu stellen. Binnen kurzer Zeit war es ihm gelungen, an lukrative Stipendien aus aller Welt heranzukommen, und er entwarf ein Modell, mit dem er die Diktion eines jeden Einwohners aufzeichnen konnte. Anschließend entwickelte er ein Computerprogramm, das schnell und effektiv präzise Übersetzungen von Mensch zu Mensch lieferte. Infolgedessen entstand nun eine Schriftsprache, oder vielleicht eher eine programmierte Sprache. Sämtliche Einwohner lernten das Lesen und erhielten Laptops.

Hatte das alles denn nicht ausgesprochen positive Folgen? Nein, ganz im Gegenteil. Jetzt achteten die Menschen nämlich nicht mehr auf den Klang der Wörter, sondern nur noch auf die Bedeutung. Jeder war gezwungen, stets und ständig alles nachzuschlagen. Man erinnerte sich an längst gefallene

Worte, und es stellte sich heraus, daß sie seinerzeit missverstanden worden waren. »Lanas na vifrio« bedeutete eigentlich nicht »ich liebe dich«, sondern eher »so ab und an finde ich dich eigentlich ganz passabel«, oder etwas in der Art. Und die Antwort »sangran sprju adver« erwies sich als komplett absurd, als man der Bedeutung jeder einzelnen Silbe auf den Grund ging. Familien- und Vertrauensbande gingen in die Brüche. Eine nicht geklärte Meinungsverschiedenheit konnte wie ein Phönix aus der Asche wieder aufleben.

Der Sprachwissenschaftler wurde zum Bürgermeister ernannt, er hatte aufgrund seiner Kenntnisse natürlich eine Schlüsselposition. Gleichzeitig ist er Direktor der Wortbank, in der alle Zweifelsfälle beseitigt werden. »Unklarheiten gibt es nicht mehr«, behauptet er. Eines steht aber fest, der Charakter der Stadt hat sich wesentlich verschlechtert. Von Frohsinn keine Spur mehr, kein Aufblitzen der Augen oder leichtes Zucken der Mundwinkel. Die Cafés sind geschlossen. Jeder setzt ein Pokerface auf, kümmert sich nur um seine eigenen Angelegenheiten und ist auf der Hut vor all dem, was andere sagen. Von Stadt kann eigentlich überhaupt keine Rede mehr sein. Es gibt nur Häuser, in denen irgendwelche Menschen leben, denen ein übertriebener Hang zu Wortklauberei gemeinsam ist.

Die meisten besuchen jetzt Kurse in irgendwelchen Weltsprachen und wollen weg.

Steinunn Sigurðardóttir

Frau und Schaf

Der Frühling kam im Februar und ließ die Bäume austreiben. Vergnügte Metereologen verkündeten, daß Reykjavík die wärmste Hauptstadt Europas sei. Parallel dazu wurde in den Nachrichten von katastrophalen Schneeverhältnissen überall in Europa berichtet, wo der harte Winter bereits zahlreiche Todesopfer gefordert hatte.

Es fehlte Milch. Sie stopfte das Einkaufsnetz in die Tasche ihres braunen Wollmantels. Dann holte sie ein rotes Kunststoffetui mit einer Schere aus dem Küchenschrank, das sie ebenfalls in die Tasche steckte. Auf der Treppe vor dem Eingang begegnete sie ihrer Tochter Ragna Lotta und fragte, ob sie ihr etwas zum Mittagessen mitbringen solle, bekam aber keine Antwort.

Trotz sieben Grad über Null und ihrer schwarzen Wollmütze durchfuhr sie ein Schauder. Sie sagte sich, daß ihr Temperaturgefühl einfach der tatsächlichen Jahreszeit entsprach, Rekordtemperaturen mitten im Winter konnten sie nicht durcheinanderbringen. Anders als die Frau im Nachbarhaus, die bereits ihren Sommermantel trug. Die konnte es wohl nicht abwarten. Keine Art von Wetter ändert etwas an den Tatsachen von Winter und Frühling. Sie würde noch ihre Probleme damit haben, sich wieder an den Wintermantel zu gewöhnen und sich der herrschenden Jahreszeit anzupassen. Aber nicht sie war bemitleidenswert, sondern die Bäume. Der falsche Frühling hatte eine trügerische Farbe an ihnen hervorgerufen, die nicht von Dauer sein konnte. Früher oder später würde wieder eiskalter Schnee hellgrüne Zweige umschließen. Im Mai, wenn es tatsächlich Zeit für den Frühling war, würden die Bäume grau sein, und manche nie wieder eine andere Farbe bekommen, gleichgültig, wie der Frühling sich abrackerte.

Sie fand es angebracht, nicht den kürzesten Weg zum Supermarkt zu nehmen, sondern den Einkauf mit einem gesundheitsförderlichen Umweg zu verbinden. Sie ließ sich Zeit und sah sich unterwegs die Vorgärten an. An einigen Stellen waren die Zwiebelgewächse schon weiter als in ihrem eigenen Garten. Das würde sich rächen. »Es ist Februar«, erklärte sie laut.

Als sie sich dem Laden im Jón-Loftsson-Haus näherte, wurde ihr klar, daß es mit den zwei Tüten Milch überhaupt keine Eile hatte. Sie nahm Richtung auf die Halbinsel Örfirisey direkt beim Hafen, wo sie, die Hände in den Taschen vergraben, über die Basaltblöcke kraxelte. Sie wählte sich einen aus, ließ sich dort nieder und ließ die Blicke über den spiegelglatten Sund schweifen.

Wie schön für die Schiffe, daß sie in den Hafen hinein oder hinaus zu anderen Inseln schippern konnten, ohne gegen Strömung und Wellen ankämpfen zu müssen. Wie schön für Esja, sich selber geschniegelt und gestriegelt auf dem flüssigen Spiegel zu sehen. Wie schön für Viðey, an diesem Tag Ruhe vor anstürmenden Wellen zu haben. Im Vergleich zu Inseln waren Schiffe sehr privilegiert: Sie konnten Schutz suchen, wenn die wilde See ihnen den Garaus zu machen drohte. Aber eine unbewegliche Insel, wohin konnte sie sich wenden? Es war allerdings keineswegs sicher, ob sie zu bedauern war. Vielleicht war sie wie die Blume im Kirchenlied, die »ohne Furcht vor kalt und warm ruhig in sich wurzelt«.

Sie stand auf, zog die schwarze Mütze bis über die Ohren und ging zum Hafen, wo die Dettifoss beladen wurde. Sie lehnte sich an einen Container und sah zu, wie Kräne hievten, Arbeiter schufteten und Gabelstapler um Ecken rasten.

Kaffeepause. Ein Hafenarbeiter kam mit einem Küchenhocker auf sie zu, den er bei dem Container absetzte. Er holte seine Thermoskanne und seine Proviantbox aus einer Einkaufstasche und begann zu essen.

»Kommt nicht in Frage, bei so herrlichem Wetter drinnen in der verräucherten Bude zu hocken«, sagte der Alte. »Magst du einen Schluck?«

»Ja, danke«, sagte sie und streckte ihre blaugefrorene Hand aus.

Er sagte, es läge Frühling in der Luft.

»Das tut niemandem gut«, entgegnete sie mit verkniffenem Mund.

»Nein«, sagte der Alte, der auf so etwas nicht gefaßt gewesen war. »Den Bäumen sicher nicht.«

Sie leerte den Kaffeebecher und machte sich auf den Weg. Auf der Skúlagata gab sie sich eine Weile der Vorstellung hin, Viðey wäre entweder landfest oder es gäbe eine Fußgängerbrücke hinüber zu der Insel. Sie könnte dann einfach hinüberspazieren, um die andere Seite in Augenschein zu nehmen, die der Hauptstadt abgewandt war, und sich auch das wunderschöne Gebäude aus der dänischen Kolonialzeit ansehen, das den Eindruck erweckte, als schösse es zwischen den Hügeln auf der Insel direkt aus dem Boden hoch. Seltsam, daß niemand in diesem märchenhaften Haus lebte. Schreckten die Menschen davor zurück, den schmalen Sund zwischen Land und Insel zu überqueren?

Sie schlenderte am Meeresufer entlang und beobachtete eine Ratte, die erwartungsvoll zwischen den Kloakenrohren am Ufer hin und her hüpfte. Dann fiel ihr Blick auf eine andere, die sehr viel würdevoller wirkte, sie genoß das schöne Wetter und sah zur Esja hinüber, dem standhaften Berg, der für ewig und alle Zeiten über die Stadt wachte. Es war natürlich kindisch, aber der Frau kam es so vor, als beneidete die Ratte den Berg, der sich auf dem Sund spiegelte. Esja war ursprünglich. Sie existierte schon, bevor irgend jemand sie zu Gesicht bekam. Sie wird noch immer an ihrem Platz sein, selbst wenn die Menschen allesamt verschwänden. Was war noch der Ausdruck dafür? Beständig – oder vielleicht endgültig?

Der Wintertag war so schön, daß sie noch ein Stück weiter am Ufer entlanglief. Der Mond ging über Esja auf, er war voll, und im roten Licht der untergehenden Sonne schien er fast durchsichtig zu sein. Seltsam, daß die Menschen in ihm »Land« sahen und nicht eine schwimmende Insel hoch am Firmament. Seltsam, daß sie es geschafft hatten, eine so himmelhohe Entfernung zu überwinden, während es ihr noch nicht einmal gelungen war, auf einem Boot nach Viðey überzusetzen, obwohl sie seit zwanzig Jahren nur einen Katzensprung von der Insel entfernt lebte.

Sie war schon fast bei den Schrotthaufen am neuen Hafen Sundahöfn angelangt, als sie ein wunderschönes, blaues Boot erblickte, das kieloben am Ufer lag. Die Riemen hatte man wie in Ruderposition auf das Boot gelegt. Dieses ungewöhnliche Arrangement gefiel ihr nicht, sie drehte das Boot um und brachte die Riemen an der richtigen Stelle an. Doch dann fand sie es nicht angemessen, sich weiter mit dem Boot zu schaffen zu machen. Vielleicht war der Besitzer ja nur auf einen Sprung weggegangen.

Sie ging weiter und atmete die salzige Luft stoßweise abwechselnd tief und flach. Sie konnte ihre Augen nicht von der Insel lösen. Es hatte ganz den Anschein, als habe sie sich genähert. Die Frau stellte sich vor, sie sähe Licht in den Fenstern, obwohl sie nur zu genau wußte, daß sich dort nur die Überbleibsel vom Sonnenschein des Tages spiegelten. Sie schreckte aus ihren Gedanken hoch, als sie einen kleinen Bootsschuppen ganz in der Nähe bemerkte. Sie warf einen Blick hinein, er war völlig leer.

Ein Kälteeinbruch mit Schnee war so sicher wie das Amen in der Kirche. Allerdings hatte sie die Wettervorhersage für den nächsten Tag nicht gehört. Dann konnte es jedoch zu spät sein, um das Boot vor den Schneemassen in Sicherheit zu bringen. Den Menschen fehlte es einfach an Weitsicht. Nur wegen eines trügerischen Frühlingstags konnten sie sich nicht vorstellen, daß am nächsten Tag wieder Winter sein könnte. Sie ging deshalb zum Boot zurück und zog es unter großen Anstrengungen zum Schuppen. In der Tür hielt sie eine Weile inne und betrachtete froh das Boot, das jetzt in Sicherheit war. Dann griff sie nach der Schere in der Manteltasche, schnippelte ein Stück aus ihrem Einkaufsnetz zu einer Schnur zurecht und band die Tür damit zu.

Sie nahm die Linie 4 zum Hlemmur. Dort setzte sie sich auf eine Bank im Wartehäuschen und streckte die Füße in Richtung des Heizkörpers an der Wand. Sie war lange draußen gewesen, und ihr war kalt. Eine schäbig gekleidete Frau mittleren Alters in Filzpantoffeln setzte sich neben sie und wärmte sich ebenfalls die Füße an der Heizung.

»Wohin bist du denn unterwegs?« fragte die Frau in Filzpantoffeln.

»Ich wollte zum Supermarkt, um Milch zu kaufen.«

Da erinnerte sie sich natürlich, daß sie noch ins Geschäft mußte, um Milch zu kaufen, und sie machte sich wieder auf den Weg, obwohl sie kaum Zeit gehabt hatte, sich auszuruhen.

Erst als sie zu Hause die Treppe hinaufging, erlosch der Sonnenuntergang vollends, und sie blickte noch eine Weile in die Richtung, bevor sie ins Haus ging. Ragna Lotta machte in der Diele Übungen in ihren neuen Ballettschuhen und traf ihre Mutter mit der stahlharten Spitze. Die Frau zog den Mantel aus, stellte die Milch in den Kühlschrank, ging ins Schlafzimmer und legte sich aufs Bett, ohne ihr Kleid auszuziehen. Aus dem Wohnzimmer hörte sie eine Melodie aus Figaros Hochzeit. Frank war also anscheinend zu Hause. Sie schlief ein.

Als Frank mitten in der Nacht ins Bett kam, wachte sie auf und fragte: »Habt ihr etwas zu essen gefunden?«

»Mach dir keine Gedanken«, sagte Frank. »Du hast noch dein Kleid an.«

»Irgendwie bin ich so müde. Der Himmel ist schwer.«

»Du hast geträumt.«

»Wie ist die Wettervorhersage?«

»Morgen soll es schneien.«

»Ich hab's ja gewußt.«

Am nächsten Tag fehlte wieder Milch, und die Frau verließ das Haus in ihrem braunen Wintermantel und der schwarzen Mütze. Die Tür zu Ragna Lottas Zimmer stand auf, als die Frau vorbeiging. Sie rief ihrer Tochter etwas zum Abschied zu, hörte aber keine Antwort.

Die Frau ging zunächst zur Stadtmitte, gegen den Wind. Es schneite heftig, und der Schnee setzte sich vorn am Mantel und der schwarzen Mütze fest. Außer der Frau war niemand unterwegs, nur ein ohrenloser Kater maunzte kläglich in einer Toreinfahrt an der Vesturgata. In der Hafnarstræti blieb sie bei einer schwarzen Limousine stehen, deren Nummernschild nur aus zwei Ziffern und einem eingravierten silbernen Kreuz dahinter bestand. Sie sah, wie ein junger Mann in langem Mantel in das Auto stieg und davonfuhr. Wieso hatte er sie nicht gefragt, ob er sie irgendwo hinbringen könnte, dachte sie ein wenig bitter, als sie am Lækjartorg wieder in die Linie 4 einstieg, und der Bus fuhr los, sobald sie Platz genommen hatte. Sie war der einzige Fahrgast. Nach einiger Zeit erinnerte sie sich daran, daß der Name der Linie witzig verdreht worden war, und sie mußte unwillkürlich so laut lachen, daß der Busfahrer zusammenzuckte und verwundert in den Rückspiegel blickte.

Der Wind hatte sich gelegt, als sie auf dem Kleppsvegur beim Laugarás-Kino ausstieg. In dem dichten Schneetreiben konnte sie nicht die Hand vor Augen sehen, als sie die vierspurige Straße überquerte. Sie verließ sich darauf, Motorengeräusche zu hören und sich in Sicherheit bringen zu können, falls sich ein Auto näherte. Als sie hinunter zum Meer ging, hörte der Schneeschauer plötzlich auf. Erstaunt beobachtete sie, wie der runde Mond von gestern links von der Esja über dem Bergmassiv Skarðsheiði wieder zum Vorschein kam. Diesen Mond würde man von Viðey aus viel besser sehen können.

Sie eilte zu dem Bootsschuppen, zerschnitt die Schnur, die sie vor die Tür gebunden hatte, und betrat den Schuppen. Sie setzte sich auf die vordere Bank des wunderbar blauen Boots, griff nach den Rudern und war im nächsten Moment wieder daheim auf dem See, um die Netze zu kontrollieren. Nach einigen Ruderschlägen wußte sie, daß sie imstande war, dorthin zu rudern, wohin es sie zog.

Als nächstes versuchte sie, sich auf dem Boden des Boots zusammenzukauern. Ihr war nicht unbedingt kalt, aber der Erde war kalt, den Bäumen und diesen vorwitzigen Blumenzwiebeln im Garten. Die Natur war bei ihrer Frühlingsarbeit gestört, sie war betrogen worden. Hatte sie gestern wirklich noch bei strahlendem Sonnenschein im Reykjavíker Hafen gestanden und Kaffee aus einem Kunststoffbecher getrunken?

Unter dem strahlenden Mond schleppte sie das Boot zum Spülsaum und ließ es zu Wasser. Bei den ersten Ruderschlägen kam es ihr so vor, als wäre die Entfernung nach Viðey vergleichbar himmelweit, als würde man versuchen, in einem Segelflugzeug zum Mond zu fliegen. Schneeflocken rieselten aufs Meer, die immer dichter und größer wurden. Die Frau war froh über den weißen Niederschlag, auch wenn er ihr die Sicht auf die Insel nahm. Selbstverständlich würde sie Land erreichen, sie mußte einfach nur geradeaus in diese Wattewand hineinrudern. Auf einmal erinnerte sie sich nicht mehr, ob sie früher daheim ganz allein auf den See hinausgerudert war, um die Netze zu kontrollieren. Sie erinnerte sich auch nicht mehr daran, daß sie aus dem Haus gegangen war, weil Milch fehlte. Das Rudern war nicht anstrengend, und die Kälte war selbstverständlich und beinahe sogar angenehm. Sie spürte nichts als die Vorfreude, auf einer Insel in frisch gefallenem Schnee zu gehen und als erste in einer neuen Jahreszeit Spuren zu hinterlassen.

Als sie dort anlegte, kam es ihr vor, als sei sie gerade erst losgerudert, und sie fand es seltsam, wie lang ihr die Strecke anfangs vorgekommen war. Es war wirklich nur ein Katzensprung.

Zuerst wollte sie das Boot einfach davontreiben lassen, besann sich dann aber eines Besseren und zog es über schlüpfriges Geröll das Ufer hinauf. Sie war erleichtert, das Boot los zu sein. Erst jetzt konnte sie die Insel in Frieden begrüßen und sich mit ihr freuen. Die würde sich morgen früh schneeweiß auf der Meeresoberfläche spiegeln.

Sie erklomm die Uferböschung. Immer weniger Schneeflokken rieselten, der Himmel riß auf. Esjas Konturen waren deutlich zu erkennen, und der Mond jagte durch pechschwarze Wolken. Sie hielt auf das schöne Gebäude zu und beschleunigte ihre Schritte. Wie würde es wohl sein, sich dort einzuquartieren? Oder in der Kirche, falls sie offen wäre?

Da sah sie auf einmal Spuren im Schnee, schwer zu sagen, von wem oder was. Zu groß für eine Katze oder einen Fuchs. Was für ein Tier war da auf Viðey unterwegs? Ein Indianer hätte dieses Rätsel lösen können, dachte sie und mußte lachen. Sie bemühte sich, in den Fußspuren zu gehen und möglichst keinen Tritt auszulassen. So setzte sie starr nach unten blickend einen Fuß vor den anderen. Sie schaute kein einziges Mal mehr zum Himmel, zum Meteor Mond, riesengroß und erleuchtet.

Auf der anderen Seite der Insel angekommen, der von der Erde abgewandten, sah sie ein braunes Schaf, das auf dem Rücken lag und nicht mehr aufstehen konnte. Die Beine bewegten sich trotz der Windstille wie durch eine Brise. Die Frau setzte sich neben das Tier, berührte es und spürte, daß es noch warm war. Da vergrub die Frau das Gesicht in der Wolle und legte sich der Länge nach in den Schnee. Um das Schaf warmzuhalten, schlüpfte sie aus einem Ärmel, nachdem sie den Mantel aufgeknöpft hatte, breitete ihn halb über das Schaf und schmiegte sich an dieses Lebewesen.

Am sechsten Tag wurden sie gefunden. Die Leute der Suchmannschaft sahen sich gezwungen, Frau und Schaf zusammen von der Insel zu bringen, denn Haar und Wolle waren zusammengefroren. Die Schere lag neben ihnen auf dem Boden, aber niemandem fiel es ein, die beiden damit zu trennen.

Einar Kárason

Die Geschichte vom Lebensmittelgeschäft an der Ecke

Früher gab es in den Bussen Plakate, die Jugendliche daran erinnern sollten, ihren Platz für Frauen und alte Leute freizumachen. Sie zeigten zwei Jungen: Der eine war ein gut gekämmter, hübscher und ordentlicher Knabe, der aufgestanden war und mit einem Diener einer Frau im Bus seinen Sitz anbot, und der andere war ein fetter, lässiger Bursche mit schiefer Mütze; er rührte sich nicht von seinem Platz und pfiff sich noch dazu eins. Nonni und ich waren wie diese beiden Jungen: Ich ähnelte dem letztgenannten, wohingegen Nonni derartig vor Sauberkeit strahlte, daß er immer Josef den Zimmermann in der alljährlichen Aufführung des Weihnachtsevangeliums spielen durfte, die unser Religionslehrer inszenierte. Es war der Beginn großer Ereignisse in unserem Viertel, als ein neuer Kaufmann das Lebensmittelgeschäft an der Ecke übernahm, oder besser gesagt eine neue Kaufmannsfamilie: Ein mittelalterliches Ehepaar mitsamt seinen drei Kindern, die alle so um die zwanzig waren. Es schienen unglaublich harmonische Leute zu sein, und sie legten sich dermaßen ins Zeug, sich bei den Kunden anzubiedern, daß es vielen von Anfang an nicht geheuer war.

Diese Familie hatte irgendwelche romantischen Vorstellungen vom Kaufmann an der Ecke als Freund und Seelsorger eines ganzen Viertels: Sie stellten sich mit gutgelauntem Biedersinn und fidelem Schwung den Hausfrauen vor, die nichts anderes wollten als in Frieden ihr Gehacktes und ihre Gurken kaufen.

Ich wußte, daß Mama manchmal wegen eines Päckchens

Kaffee eine halbe Stunde Fußweg bis zum Coopladen auf sich nahm, »um dieser übertriebenen idiotischen Liebenswürdigkeit aus dem Weg zu gehen«. Die Leute begannen sofort, den alten Kaufmann zu vermissen, die wenigsten hatten seinen Namen, geschweige denn mehr über ihn gewußt, bis er in der Rubrik »Unfall- und Todesnachrichten« erschien, nachdem er besoffen mit einer brennenden Zigarette auf dem Bett eingeschlafen war. Er muß wohl ein prima Mann gewesen sein: Schweigsam, sich in nichts einmischend, und ohne jegliche Diebstahlneurose. Ich kann mich nämlich nicht erinnern, daß wir Kinder mehr aus seinen Regalen geklaut hätten, als wir unbedingt brauchten.

Gleich beim ersten Mal, als Nonni und ich bei der neuen Kaufmannsfamilie einkauften, gab es einen Aufstand. Und das, obwohl wir völlig ehrliche Absichten hatten, wir kamen vom Werkunterricht und hatten ein paar leere Pfandflaschen in einem Arbeitsschuppen gefunden. Die Frau des Kaufmanns bediente uns selbst und tat das mit einem absurden Getue, lachte immerzu schrill und schneidend, während wir uns in aller Ruhe nach den Preisen für dieses und jenes erkundigten; wir wollten natürlich wissen, was man für die Pfandflaschen kriegen könnte. Am Ende bekam Nonni aber seine Waren und ich meine, plus einem Fünförestück, zurück. Aber fünf Öre waren überhaupt nichts wert. Ich glaube, damals hat die billigste kleine Zuckermandel auf dem Markt fünfundzwanzig gekostet. Niemand hatte Lust, so wertloses Zeug mit sich herumzuschleppen. Ich schmiß das Geldstück, das die Frau mir aushändigte, sofort in den Plastikeimer für Coladeckel. Aber da brach das Unwetter los. Das Gesicht der Frau glitt auseinander vor Wut. Sie kam hinter dem Ladentisch hervorgelaufen und griff uns beide an.

– Du nimmst sofort das Geldstück wieder! Ich kenne nichts

Widerwärtigeres als Kinder, die Geld so mißachten! Laßt mich so etwas bloß nicht noch einmal in meinem Laden sehen! Ihr werdet noch in der Gosse enden ... Sie packte uns und schüttelte uns hin und her, und ich war so erschrocken, daß ich überhaupt nicht den Mumm hatte, etwas dagegen zu sagen. Die ganze Kaufmannsfamilie war mit angewiderter Miene auf dem Plan erschienen. Wir machten, daß wir wegkamen, gebrandmarkt, wie wir waren, und erst als wir um die nächste Hausecke verschwunden waren, drehte ich mich um, um der Kaufmannsfamilie, die uns aus dem Ladenfenster nachstarrte, mit kreisrunden Gesichtern und offenem Mund, die Zunge rauszustrecken.

Ich glaube, es verging eine Woche, bis wir wieder in den Laden gingen, und dann war es die halbe Klasse, die sich mit viel Buhei hineindrängelte, was ich nachdrücklich, aber unauffällig anstachelte. Als wir wieder aus dem Laden heraus waren, machte Nonni darauf aufmerksam, daß die Besitzer unheimliche Angst vor Dieben haben müßten, es waren überall im Laden Spiegel angebracht worden, und die Familie selbst lag ständig auf der Lauer. Es war Nonni auch nicht geglückt, mehr als zwei Zitronen mitgehen zu lassen. Zwei tierisch saure Zitronen! Wir versuchten, die eine davon zu futtern, und warfen die andere aus ziemlicher Entfernung an die Lagertür auf der Rückseite des Ladens.

Es muß erwähnt werden, daß Nonni der gerissenste Ladendieb seiner Generation war. Egal wo wir hinkamen, er konnte überall das einstecken, was ihm gerade fehlte, ohne daß irgend jemand Verdacht schöpfte. Er war wie ein Zauberer. Vielleicht war der Zauber der, daß er so ehrlich war. Ich habe vorher erwähnt, daß er genau wie der Musterknabe aussah, der im Bus für Frauen seinen Platz freimacht; er muß offensichtlich auch Modell gestanden haben, als die Illustrationen für das Pfadfinderhandbuch gemacht wurden. Er war niemals dreckig oder zerzaust, seine Kleidung und sein Benehmen zeugten von einem guten Elternhaus. Aber es war nicht nur das Aussehen; ich glaube, daß das Geniale an ihm war, daß er in Wirklichkeit so gerecht und bieder war. Nonni hatte ein unheimlich mitfühlendes Herz. Er pflegte flügellahme Vögel, befreite Mäuse aus Fallen, war immer auf der Seite der Schwächeren. Er war so fair, daß man es zu vermeiden versuchte, mit ihm in derselben Fußballmannschaft zu landen, wenn die Gruppen eingeteilt wurden. Niemand hat jemals irgendwelche Heimtücke bei Nonni entdecken können, er ging gerade und offen an alles heran und mit gutem Gewissen. Genauso klaute er auch aus den Geschäften. Ohne Falsch. Nonni und ich schauten täglich im Laden an der Ecke vorbei, um irgend etwas zu stehlen. Natürlich war es hauptsächlich Nonni, der sich kraft seiner Genialität der Durchführung annahm, und er profitierte davon, daß die wachsame Kaufmannsfamilie sich darauf konzentrierte, mich zu beobachten, denn ich war wie der Junge, der im Bus pfiff, anstatt Frauen seinen Platz anzubieten.

Doch gleich vom ersten Tag an war ein heftiger Nervenkrieg zwischen uns und den Krämern im Gange. Sie schienen jedes noch so kleine Teil zu vermissen, das verschwand: Einen Tag, nachdem Nonni eine Tafel Kochschokolade hatte mitgehen lassen, war das Zeug an einen intensiv bewachten Platz hinter der Kasse umgeräumt worden; einmal kriegte er zwei Plastikapfelsinen mit Orangejuice zu fassen – und danach beobachteten wir, wie alles oben in einem Regal bei den Fleischwaren gelandet war. Auf die Weise zogen sich die erstrebenswerten Objekte nach und nach in sichere Deckung zurück. Einmal bekam Nonni nichts zu fassen außer irgendwelchem bunten Zuckerstreusel für Torten, und er ließ selbstverständlich ein paar Schachteln mitgehen, denn es kam überhaupt nicht in Frage, mit leeren Händen rauszugehen. Auf diese Weise verteidigte sich die Kaufmannsfamilie mit großer Zähigkeit. Niemals gelang es ihnen, uns in flagranti zu erwischen, obwohl sie uns jede Sekunde, die wir im Geschäft waren, belauerten und die meisten Sachen, die sich für Kinder zu klauen lohnen, an einem sicheren Ort verstaut hatten.

Als Nonni und ich irgendwann im Winter einmal hereinkamen, waren an einer auffälligen Stelle am Eingang des Geschäfts Artikel aufgestellt worden, die Süßigkeiten zu sein schienen. Wir blieben natürlich da stehen, um diese Ware anzuschauen. In dem nicht gerade überreichen Angebot des Süßwarenmarktes war das ein gänzlich unbekanntes Produkt, Größe und Form der Verpackung waren auch ungewöhnlich; auf der glänzenden Hülle war ein Bild von einer braunen Masse, und obwohl der Text aus irgendeiner schwer zu enträtselnden Sprache bestand, konnte man das Wort *caramel* irgendwo in der Überschrift identifizieren. Wie Nonni das so in seinen Pfoten dreht und wendet, sehe ich den Kaufmann sich von hinten an ihn heranschleichen, mit Stielaugen und Händen wie Raubtierkrallen. Ich gab Nonni ein Zeichen, und in dem Augenblick, wo der Kaufmann zuschlagen wollte, dreht Nonni sich um und fragt mit Unschuldsmiene und ordentlich zur Seite gekämmtem Haar:

– Können Sie mir sagen, was das ist?

Der Kaufmann fing vor Nervenanspannung an zu lachen und zu zittern. Er wieherte so, daß ihm der Schweiß in Strömen herunterlief. Er packte Nonni grob am Kopf und fuhr ihm ein paarmal durch die Haare, schwenkte dann das Päckchen vor uns hin und her:

– Das ist eine neue Sorte Karamelpudding, hahahaha, sonst wäre er wohl direkt in der Hosentasche gelandet?! Das ist keine Süßigkeit! Hahaha! Dann gab er Nonni einen Klaps auf den Hintern und schob uns mit einem Affentheater, das vielleicht Fröhlichkeit darstellen sollte, aus dem Laden.

– Das lügt der verdammte Kerl, sagte Nonni, als wir in der nächsten Straße waren und uns auf ein großes Rohrstück gesetzt hatten, wo wir täglich eine Feierstunde abhielten und uns an den Fangergebnissen aus dem Geschäft labten. Dann zog Nonni zwei Pakete von dem Zeug, von dem der Kaufmann behauptete, es sei Karamelpudding, aus den Klamotten. Aber der blöde Hund hatte eindeutig nicht gelogen, es war jedenfalls total ungenießbares schwabbeliges Zeugs drin, das wir auf dem Weg zu uns nach Hause irgendwo ungegessen in den Vorgarten werfen mußten. So hielt der Guerillakrieg bis in den Winter hinein an.

Bis Nonni schließlich geschnappt wurde.

Es ging auf Weihnachten zu, wir besuchten routinemäßig den Laden an der Ecke auf unserem Heimweg von der Schule. Wir hatten Geld, kauften jeder eine kleine Cola und lungerten so durch das Geschäft, während wir die Flaschen austranken. Als wir schließlich die leeren Flaschen abliefern wollten, umringte uns die Familie, und der Kaufmann wandte sich an Nonni.

– Würdest du bitte deine Schultasche aufmachen.

– Die Schultasche aufmachen? Meine?

– Mach sofort deine Schultasche auf, mein Lieber, wir haben dich alle dabei beobachtet, wie du vorhin ein Päckchen Eiswaffeln hast verschwinden lassen!

– Ich mache sie auf keinen Fall auf.

– Willst du, daß ich die Polizei anrufe, Bursche? Willst du das lieber?

In dem Moment schien es, als ob Nonni klar wurde, was der Mann meinte. Alle Unschuld und alles Elend dieser Welt spiegelten sich auf den arglosen und aufrichtigen Gesichtszügen wider. Er blickte dem Kaufmann direkt in die Augen und fragte leise, aber mit fester Stimme:

– Bezichtigst du mich des Diebstahls? Der Kaufmann war aus dem Konzept gebracht. Er wollte irgend etwas sagen, aber schien den Mund nicht um die Worte herumzubekommen. Eine Weile herrschte Schweigen.

– Willst du, daß wir deinen Vater anrufen? kreischte die Tochter des Kaufmanns.

– Ja, das fände ich gut, sagte Nonni. Ruft bei der Reifenwerkstatt an und fragt nach Sveinn.

– Mach die Tasche auf! befahl die Kaufmannsfrau. Der Kaufmann hatte Nonni losgelassen und trat nervös von einem Fuß auf den anderen.

– Nein, ich mach die Tasche nicht eher auf, sagte Nonni, als bis Zeugen dafür da sind, daß ihr mich zu Unrecht beschuldigt.

Die Kaufmannsfamilie schien völlig ratlos. Nonni schaute ihnen ins Gesicht, einem nach dem anderen, aber alle schlugen die Augen nieder. Andere Kunden waren stehengeblieben und sahen verwundert dieser Szene zu.

– Komm, sagte ich zum Schluß, und wir gingen.

Wir saßen auf unserem Rohr und knabberten an den Eiswaffeln. Nonni sah gequält aus und hatte Tränen in den Augen.

– Die haben mich des Diebstahls bezichtigt, diese Flaschen, sagte er leise und biß grimmig in die Eiswaffel. Ich hatte niemals diesen Ausdruck »des Diebstahls bezichtigen« gehört und fühlte, wie sich mir die Haare im Nacken sträubten. Nonni schaute angestrengt in die Ferne, biß hin und wieder in die Eiswaffel und kaute lange.

– Was für verdammte Schweine sin..., sagte Nonni, konnte den Satz aber nicht zu Ende bringen, weil er dem Weinen nahe war. Dann gingen wir zusammen zu ihm nach Hause.

Die Mutter von Nonni backte gerade Schmalzgebäck, als wir herein kamen, und sie lud uns fröhlich ein, uns hinzusetzen. Aber dann sah sie, daß etwas mit Nonni los war. Er ging sofort in sein Zimmer und legte sich aufs Bett, und dort bekam sie unter Stocken und Schluchzen aus ihm heraus, wessen die Kaufmannsfamilie ihn bezichtigt hatte.

Nonnis Mutter hatte wirklich eine Engelsgeduld und geriet nur selten in Rage. Aber das hier war zuviel für sie. Sie rief auf der Stelle in dem Laden an und stauchte das Pack zusammen, bedankte sich zum Schluß höflich für die bisherige Bedienung und erklärte, daß sie für ihren Teil in Zukunft auf sie verzichten würde. Sie rief auch in der Reifenwerkstatt bei Sveinn an, und ich erfuhr am nächsten Tag, daß ein paar von den Leuten dort, gummischwarz von Reifen, ins Geschäft gegangen waren und heftige Drohungen gegen den Kaufmann ausgestoßen hatten. Es traf sich so, daß an demselben Abend eine Elternversammlung in der Schule stattfand, und als meine Mutter nach Hause kam, erzählte sie mir, daß dort fast über nichts anderes als diesen erschreckenden Vorfall im Laden an der Ecke geredet worden sei. Nonni kam am nächsten Tag nicht in die Schule, und der Lehrer hatte volles Verständnis dafür, er hielt sogar in der ersten Stunde eine kleine Rede darüber, wie besorgniserregend es doch sei, wenn erwachsene Menschen sich von ihrer Profitgier so verblenden ließen, daß sie mit völlig unhaltbaren Anschuldigungen unschuldige Jugendliche angreifen würden.

Im ganzen Viertel bildete sich eine nie zuvor gekannte Loyalität und Solidarität. Alle fühlten sich gleichermaßen in ihrer Ehre gekränkt. Alle beschlossen, die geschäftlichen Verbindungen zu dem Geschäft abzubrechen. Hausfrauen mit Autos nahmen jeden Tag die Nichtmotorisierten zu Einkaufsfahrten mit. Der Ganovenklub der älteren Jungs machte sich eines Nachts daran, Totenschädel und Hakenkreuze an Fenster und Türen des Geschäfts zu malen. In der Autowerkstatt hatte man keine Zeit mehr, um das Auto der Kaufmannsfamilie zu reparieren.

Der Laden blieb jeden Tag leer. Die Eheleute versuchten, Nonni offiziell um Entschuldigung zu bitten, doch das hatte keinerlei Einfluß. In ihrer Verzweiflung versuchten sie, ausgewählte Artikel zum speziellen Weihnachtspreis anzubieten, aber die Wirkung war gleich Null, fast das gesamte Viertel verrichtete seine Weihnachtseinkäufe woanders. Erst als der Laden Namen und Besitzer gewechselt hatte, blühte das Geschäft wieder auf.

Nonni brauchte eine ganze Weile, um wieder zu seinem alten Selbst zurückzufinden. Aber alle hatten Mitleid mit ihm und stellten sich voll und ganz auf seine Seite. Auf der nächsten Versammlung wurde er zum obersten Templer der Kindersektion des Guttemplerordens gewählt, und am Ende der Weihnachtsfeier in der Schule erhielt er in der Aufführung des Weihnachtsevangeliums, die unser Religionslehrer inszenierte, besonderen Beifall für seine treuherzige Darstellung von Josef, dem Zimmermann aus Nazareth.

Sveinbjörn I. Baldvinsson

Icemaster

Das Gedächtnis ist trügerisch. Ein jeder kennt das: Man meint sich an etwas zu erinnern, ist sich vollkommen sicher. Dann, eines schönen oder auch weniger schönen Tages, kommt man plötzlich dahinter, daß das, woran man sich zu erinnern glaubte, in Wirklichkeit nie geschehen ist. Oder daß es gar nicht sein kann, daß man es mit eigenen Augen erlebt hat. Manchmal betrifft das sogar Ereignisse oder Begebenheiten, die passiert sind, bevor man überhaupt geboren wurde.

Aber das Gedächtnis kann auch auf andere Weise trügen. Soviel weiß ich jetzt.

Vater hat es nie gegeben. Wir Geschwister haben ihn nie zu Gesicht bekommen. Dachte ich zumindest. So gut wie nie wurde über ihn gesprochen. Bis auf den heutigen Tag habe ich kein einziges Foto von ihm gesehen. Aber irgendwo tief in einem versteckten Winkel des Bewußtseins trug ich immer ein Bild von Vater in mir. Ich konnte es mir geistig vor Augen führen, wann immer ich wollte. Manchmal kam es auch von selbst, einfach so. Ich kann es mir auch jetzt vergegenwärtigen, in diesem Moment: Vater sitzt im Wohnzimmer im grünen Sessel. Die Tür zur Terrasse steht offen. Draußen ist es dunkel, es regnet, und Nässe dringt über die Schwelle herein. Sein Gesicht sehe ich nicht, nur seinen Nacken. Er hat seinen Kopf in den Händen vergraben und ein paar Finger schimmern durch seine Locken hindurch. Sein Haar ist dunkel und kraus, ganz anders als meines.

Bis heute Nacht wußte ich nicht, was es mit diesem Bild auf sich hatte. Magga konnte sich an nichts erinnern. Mutter hatte auch keine Erklärung dafür. Sie stritt allerdings auch nicht ab, daß es Vater gewesen war.

Magga und ich fanden schnell heraus, daß dieses Nichtvorhandensein von Vater mißlich war, eine bestimmte Art von Verkrüppelung. Jeder einzelne von uns war für sich genommen vollkommen, aber als Familie waren wir verkrüppelt.

Ich weiß noch, daß ich dachte, man würde uns anmerken, daß wir keinen Vater hatten. Ich fand, daß man uns mit eben solchen Augen ansah – mitleidig und mißtrauisch zugleich. Diese Blicke haben mich mein ganzes Leben hindurch begleitet.

Wenn Magga und ich einen Laden betraten, dachte ich, daß alle Leute in unserem Rücken die Köpfe zusammensteckten. Es nützte nichts, wenn ich mir einzureden versuchte, unser Vater könnte genausogut bei der Arbeit sein. Väter waren tagsüber allesamt nicht zu Hause – auch die nicht, die es tatsächlich gab.

Abends war es am schlimmsten, denn dann wurden die anderen Kinder zuweilen von ihren Vätern zum Essen gerufen. Oft gingen wir schon nach Hause, bevor Mutter uns zu sich beorderte – nur damit die Kinder nicht zu der endgültigen Gewißheit gelangten, daß uns kein Vater rufen würde. Natürlich wußten die meisten ganz genau, daß wir keinen hatten. Trotzdem gelang es uns manchmal, sie eine Zeitlang zu täuschen, solange wir noch neu im Viertel waren. Unser Vater mochte ja Fischer sein.

Wir dachten uns Geschichten über Vater aus, meine Schwester Magga und ich: Vater verwandelte sich in einen Sturm. Vater erschlug erst alle Feinde und fand dann selbst den Tod. Vater mitten in einer Wolke.

Aber wir gerieten bald in Zwiespalt mit ihm, auch in unseren Geschichten. Er wollte nicht darin vorkommen, wollte nur in Ruhe gelassen werden, weit weg von uns.

Zuerst wohnten wir im Stadtviertel Hlíðar. Wir können uns nicht mehr daran erinnern. Vater erinnert sich noch.

Ich habe das Haus nur von außen gesehen. Es ist verkrüppelt. Es hat zwei Stockwerke und einen Keller, ein Stück Rasen davor und einen kleinen Gemüsegarten dahinter. Mit seinem Baustil verhält es sich wie mit Vater: Es ist keiner da, und das ist leidig. Vorn hat das Haus auf der einen Seite einen eckigen, auf der anderen Seite einen runden Vorbau. Vielleicht habe ich irgendwann einmal in dem Zimmer zwischen diesen beiden Gebäudeteilen geschlafen. Mir ist oft so zumute, als hätte ich in meiner Kindheit zwischen zwei verschiedenen Vorbauten gelegen.

Nein, wir wohnten im oberen Stock. Er ist im Ganzen zurückgesetzt und hat eine große Dachterrasse davor, allerdings kein Geländer. Es ist schon lange her. Gewiß, die Jahre vergehen. Eines nach dem anderen haben sie sich in uns aufgetürmt. Auch in Vater, und um Vater herum.

Als ich aus dem Ausland zurückkam, fing ich in einer Transportfirma an – vielleicht wegen der Unrast, die mein ständiger Begleiter war. Ich konnte mich nie entscheiden, was ich am liebsten tun oder sein wollte. Bis auf ein paar Paperbacks und Plakate besaß ich nichts. Wie ein Luftzug war ich durch verschiedene Fakultäten gegangen – mit Brausen und Türenknallen. Und wie ein berühmter Dichter seligen Angedenkens legte ich nie eine Prüfung ab, war immer nur in der Fremde.

Mit der Wohnung hatte ich einigermaßen Glück – ich mietete eine Mansarde im Þingholt-Viertel. Alte Haushaltsgeräte bekam ich von überall her. Mein Toaster war ursprünglich an Bord der MS »Gullfoss« verwendet worden. Und meine Waschmaschine hatte in einer Waschküche gestanden, in der jemand umgebracht worden war. Mit ihrem einen großen, trüben Auge hatte sie alles mit ansehen müssen. Seitdem leckte es ständig leicht aus ihrer Füllklappe heraus.

Mir fehlte aber noch ein Kühlschrank. Magga rief mich in der Firma an und sagte, daß sie und ihr Mann einen für mich hätten. Ich fuhr zu den beiden hin. Sie hatten sich vor vielen Jahren ein Haus gekauft, das im Rohbau fertig war. Seitdem hat sich kaum etwas verändert. Nach wie vor führt keine ordentliche Treppe ins obere Geschoß, und eingerichtet ist es da oben auch noch nicht.

Maggas Mann ist nicht nur mehrfacher Meister im Fernschach, er leidet auch hochgradig an Höhenangst. Magga ebenso. Auf den Dachboden gehen sie nur, wenn sie dazu gezwungen sind. Welch merkwürdiger Zufall: Bogi, dieser so stark von Höhenangst geplagte Mann, wurde an Bord eines Flugzeugs hoch über den Westfjorden geboren. So etwas kommt oft im Leben vor.

Die beiden sind allein, haben keine Kinder. Wie schon gesagt: Er ist mehrfacher Meister im Fernschach. Magga ist, wie sie ist – irgend etwas fehlt an ihr, irgendwo. Vielleicht hat sie einen Schaden zurückbehalten ...

Der Kühlschrank, den Magga für mich hatte, stand oben auf dem Boden. Ich habe keine Ahnung, wie er dorthin gelangt war. Ich fragte auch nicht danach, dachte damals, das wäre nicht so wichtig. Ich wußte, ich würde eine lange und umständliche Erklärung bekommen. Kaum hatte ich den alten Kühlschrank erblickt, begriff ich, daß es kein gewöhnlicher war.

Auf dem Dachboden gab es kein Licht, einzig durch die Treppenöffnung drang ein schwacher Schimmer nach oben. Magga bat mich um Entschuldigung wegen des vielen Gerümpels. Eine dicke Staubwolke wirbelte auf, als ich gleich neben der Treppe gegen einen Bretterhaufen stieß. Als sie sich gelegt hatte, gewahrte ich dieses weiße, leuchtende Monstrum. Es glitzerte wie eine Marmorsäule. Oder wie eine Salzsäule? Auf der Tür dieses gewaltigen Möbels stand mit goldenen Lettern »Icemaster«.

Über Funk rief ich ein paar Kollegen, die mir halfen, den Kühlschrank ins Auto zu schaffen. Dann fuhren wir alle zu mir in die Bergstaðastræti. Ich fuhr vorneweg, äußerst vorsichtig, damit der Kühlschrank ja keinen Schaden nahm. Das ganze ähnelte einem Begräbniszug. Sollte das ein Vorzeichen gewesen sein?

Es war eine unglaubliche Plackerei, ihn die Treppe nach oben zu wuchten. Die Stufen knarrten, das Geländer krachte, und im Treppenhaus lag Tage später noch Schweißgeruch in der Luft.

Als die Kollegen fort waren, blieben wir allein zurück, ich und dieser zentnerschwere Kühlschrank. Er paßte nicht durch die Küchentür, und darum ließ ich ihn im Wohnzimmer stehen. Mit seiner Oberkante reichte er bis an die Dachschräge. Ich mochte an jenem Tag nicht mehr zur Arbeit gehen und machte es mir im Sessel dem Kühlschrank gegenüber bequem.

Das Zimmer hat einen großen Erker mit einem Fenster und einer Tür zum Balkon. Ich hatte die Balkontür zum Auslüften geöffnet, und so saß ich dort in meinem Sessel und sah zu, wie sich der Himmel draußen verdunkelte und die Lichtquadrate immer weiter auf dem Fußboden zurückwichen, je tiefer die Sonne am Horizont sank. Ihre Strahlen stellten geometrische Versuche mit den Staubpartikeln an, die wie braune Sterne in den mannigfaltigsten Lichtkegeln durch die Luft schwebten.

Ich hörte fernen Verkehrslärm aus dem Stadtzentrum und Motorengedröhn vom Flugplatz. Durch die Balkontür drang Kerosingeruch an meine Sinne. Und bei mir im Wohnzimmer summte der Kühlschrank wie ein kleines Kraftwerk.

Es war ein Moment von der Art, daß er einem irgendwie bedeutend erscheint, ohne eigentlich zu wissen, weshalb. Ganz so, als wirke man in einem Film mit. Als sei man ein Romanheld, den alle mögen. Als sei man wer.

Ich habe öfters derartige Augenblicke erlebt. Was diesen aber ohne jeden Zweifel so besonders machte, war, daß mir nach und nach klar wurde, weshalb ich dieses Gefühl hatte. Der Grund war: Ich traf zum ersten Mal meinen Vater.

Er war da. Ich konnte ihn fast berühren. Aber ich sah ihn nicht – natürlich nicht.

Meine erste Reaktion war, daß ich versuchte, ihn verschwinden zu lassen. Bruchstückhaft stiegen ein paar traurige Erinnerungen in mir auf. Ich sah sie in Blitzgeschwindigkeit vorbeiziehen: Mutter blickt mit verweinten Augen vom Küchentisch hoch, ein Kartoffelschälmesser in der Hand. Mutter und Großmutter stecken tuschelnd ihre Köpfe über dem Bügeltisch zusammen. Mutter nimmt Magga und mir die großen Hausschuhe weg, die wir in einem Schrank gefunden hatten. Wir ziehen um, ein um das andere Mal. Unser Heim, Eckpfeiler unseres Daseins, immer wieder der Spielball von Verkehrsvorschriften und Asphaltierarbeiten. Alles Vaters Schuld. Ein großes grünes Lastauto im Bræðraborgarstígur. Ein kleiner blauer Lieferwagen im Laugarnesvegur. Aufgestapelte Möbel. Ganz oben ragt weiß ein amerikanischer Kühlschrank heraus. Der schneebedeckte Gipfel unseres Hausrats.

Und Mutter hat davon nichts gewußt?

Die ersten Wochen, nachdem ich mich in der Bergstaðastræti eingerichtet hatte, vergingen ohne besondere Vorkommnisse. Wie immer bei meiner Arbeit hatte ich mal hier, mal dort in der Stadt zu tun. Ein Umzug von der Sólheimar hinauf nach Breiðholt in die Asparfell, Zement zum Ártúnshöfði, Kisten mit Alttextilien auf die Müllhalde. Abends glotzte ich in meinen Schwarzweißfernseher, ab und zu ging ich ins Kino. Und an den Wochenenden zechen und tanzen.

Kurze nächtliche Abenteuer mit Frauen, die sich warm und weich anfühlten und am Morgen danach bleich und schlaftrunken in verstaubte Taxis kletterten.

Ich habe die Beobachtung gemacht, daß sie nie zu mir nach oben zum Küchenfenster sehen, bevor sie in das Taxi steigen. Schnurstracks verkrümeln sie sich auf dem Hintersitz. Dann fährt das Auto los, und von einem bestimmten Punkt in der Straße reflektiert sein Dach das erbarmungslose Sonnenlicht direkt hinauf zu meinem Fenster.

Letzte Nacht geschah es dann. Ich war in die Küche gegangen, um mir einen Cocktail zu mixen. In meinem Bett schlief ein Mädchen. Sie hieß Lára und hat mit Computern zu tun. Sie schnarchte. Wir hatten beide mächtig einen sitzen und waren eigentlich viel zu benebelt, um überhaupt etwas anzufangen. Aber wir schliefen trotzdem miteinander. Es verschaffte ebensoviel Befriedigung, wie sich in einen Paßbildautomaten zu setzen und auf die Taste zu drücken. Das Ergebnis war auch so ähnlich.

Ich ließ mich in den alten Sessel im Wohnzimmer nieder, schlürfte meinen Drink und horchte auf die Geräusche der Nacht. Draußen wurde es hell, und in den Bäumen begannen die Vögel zu zwitschern. Da vernahm ich plötzlich Stimmen. Ich spitzte meine Ohren und hörte, daß ein Mann und eine Frau miteinander sprachen, oder vielmehr miteinander stritten. Beide wirkten gereizt. Und dann war da noch ein kleines Kind, das in einem fort weinte.

Ich erhob mich, um zu erkunden, woher die Stimmen kamen. Von draußen schienen sie jedenfalls nicht zu sein. Es war gleich, ob das Fenster offen stand oder geschlossen war. Auch im Stockwerk unter mir war alles still. Ich legte mich flach auf den Fußboden, um mich zu vergewissern. Aber als ich so auf dem Boden lag, merkte ich auf einmal, daß der Kühlschrank aufgehört hatte zu summen. Warum bloß?

Ich rutschte an ihn heran und legte mein Ohr an seine kalte, weiße Tür. Für das, was dann geschah, habe ich keine rechte Erklärung. Ich weiß nur, daß ich immer noch ziemlich berauscht gewesen sein muß und vielleicht auch etwas zerschlagener als sonst. Anders kann ich mir das nicht erklären. Jedenfalls werde ich plötzlich gewahr, daß ich mich nicht mehr in meiner Wohnung in der Bergstaðastræti befinde.

Ich halte auch nicht mehr meinen Drink in der Hand, sondern ein Spielzeugauto. Ich bin ein kleiner Junge, der völlig verängstigt in einer stockdunklen Küche sitzt, den Rücken gegen einen riesigen weißen Kühlschrank gelehnt.

Ich kann kein Wort verstehen, höre nur den undeutlichen Klang von aufgebrachten Stimmen und das Schluchzen von Magga. Auf Zehenspitzen gehe ich zur Tür und blicke ins Wohnzimmer. Vater schnellt plötzlich aus dem grünen Sessel hoch, wirft sich auf Mutter und versetzt ihr einen Stoß. Sie fällt und schlägt dabei gegen die Wiege. Die Wiege kommt ins Rollen. Ich habe alles ganz deutlich vor Augen. Die Tür zur Dachterrasse steht offen. Da ist kein Geländer. Mir ist sofort klar, was passieren wird. Die Wiege rollt, ihre Räder quietschen. Die Schwelle ist zu flach. Draußen ist es finster. Ich sehe, wie die Wiege in der Dunkelheit verschwindet, höre den dumpfen Knall, als sie unten aufschlägt. Mutter blickt Vater an. Es schmerzt. Ich habe einen metallischen Geschmack im Mund. Dann stürmt sie aus dem Zimmer, und ich höre, wie sie mit klappernden Pantoffeln in Windeseile die Treppe hinunterhastet. Vater läßt sich in den grünen Sessel zurückfallen und legt seine Hände vor das Gesicht. Die Terrassentür steht offen. Der Fußboden vor der Schwelle ist feucht vom Regen. Sein Haar ist dunkel und gelockt, ganz anders als meines.

Nach einer Weile steht er auf und kommt auf mich zu. Ich

verstecke mich unter dem Küchentisch. Er kann mich nicht sehen. Er öffnet den Kühlschrank, räumt den gesamten Inhalt heraus und entfernt schließlich auch die Gitter. Sein Gesicht sehe ich nicht, einzig das Lämpchen im Kühlschrank spendet Licht, und er steht genau davor. Sein mächtiger Schatten zieht an der Küchendecke entlang wie eine schwarze Wolke.

Nachdem er den Kühlschrank geleert hat, verstellt er etwas am Reglerknopf, und das Summen wird stärker. Er zögert einen Moment, dann steigt er hinein. Er hockt auf seinen Fersen, den Blick zur Seite gewandt. Sein Gesicht glänzt von Schweiß. Dann verstreichen einige endlos lange Sekunden, bis sich ein weißer Nylonärmel und eine beringte Hand nach der Kühlschranktür strecken und sie von innen zuziehen. Ich sehe ihm direkt in die Augen, als er sie schließt. Hat er mich auch gesehen?

Ich krieche unter dem Tisch hervor, spüre, daß ich mich bepinkelt habe. Auf dem Fußboden im Flur ziehe ich mir die Schlafanzughose aus und laufe dann zu meinem Bett. In meinem Hals steckt ein großer, schwerer Kloß.

Dann überstürzt sich alles. Mutter kommt zurück und hält Magga in ein Federbett eingeschlagen. Beide sind voller Blut. Sie kleidet mich an, und wir drei eilen hinaus, als würde das Haus im nächsten Moment über uns zusammenfallen. Es regnet. Die Wiege liegt zerschellt im Garten. Die Terrassentür steht offen, und im Wohnzimmer brennt Licht, so als wären wir zu Hause. Als wäre nie etwas passiert.

Mutter kennt den Taxifahrer. Sie erzählt ihm, daß Vater verschwunden sei, daß die Polizei nach ihm suche, daß das Kind beinahe unverletzt zu sein scheint, daß es ein Wunder sei. Ich schweige, sage kein Wort.

Ich kam wieder zu mir, als ich mich am Griff der Kühlschranktür stieß. Ich merkte, daß ich in einer Pfütze saß, und ich schrak angewidert zusammen. Es war aber nur mein Cocktail, den ich verschüttet hatte.

Ich wußte nicht aus noch ein.

Lára schnarchte noch immer in meinem Bett. Draußen war es schon hell, und von irgendwo her war die Morgenandacht des Rundfunks zu hören. Ich zog mich rasch an, hielt meinen Kopf in den kalten Wasserstrahl über dem Abwaschbecken. Bevor ich die Wohnung verließ, zog ich den Stecker für den Kühlschrank aus der Steckdose. Mir schien das irgendwie sicherer zu sein.

Ich setzte mich in mein Auto und fuhr los, ohne ein bestimmtes Ziel, doch ehe ich mich versah, war ich im Stadtviertel Hlíðar. Ich hielt dem verkrüppelten Haus gegenüber und nahm es eine Weile prüfend in Augenschein. Ein Lieferwagen stand davor. Leute zogen gerade ein, ein junges Paar mit zwei Kindern. Ich wollte schon zu ihnen laufen und sie davon abbringen, sah dann aber ein, daß das zwecklos wäre – ein wildfremder Mann, der irgend etwas von einer Dachterrasse ohne Geländer und einer Leiche im Kühlschrank faselt.

Ich fuhr zurück nach Hause. Lára war weg. Ich setzte mich an den Küchentisch und dachte nach. Über mich, und über Vater, den ich jetzt endlich gefunden hatte – einzig und allein, um ihn verschwinden zu sehen.

Ich war fest entschlossen, seinem Beispiel zu folgen und genauso von der Bildfläche zu verschwinden. In einer Wolke vielleicht. Oder mich in eine Windbö zu verwandeln. Ich selbst hätte seinen Tod verhindern können, aber ich habe es nicht getan. Er hat nie erfahren, daß Magga den Sturz überlebt hat.

Ich habe den Kühlschrank wieder angestellt, er läuft mit höchster Kühlleistung. Und ich habe telefonisch eine Annonce aufgegeben: »Verkaufe Kühlschrank. Zu erfragen Bergstaðastræti ...« und so weiter.

Ich brauche nur noch einen Abschiedsgruß für Mutter und für Magga zu hinterlassen und die Gitter leer zu räumen. Aber wie immer, wenn eine Entscheidung ansteht, bin ich mir nicht sicher, ob es auch wirklich das ist, wonach es mich am meisten verlangt. Vielleicht mache ich auch nur einen Spaziergang hinunter zum Stadtteich. Ich kaufe mir ein Eis in der Lækjargata und warte so lange in der Sonne, bis mein Kater langsam, aber sicher aufhört.

Oder ich lege diese Blätter in das Gefrierfach und hocke mich selbst darunter – bye, bye.

Ich weiß es nicht, noch nicht. Vielleicht weiß ich es gleich, vielleicht nie.

Ich sitze im grünen Sessel.

Die Terrassentür steht offen.

Die phantastische Wirklichkeit

Steinar Sigurjónsson

Delirium tremens

Die Krankenschwester schubste mich in ein Zimmer, und ich verstand nicht, was mit mir geschehen sollte, sah aber Fjóla und einige andere, die gestorben waren.

Sie sind tot, sagte ich.

Du mußt kommen, sagte sie. Hier sollst du schlafen.

Ich darf, darf nicht einschlafen, dachte ich und blieb wach. Da fing ich an zu träumen. Ich träumte, daß ich träume.

Ist das ein Traum? überlegte ich. Im selben Moment sah ich Fjóla dort, wo das Gras war. Es war soviel Grün in diesem Gras, wie ich es noch nie zuvor gesehen hatte. Sie stand im Gras, das grüner war als alles, was ich je gesehen hatte. Ein Lamm war gekommen, um mit ihr durchs Gras zu laufen. Das Lamm machte sie schöner, als sie gewesen war, weil es so weiß wie Baumwolle war. Da fingen wir an zu tanzen, ich und Fjóla und das Lamm.

Der Traum ging weiter, wenn es denn kein Delirium war. Dann veränderte sich einiges. Fjóla kam und sagte Mäh. Sie sagte immer wieder Mäh. Mäh mäh mäh. Ich dachte, ich müßte Knäh knäh knäh sagen; das war besonders dämlich.

Ich wünschte, daß alles so wird, wie es war, sagte ich. Aber da wurde Fjóla zu einem Affen. Ich wußte, daß ich nie wieder mit ihr würde sprechen können.

Dann kam ich zu einem Palast, der offen stand. Dort sah ich wieder Fjóla. Sie saß in einem Rollstuhl. Der Boden war hüfthoch mit Dreck bedeckt, und Fjóla saß im Rollstuhl und mühte sich, ein wenig vor- oder zurückzurollen, aber sie war zu verkrüppelt, als daß sie etwas erreichen konnte. So ging ich mit ihren Rufen im Nacken von ihr.

Wie spaßig es wohl für uns wird, wenn das Delirium anhält, wenn es denn kein Traum ist, sagte ich, weil ich woanders war, obwohl ich mich noch am selben Ort befand. Nichts war wie vorher, außer daß Fjola und ich uns weiter auf und ab bewegten.

Dann war ich hoch oben auf einem riesigen Berg und sah die ganze Welt. So etwas passiert nur im Traum, sagte ich zu Fjóla. Da versuchte sie mit aller Kraft, im Rollstuhl zu mir zu kommen.

Ich bekomme Angst vor dir in diesem Rollstuhl. Verfolg mich nicht hierhin, denn der Berg ist für mich, sagte ich.

Willst du mich nicht sehen? fragte sie.

Ich möchte schon bei dir sein, aber wie häßlich du bist.

Was macht dieser Traum bloß mit uns? fragte sie.

Du bist zu häßlich. Du machst mir Angst mit deiner Anwesenheit. Ich muß fort.

Ich werde dich im Rollstuhl verfolgen, sagte sie in dem Zimmer, das über und über mit Schmutz bespritzt war. Da erst zeigte sich die Seele dieses guten Bergs. Da zeigte sie sich in ihrer ganzen Macht.

Oh! sagte ich und stieg höher, um die Menschen zu sehen, und alle schienen zu verstehen, daß ich dort war. Da sahen die Leute zu mir auf und grüßten mich. Ich lächelte der riesigen Menschenmenge zu, die mir all diese Liebe entgegenbrachte. Meine potthäßliche Freundin war da, und ich vergab ihr ihre Häßlichkeit. Endlich konnte ich wieder lieben.

Es kommt sicher einem Traum am nächsten, daß ich auf einem Berg stehe und diese Menschenmenge zu mir aufschaut. Aber liebe Kinder, verneigt euch vor Fjóla, und seht sie so, wie sie ist. Stellt euch vor, daß sie hier herumrollt. Ist es nicht geradezu außergewöhnlich, wie sie in dieser schwindelerregenden Höhe mit ihrem Rollstuhl umgehen kann!

Doch! ruft die Menschenmenge.

Seid gelobet in alle Ewigkeit, denn ihr habt ihre Schönheit erkannt. Ihr begreift ihre Gnadengaben, herzensgute Freunde!

Lob sei Euch! rief die Menschenmenge.

Vigdís Grímsdóttir

Die Kraft der Flügel erfaßt sie

Dein Palast östlich der Sonne
und westlich des Mondes
erschien mir zur Nacht:
zerlumpte Frau
auf dem Geröllpfad.

Steiniger Strand. Weiße Brandung. Wind vom Meer und Möwengeschrei. Am Strand aufgewirbelter Sand, Gestein und nackte Felsen. Weiter weg eine tiefgrüne Ebene. Darüber klarer Himmel.

Menschenleer.

Doch bei genauerem Hinsehen ...

Im weißen Küstensand, zwei reglose Frauen auf dem Bauch zwischen den Steinen, die Kleidung zerfetzt und darunter scheint die nackte Haut hervor, kaltrosa nach der Strapaze, zerschürft von Sand und Gestein.

Sie schlafen. Die Augen geschlossen und der Atem schwer.

Eine schwarz.

Die andere weiß.

Die Schwarze hebt den Kopf, dreht sich auf den Rücken, betrachtet den Himmel, streicht über ihr Haar, hakt die Finger in den Filz, sieht nach beiden Seiten und entdeckt die Weiße. Ihre Pupillen weiten sich, und sie steht auf. Ihre hohe und schneidende Stimme fordert die Naturgeräusche heraus. Die Wörter werden von den Felswänden zurückgeworfen und schallen gespenstig in der Stille:

Wir
gewählte vertreter
vertreter des volkes
verurteilen
verurteilen euch
euch und euer werk
euer werk
und weisen
weisen euch zurück
in alle ewigkeit
ewigkeit amen
amen.

Im zweistimmigen Amengesang erhebt sich die Weiße, wischt den Sand von den Wangen, streicht ihren Körper hinunter und sagt leise ohne Ausdruck:

»Wir sind also beide davongekommen.«

Ihre Stimme ist frei von Verwunderung, als ob nichts natürlicher sei als sie beide im Sand. Sie erinnert sich unklar an das sinkende Schiff und die Angstschreie, verbindet ihr Dasein dort aber nicht mit Vorsehung.

Für sie zählen nur Fakten, und hier ist sie nun im Sand an der Seite der Schwarzen.

Verurteilt.

»Ja, beide.«

Die Schwarze betrachtet sie, und in ihrer Stimme klingt Freude mit.

Ihre Rettung ist ihr unbegreiflich. Sie kann sich nicht an die Strandung des Schiffes erinnern, bildet sich aber ein, daß die Kraft sie beide zu irgendeinem Zweck verschonte. Sie freut sich und sagt:

»Gehen wir.«

Sie spüren Schmerz in den geschundenen Füßen und Hunger, schleppen sich über die Kiesel und blicken hoffnungsvoll zur Grasfläche, die sich an den Strand anschließt.

Sie gehen über die Insel, suchen nach Nahrung und Unterschlupf, erblicken Vögel im Gras, hören deren Gesang, und der Gedanke an Eier treibt sie vorwärts. Die Vögel fliegen auf und verschwinden in der Ferne. Sie werfen sich nieder, finden Eier und saugen sie aus, setzen sich auf, und die Weiße betrachtet einen durchsichtigen Schmetterling, der von Blume zu Blume flattert, und sagt ernst:

»Wir haben das gleiche Urteil erhalten. Ausgerechnet wir haben das gleiche Urteil erhalten. Wir. Du, die das Leben durch den Zerrspiegel der Täuschungen betrachtest, und ich, die es ohne Kostümierung schildert. Wir liegen hier zusammen. Du und ich.«

Die Schwarze lächelt und flüstert:

»Wir sollten nicht streiten über die Gültigkeit der Gesetze. So etwas bedeutet uns nichts, allein auf einer verlassenen Insel. Schließen wir uns lieber im Mißfallen zusammen und denken nicht an Erniedrigung und Ehrung. Laß uns leben. Das allein ist wichtig.«

Die Weiße nickt, und sie erheben sich, gehen weiter – endlos – auf Höhen, in Täler hinunter. Die Sonne erhitzt die Erde und brennt auf ihren Rücken, und der Wind kommt von vorn. Die Meeresvögel schreien. Unbewußt halten sie sich die Ohren zu, als ob sie fürchteten, das fremdartige Geschnatter zu verstehen.

Sie hatten sich während der Gerichtsverhandlung nicht in die Augen gesehen, hatten sich kaum angesehen, konzentrierten sich auf die Leute im Saal und standen und fielen mit ihren Ansichten. Die Leute schauten sie an und brennend gurrten ihre Worte in der Luft:

betrüger
boten der lüge und falschheit
schänder der worte
versuchtet die ordnung zu vernichten
die regeln
die bevollmächtigten durchschauen jede verflechtung
die gerechtigkeit siegt.

Sie nähern sich einander, drücken sich aneinander und fürchten, die Hoffnung auf Rettung zu verlieren. Dichten ihre Gedichte in den heißen Sand.

Sie bestiegen das Schiff erhobenen Hauptes. Die eine schwach. Die andere stark. Beide gewiß über die Ungerechtigkeit des Urteils, und die wütenden Rufe der Leute folgten ihnen in die Kabinen.

Am Tage gehen sie über die Insel, kennen jeden Stein, Fels und jedes Loch, sammeln Eier, jagen Vögel. Bauen ein Dorf aus deren Knochen und erzählen sich gegenseitig Geschichten über das Leben im Dorf und die Absichten der Leute.

Am Abend entzünden sie ein Feuer, legen sich müde nach schwerem Arbeitstag nieder, schlafen umschlungen und schweben in ihren Träumen zu unbekannten Orten. Ihre Sehnsucht nach Freiheit wächst mit jedem Tag und wird immer stärker, je größer das Knochendorf wird. Immer öfter gehen sie hinunter zum Strand in der Hoffnung, ein Schiff oder ein Flugzeug zu erblicken, gehen umher und sammeln Muscheln und Schneckenhäuser, um das Dorf damit zu schmücken.

Draußen auf dem endlosen Meer ist keine Hoffnung sichtbar, keine Bewegung außer der der Vögel.

In der Ferne sehen sie einen Schimmer, rennen zum Strand und beugen sich nieder.

Vor ihnen liegen Flügel. Aus der Höhe hören sie eine Stimme, ein Nebelhorn in der Stille:

Meine Töchter.
Ich habe euch Flügel gebaut, damit ihr wegfliegen könnt.
Denn was bedeutet euch die Freiheit, allein auf einer verlassenen Insel?
Euer Glück ist an einem anderen Ort.
Legt die Flügel an.
Fliegt davon.
Aber nicht zu nahe der Sonne.
Nicht zu nahe der Sonne.

Sie fädeln die Flügel in die Haut, geben sich Mühe, lassen keinen Fleck aus, sehen sich in die Augen und sprechen von Wahnsinn und Überwältigung. Die Kraft der Flügel erfaßt sie. Rasch und heiß erheben sie sich in die Luft und fliegen höher und höher, immer näher der Sonne.

Die Kraft des Lichtes saugt sie an, und sie verglühen wie Dochte, und rötlich fällt Regen auf einen Fischer, der dösend eine Mahlzeit angelt für eine Frau und ein Kind im Land der Freiheit.

Ragna Sigurðardóttir

Am Strand

Die See war gelb an der Wassergrenze. Dicke Wellen schlugen schwerfällig an die Felsen. Meer und Himmel waren grau.

Sie lag wach. Hörte den Regen die Scheibe hinunterströmen. Das Geräusch war einschläfernd.

Sie entstiegen den Wellen zu Hunderten.

Legten sich auf die grauen Felsen und breiteten ihre gelben Haare aus.

Sie nickte ein. Im Traum war sie naß und kalt. Sie schrak hoch mit Salzgeschmack im Mund.

Sie hatten alle Schuppen. Ihre Schwänze hellgrün, der obere Teil rosa. Die Brüste waren klein und die Brustwarzen kaum wahrnehmbar. Augen wie bei Fischen, hervortretend und die Lider nahezu durchsichtig. Um den Mund waren die Schuppen ein klein wenig dicker, so daß es an Lippen erinnerte.

Ihr Körper war naß vor Schweiß. Sie warf sich unruhig herum. Sehnte sich plötzlich nach Wasser, der salzigen See.

Sie lagen wie eine bunte Decke am Strand. Still zunächst, doch bald wurde der Strand zum wimmelnden Haufen. Sie sprachen nicht, sondern gurrten wie Tauben. Es hatte aufgehört zu regnen.

Die Schuppen trockneten rasch. Damit änderte sich die Färbung, und ein weißer Schimmer überzog sie. In ihren gelben dicken Haaren hatten sich allerhand Meerespflanzen verfangen.

Der Regen strömte nicht länger an der Scheibe hinab. Sie hatte Hunger. Sie dachte an Tang, salzig und saftig, rohen Fisch, weich bei der Berührung und kräftig im Geschmack.

Sie wurde von einem Schauer erfaßt, als sei der Traum Wirklichkeit gewesen und sie klitschnaß. Meeresgeruch drang durch die offenen Fenster.

Fasziniert davon ging sie hinaus und in Richtung Strand.

Als sie sie erblickte, blieb sie stehen und hielt die Luft an. Sie wälzten sich behaglich und gurrten, rosa und weich. Sie betrachtete sie lange. Es begann wieder zu regnen. Sie spürte den warmen Regen auf ihrem Gesicht. Die Farbe der Meerjungfrauen wurde wieder greller, als sie naß wurden. Eine von ihnen saß da mit einer eigenartigen Blume auf dem Schoß. Groß und drall lag sie aufgeblüht auf den rosa Schuppen. Lippen nach Lippen öffneten sich, prall vor Saft und Meerwasser. Sie sah, daß es eine Seeanemone war. Das, wonach es sie hungerte. Jeder Bissen war salzig und saftig. Sie aß mit einem bisher unbekannten Genuß. Satt legte sie sich hin. Das leise Gurren schläferte sie ein. Sie erwachte nackt. Räkelte sich auf dem nassen Felsen und spürte die schuppigen Körper überall um sich herum.

Sie träumte oft von Wasser, tief und blau. Es hallte in ihren Ohren wie in einer riesigen Muschel. Im Traum schwamm sie und atmete im Wasser wie im Flug. Wenn sie aus einem solchen Traum erwachte, schien ihr Körper ihr fremd. Die Träume wurden immer länger, bis sie nur noch erwachte, um zu essen. Die Lippen der Seeanemone waren ihr genug.

Die Träume änderten sich. Da war sie zweibeinig mit weicher Haut und heißem Blut. Daraus erwachte sie jäh. Strich über ihren Körper. Die vertraute Berührung des Schuppenkleides beruhigte sie.

Der Strand leerte sich nach und nach. Eine nach der anderen sprangen sie ins Meer hinaus. Die rosa Körper schmiegten sich ins Wasser. Sie hielten auf die Tiefe zu.

Ragna Sigurðardóttir

Auf der Brücke

Sie stand auf der Brücke und schaute hinunter zum Fluß, voll grüner, dicker und glitschiger Wasserpflanzen. Die Ufer waren grün vor Unkraut und schwarz vor halb verbranntem Müll. Die Betonmauern auf beiden Seiten waren mit schwarzen Graffiti übersät.

Er kam zu Fuß, schwarzgekleidet. Sobald sie ihn sah, rannte sie davon, die Brücke entlang und hinaus auf die Straße zum Bahnhof. Als sie den Bahnhof erreichte, hörte sie den Zug drei Etagen tiefer anhalten. Hastete die Treppen hinab. Die hochhackigen Schuhe schallten auf den leeren Stufen. Über den Bahnsteig. Die Türen schlossen sich hinter ihren Fersen. Der Zug fuhr in den dunklen Tunnel hinein. Sie war allein im Wagen. Sie blickte in den nächsten Wagen. Er stand in der Tür. Sie zog die Notbremse. Schrilles Quietschen und Funken auf den Schienen. Sie sprang hinaus und hörte ihn dicht folgen.

Der Tunnel war dunkel. Sie rannte am stillstehenden Zug entlang. In letzter Sekunde erblickte sie einen verlassenen Bahnsteig. Er war mit einer einzigen Glühbirne erhellt. Das Licht war grauweiß und diesig. An den Wänden sah man unklar die weiße Farbe der Fliesen unter einer dicken Schicht aus Ruß und Staub.

Die Vergoldung der geschnörkelten Rahmen der Reklame war schwarz und matt geworden. Darin hingen Fetzen alter Plakate, die Schrift unleserlich und die Farben verblichen. Auf dem Bahnsteig Berge von Unrat. In den Ecken Pappberge und Plastiktüten. Die Luft war feucht und kalt. Ein Schild mit dem Namen der Station lag auf dem Boden. Es war noch leserlich.

Oberflächlich betrachtet schienen alle Ausgänge zugemauert zu sein. Sie lief rasch in eine Ecke und duckte sich hinter einem Berg von Pappkartons. Als sie ihn näher kommen hörte, sah sie ein wenig auf. Er rannte vorbei. Sie sprang auf. Als sie sich umsah, erkannte sie, daß ein Tunnel offen war. Oberhalb der Öffnung war ein Wegweiser. Sie ging zögernd los. Dort waren die Wände sauberer und die Reklame unbeschädigter. Die Hinweisschilder waren noch leserlich, wo sich der Tunnel teilte. Sie beschloß, wieder in Richtung Brücke zu gehen. Der Tunnel war stumm und kalt. Endlich sah sie Licht am Ende des Tunnels. Sie rannte, bis sie an die Öffnung kam. Davor waren dicke Gitterstäbe. Sie konnte sich nicht hindurchzwängen. Sie waren glänzend und glitschig. Sie bemerkte, daß sie nasse Füße hatte. Durch den Tunnel floß Abwasser. Es floß in den tiefer gelegenen Fluß. Sie schaute hinunter. Am Ufer waren Ratten. Schwarz, naß und kreischend rannten sie im Müll herum.

Sie schaute auf und sah ihn schwarzgekleidet auf der Brükke. Er schaute hinunter zum Fluß, voll grüner, dicker und glitschiger Wasserpflanzen. Die Ufer waren grün vor Unkraut und schwarz vor halb verbranntem Müll. Die Betonmauern auf beiden Seiten waren mit schwarzen Graffiti übersät.

Ragna Sigurðardóttir

Auf der Landstraße

Sie umfaßte die hellrote Zunge vorsichtig mit Daumen und Zeigefinger. Sie war warm und weich. Sie drückte sie leicht und ließ sie dann los. Stand auf und strich das schwarze Samtkleid glatt, das sich weich um ihren Körper legte. Sie ging langsam über den heißen Asphalt, barfuß. Jeder Muskel ihres Körpers war völlig entspannt nach dem ersten Orgasmus. Sie schaute die endlose Straße entlang, mit der brennenden Sonne im Nacken. In der Ferne sah sie einen kleinen Punkt. Er näherte sich mit rasender Geschwindigkeit und wurde zu einem roten Motorrad, einem ledergekleideten Mann, ohne Helm, mit einem roten Halstuch, das waagrecht nach hinten im heißen Wind lag. Sie ging ruhig. Er kam näher. Sie sah das Blitzen im Draht quer über der Straße. Sie berührte ihn und spürte das Zittern, als er widerstandslos durch den Hals drang. Das Motorrad rutschte auf der Seite weiter, der ledergekleidete Körper wurde auf den Asphalt geworfen, der Kopf rollte vom Asphalt auf den Kies, der Körper blieb regungslos liegen.

Sie betrachtete den leblosen Rumpf, ging dann zum Straßenrand und nahm den Kopf in die Arme. Warmes Blut rann ihren Körper hinab. Die Augen waren offen, sie schloß sie, strich durch das dicke, helle Haar, küßte sanft Stirn und Lider. Sie setzte sich auf den weißen Kies. Legte den Kopf von sich und sah ihn an. Er war jung. Das Gesicht glatt und wettergebräunt, ein wenig sommersprossig. Im rechten Ohr war ein kleiner Goldring. Er wurde nach und nach bleicher, und auf die Wangen legte sich eine bläuliche Blässe. Sie führte ihren Mund an die halbgeöffneten Lippen. Hob ihr Kleid, stellte den Kopf zwischen ihren Beinen auf den Boden und drückte ihn leicht mit den Schenkeln. Die Wangen waren kühl in der Hitze. Sie berührte ihr Geschlecht und führte den Kopf heran. Sie grub die Hände in das helle Haar und rieb die offenen Schamlippen an seinen kalten Lippen.

Sie umfaßte die bläuliche Zunge vorsichtig mit Daumen und Zeigefinger. Sie war kalt und feucht. Sie drückte sie leicht und ließ dann los. Sie stand auf und strich das schwarze Samtkleid glatt, das sich weich um ihren Körper legte. Sie ging langsam über den abkühlenden Asphalt.

Gyrðir Elíasson

Inferno

Wir waren gerade in eine Wohnung in der Vorstadt umgezogen. Es hatte viel Mühe gekostet, die Dinge zu holen und zu transportieren und Verschiedenes zu tun, wozu man überhaupt keine Lust hatte, von dem es aber hieß, es sei notwendig nach Maßgabe der Gesellschaft. Es war am siebten Tag nach unserem Einzug, als meine Frau sagte, nun müßten wir zu Ikea fahren und einen Sessel kaufen, der besser zum Sofa paßte als der, den wir hatten. Nun hatte ich zwar nicht das Geringste an unserem Sessel auszusetzen, sagte aber nichts.

»Erinnerst du dich an den Sessel, den ich dir gezeigt habe?«

»Was für ein Sessel?«

»Der im Katalog«, sagte sie.

»Nein«, sagte ich.

»Du erinnerst dich nie an etwas.«

»Da magst du recht haben«, sagte ich.

Die Zeit verging damit, Bilder aufzuhängen und Bücher in Regale einzusortieren, und es war bereits später Nachmittag geworden, als wir endlich aufbrachen.

Es war schon ein wenig herbstlich, die Blätter begannen von den Bäumen zu fallen, und ihre Stämme warfen in der Abendsonne dunkle Schatten auf die Rasenfläche.

Der Verkehr an diesem Nachmittag war schrecklich, wie eigentlich immer in dieser Kleinstadt, die versucht, so groß auszusehen. Ich hatte das Radio angestellt. Bob Dylan sang ein Lied von der Platte *Street Legal*. Ich hörte zu und sah durch die Sonnenbrille nach vorne.

»Du bist immer so abgelenkt, wenn du fährst«, sagte sie und drehte das Radio leiser.

»Wirklich?« sagte ich.

»Ja, immer.«

Die Jeeps rauschten an uns vorbei, einer nach dem anderen.

Das alte Vífilsstaðir-Hospital kam in Sicht mit vergilbtem Gras und Baumbewuchs, erinnerte an einen aufgegebenen Herrenhof, einen schwedischen vielleicht, jedenfalls kam mir immer Margit Söderholm in den Sinn, wenn ich dort vorbeifuhr. Hinter dem Haus waren ovale, mit Sträuchern bewachsene Hügel, jetzt im Herbstlicht bräunlich. In der Ferne wurde das Ikea-Gebäude sichtbar. Niemand begreift, wie es erlaubt sein konnte, so nahe an den wunderschönen Wanderwegen in der Heiðmörk zu bauen. Aber hier stand dieses Monstrum und daran war nichts zu ändern.

»Ein häßliches Gebäude«, sagte ich.

»Was für ein Gebäude?« fragte sie und sah mich an.

»Ikea«, antwortete ich.

»Ich finde das nicht«, sagte sie. Dann fügte sie hinzu: »Park das Auto direkt am Haus.«

Ein dunkelblauer Schatten fiel vom Haus auf das Auto, als ich es parkte, und wir stiegen aus. Wir gingen durch die Drehtür hinein. Es war längst nicht mehr lustig mit den Drehtüren, sie sind alle computergesteuert und selbst Chaplin könnte mit ihnen nichts Komisches mehr anfangen. Drinnen waren ziemlich viele Leute, sie strömten zu den Rolltreppen, ließen sich nach oben tragen und sahen in die Luft. Es war nicht leicht zu sagen, ob in den Blicken die Hoffnung auf eine helle Zukunft mit Hilfe schwedischen Designs lag oder nur Leere, ohne Hoffnung.

Wir standen jeder auf einer anderen Stufe der Rolltreppe und sahen in unterschiedliche Richtungen.

*

In der Wohnmöbelabteilung irrten wir zwischen Sesseln und Sofas umher, fanden aber den Sessel nicht, nach dem meine Frau suchte. Ich erinnerte mich überhaupt nicht, wie er aussah, ließ mir aber nichts anmerken und tat so, als hielte ich nach ihm Ausschau. Ein junger Mann in gelbem Hemd ging vorbei, und meine Frau sprach ihn an.

»Es war dieser Sessel«, sagte sie.

»Was für ein Sessel?« sagte der Verkäufer.

»Der hier«, sagte sie, zog den Katalog aus ihrer Handtasche und blätterte ihn auf, zeigte auf den Sessel.

»Ja, der ist ausverkauft.«

»Ausverkauft?«

»Leider.«

»Bei Ihnen ist immer alles ausverkauft.«

»Nicht ganz immer«, sagte ich und versuchte, es ein wenig abzumildern.

»Doch, immer«, sagte sie mit fester Stimme.

»Ich schaue noch einmal genauer nach«, sagte der Verkäufer.

Er ging fort, sah über die Schulter in unsere Richtung, stieß sich an einer Sofaecke und stolperte, eilte dann weiter.

Eine Viertelstunde verging, aber er kam nicht zurück. Es kam niemand, der so aussah, als hätte er mit dem Verkauf zu tun, und überhaupt verirrten sich merkwürdig wenige in die Sofaabteilung, fast als läge sie nicht auf dem gewöhnlichen Weg durch den Laden. Einen Augenblick kam es mir vor, als befände ich mich in einem Kinderbuch von Jens Sigsgaard.

Ich saß auf einem braunen, recht bequemen Ledersofa, aber meine Frau stand die ganze Zeit ungeduldig und schaute mit Adleraugen durch den Saal.

»Alles bloß Narren hier«, sagte sie.

»Bist du dir da ganz sicher?« sagte ich.

»Vollkommen.«

Schließlich gaben wir das Warten auf und gingen auf den markierten Wegen durch den Laden, überließen den Pfeilen das Denken. Wir sahen weder nach rechts noch nach links.

*

Als wir zum Restaurant kamen, schlug uns der Duft von gebratenen schwedischen Fleischklößchen entgegen, und ich merkte, daß ich Hunger bekam. Ich blieb am Eingang stehen und schaute in den Saal. Er war ziemlich leer, aber einige Leute saßen an den Tischen. Andere standen an der Theke und warteten, daß Fleischklößchen und Kartoffeln mit Soße und Preiselbeergelee auf die Teller geschaufelt würden.

Die Herbstsonne schien durchs Fenster, und mein Blick fiel auf einen Mann, der allein an einem Tisch am Fenster saß. Er saß vornübergebeugt, hatte rote Haare und einen schütteren Bart, trug einen schwarzen Mantel mit hochgeschlagenem Kragen, und der gleichfarbige Gürtel baumelte auf den Boden herab. Er hatte ein Bier vor sich und starrte in das Glas, als sähe er nichts anderes oder das Glas wäre ein Spiegel, in dem man die ganze Welt sehen könnte.

Mir kam der Mann bekannt vor, ich konnte ihn aber nicht sofort einordnen. Dann ging mir plötzlich ein Licht auf.

Das war August Strindberg.

Strindberg, der die Hölle mehr als alles andere gefürchtet und der über diese Furcht geschrieben hatte, der aber jetzt nach dem Tode hier gelandet war, bei Ikea auf Island. Der geglaubt hatte, Lund sei die Hölle auf Erden, aber wenig von Island und gar nichts von Ikea wußte, das es ja zu seiner Zeit noch nicht gab. Ich sah, wie er mehr und mehr über dem Bierglas zusammensank, ein in alle Ewigkeit verdammter Mensch. Der in sein Tagebuch geschrieben hatte: »Wer sagt, das Leben sei wunderbar, ist entweder ein Schwein oder ein Idiot.«

»Sieh mal dort«, sagte ich zu meiner Frau und zeigte durch den Saal.

»Wo?«

»Dort am Fenster.«

»Wer ist das?«

»Das ist August Strindberg.«

»Ist das der Geschäftsführer?« sagte sie gleichgültig. Dann belebte sich ihr Gesichtsausdruck und sie fügte hinzu: »Eigentlich sollte ich ihm sagen, wie heruntergekommen dieser Laden ist.«

»Nein, er ist Schriftsteller«, sagte ich und berichtigte mich dann: »Vielmehr: war.«

»Dieser Alte, meinst du?«

»Ja.«

Sie warf mir einen schnellen Blick zu.

»Siehst du jetzt etwa Gespenster?«

»Ja, ich habe seinerzeit die Gespenstersonate gesehen.«

»Was soll das heißen, Mann?«

»Trotzdem *ist* er es«, sagte ich.

Sie faßte mich am Jackenärmel und zog mich fast vorwärts, in Richtung Drehtür.

*

Der Schatten auf dem Platz war tiefer geworden, und es war kälter. Wir stiegen ins Auto und ich fuhr langsam davon. Ich wollte das Radio wieder anschalten, ließ es aber doch sein.

»Da gehe ich nie wieder hin«, sagte sie und schnallte sich mit einem Ruck den Sicherheitsgurt an.

»Sag niemals nie«, wagte ich zu sagen. Ich dachte an Strindberg, wie er dort gesessen hatte, aller Hoffnung auf Erlösung beraubt, und dieser schwarze Gürtel am Mantel, der auf den Fußboden herunterbaumelte wie eine Kette. Große

Mantelschöße, nicht unähnlich den Flossen eines Teufelsrochens.

Die niedrigen Hügel oberhalb der Straße lagen bezaubernd im milden Lichtschein, und eine Unzahl Wanderwege führte durchs Buschwerk. Ich hätte mit Strindberg dorthin wandern wollen, ihn aus dieser Hölle der Gegenwart hinausführen. Ich hätte ihm gesagt, daß ich einmal nach Lund gekommen war und daß er mit dieser Stadt völlig auf dem Holzweg gewesen wäre.

Aber ich tat es nicht.

Ich kam nie wieder dorthin.

Von Frauen und Männern

Halldór Laxness

Ein Spiegelbild im Wasser

I

Sie sitzt schweigend draußen vor ihrer Balkontür und läßt den Kopf hängen wie eine Weinrebe. Sie blickt in ihren Schoß, und der Duft des Traumes benebelt ihre Sinne. Der kleine Obstgarten um das Haus ihres Vaters trennt uns, und die enge Straße, die den Hügel hinaufführt, zu den Ruinen des griechischen Theaters oben auf dem Hügel. In der Mittagshitze schweigt alles außer der Zikade, doch am Abend spielt auf dem Marktplatz drunten in der Stadt die Blaskapelle.

Ich denke viel nach. Ich denke darüber nach, ob wohl jemals ein junger Mann hier in diesem Zimmer gewohnt hat, zum Beispiel ein Ausländer wie ich, der an diesem Fenster gesessen, über diese enge Straße geschaut hat; und über den Obstgarten auf der anderen Seite der Straße. In Skandinavien würde man sagen, sie sei sechzehn Jahre alt, doch wahrscheinlich hat sie erst dreizehn oder vierzehn Kalenderjahre erlebt. Ich versuche mir vorzustellen, daß niemand außer mir sie je gesehen habe.

Sie hat zweifellos ungewöhnlich viel geträumt. Ich bin sicher, daß sie jede Nacht von all den kostbaren Dingen träumt, die das Leben zu bieten hat und die man nicht mit Gold aufwiegen kann. Ich bin sicher, daß sie in einer Mittagsstunde, während die Zikade zitternd nach ihrem Geliebten ruft, etwas träumt, das der ganzen Baukunst der Römer entspricht, von den Tagen der Könige bis zu der Zeit, als das römische Weltreich unter das unverzierte Zepter der Barbaren gezwungen wurde.

Ihr Vater hat draußen auf dem Land Weinberge und kommt

zweimal im Monat in Offiziersuniform nach Hause. Er putzt sonntagmorgens selbst mit unglaublicher Polierkunst seine Stiefel. Seine Frau könnte aus dem niederen Add stammen und hat noch keine Besucher empfangen, seit ich ihnen gegenüber eingezogen bin. Eine Frau Mitte Dreißig – träumt sie etwa nicht auch kostbare Träume, während sie in dem anderen Zimmer sitzt? Aber warum lädt sie niemanden ein? Ist sie vielleicht der Ansicht, daß die Ehre des Hauses allem übrigen vorzuziehen sei? Wenn die Tochter vor ihrer Tür sitzt, sehe ich drinnen die Frau herumgehen. Sie wartet darauf, daß das Mädchen kommt und ihr einen Kuß gibt. Und das Mädchen geht hinein und gibt ihr einen Kuß.

Ich bin ihnen zweimal auf dem Platz vor der Kirche begegnet. Ich habe sie beide Male angeschaut. Die Frau ist eine stattliche Erscheinung. Das Mädchen war sicher noch nie in der Großstadt, es hat ein wenig unsichere Ansichten darüber, was elegant ist, und kleidet sich wir ein vornehmes Mädchen vom Land.

Beim zweiten Mal sah sie auf meine Schuhe.

2

Wenn es Abend wird, sitze ich an meinem Fenster und lese ein Buch, doch ich lese das Buch überhaupt nicht. Ich denke an den Berg Ätna auf der anderen Seite der Stadt. Oft fällt mein Blick über die Straße, doch ich tue so, als ob ich nie durch die Balkontür auf der anderen Seite der Straße schaue, sondern ich schaue zum Berg hinüber, denn der Berg wird noch stehen, wenn ich wieder abgereist bin. Und wenn sich auf den Ruinen dieser Stadt eine neue Stadt erhebt, wird der Berg immer noch dastehen.

Und das Mädchen sitzt erwartungsvoll träumend mit seinem Hund vor der Tür und tut nichts, es sieht höchstens einmal auf. Und dann sieht es nicht zu meinem Fenster herüber, sondern zum Dach meines Hauses hinauf, als ob es den Vogel beobachtet, der vermutlich dort auf der Traufe sitzt.

Wir tun so, als ob wir voneinander keine Notiz nehmen. Habe ich mich des Vergehens schuldig gemacht, auf ihre Wange zu sehen, so fällt mir sofort wieder der Berg Ätna ein und ich richte schnell meine Augen dorthin. Und ist es ihr passiert, daß sich ihr Blick mit einer Heuschrecke zu meinem Fenster hereinverirrt hat, so fällt ihr sofort der Vogel auf der Dachtraufe ein. Wenn wir uns einmal auf frischer Tat dabei ertappt haben sollten, daß wir voneinander Notiz nahmen, so geschah das aus Versehen.

Aber neulich, als ich gerade am Schreiben war, begann sie plötzlich zu singen. Dadurch wollte sie mir zu verstehen geben, daß sie glaubte, ich sei nicht zu Hause. Dabei wußte sie haargenau, daß ich daheim war, sie hatte gesehen, wie ich die Jacke auszog und mich in die Ecke zu meiner Arbeit setzte. Sie sang und sang, zuerst ein bißchen monoton, allmählich mit immer mehr Gefühl, schließlich mit Leidenschaft. Was für ein schrecklicher Gesang, dachte ich, denn er hielt mich von der Arbeit ab. Zum Schluß trat ich ans Fenster. Im Haus gegenüber standen alle Türen und Fenster offen. Sie ging singend von einem Zimmer ins andere. Sie bildet sich ein, daß sie eine schöne Stimme hat, aber wenn man genauer hinhört, dann klingt ihre Stimme wie eine Kartoffelschälmaschine. Ich zog meine Jacke an und ging auf meinen Balkon hinaus, um ihr zu zeigen, daß ich überhaupt nicht bemerkt hatte, daß sie sang.

Am Abend saß sie mit ihrer Mutter draußen auf dem Balkon und drehte mir den Rücken zu. Sie sprach zwei Stunden lang mit ihrer Mutter, ohne sich umzudrehen, um mir klarzumachen, daß sie keine Notiz von mir nahm. Bisweilen ordnete sie ihr Haar im Nacken und zog ihr Kleid am Rücken und an den Armausschnitten zurecht. Manchmal fiel sie ihrer Mutter um den Hals und küßte sie auf die Augen und hinter die Ohren, alles um mir klarzumachen, daß sie keine Notiz von mir nahm. Ich bin ganz sicher, sie sprechen darüber, daß sie im Herbst nach Rom fahren dürfen.

Am nächsten Morgen tanzte sie für ihre Mutter im Wohnzimmer hin und her, wieder aus demselben Grund. Und an diesem Tag zog sie sich dreimal um und veränderte mehrmals ihre Frisur, sie lief geschäftig im Haus herum und kam immer nur kurz auf ihren Balkon heraus, damit ich nicht auf den Gedanken käme, sie nähme Notiz von mir.

Nachdem sie doch keine Notiz von mir nimmt, kann ich ruhig ein wenig pfeifen, dachte ich, setzte mich in eine Ecke und pfiff, bis ich nicht mehr pfeifen konnte, weil meine Lippen ausgetrocknet waren. Am Abend setzte sie sich mit einer Gitarre zu ihrer Mutter und begann zu singen. So also ist das, dachte ich – nahm meinen Hut und Spazierstock, löschte das Licht und ging wütend hinaus.

Ich kam gegen Mitternacht nach Hause und hütete mich davor, Licht zu machen, wie ein Dieb. Ich spähte durch mein offenes Fenster hinaus und sah, daß die Balkontür drüben halb offenstand, denn es war ein heißer Tag gewesen. Sonst pflegte sie eine Stunde vor Mitternacht ihren degenerierten Hund zu rufen und die Tür zuzumachen. Jetzt fällt der Schein der Straßenlaterne mitten in ihr Zimmer. Sie schläft. Die Zikaden waren noch immer nicht ganz verstummt, und ich hörte eine Weile am Fenster ihrem unnützen Geschwätz zu, das ohne jede Steigerung ist, bis etwas Zottiges, Hellbraunes aus ihrem Bett hervorkommt und über den Fußboden auf den Balkon herauskriecht, um das Maul aufzusperren. Ich war beleidigt, ging weg vom Fenster und legte mich schlafen.

3

Doch tags darauf war meine Liebe so heiß, daß ich es mir nicht verkneifen konnte, früh aufzustehen. Als ich gerade meine eine Gesichtshälfte rasiert hatte, hörte ich draußen ein menschliches Wesen gähnen. Ich trat sofort ans Fenster.

Sie ist eben aufgewacht und steht auf der Türschwelle, lehnt sich in ihrem langen Nachthemd an den Türpfosten, reckt die Arme empor und faltet die Hände über dem Kopf, so daß die Ärmel auf die Schultern zurückfallen und die Sonne in den weiten Armausschnitt hinunterscheint. Dann beugte sie sich nieder und strich mit den flachen Händen über ihre mit Seidenstrümpfen bekleideten Beine, von ganz unten an den Fersen so weit hinauf, wie es gerade noch erlaubt ist.

Sie sah nicht einmal in Richtung der anderen Straßenseite und ging nach Beendigung der Vorstellung wieder hinein. Die Tür fiel zu.

Ich begegnete Mutter und Tochter vor der Kirche. Sie kamen gerade aus einem Geschäft. Ich wurde keines Blickes gewürdigt, nicht einmal meine Schuhe.

4

Ich habe einen Antiquitätenhändler aus Wien kennengelernt, einen jungen Juden im rosa Seidenhemd. Er schleppt für gewöhnlich griechische Krüge mit sich herum und macht gute Geschäfte. Er kam heute zu mir, um mir einen Krug zu zeigen, den er gekauft hatte, und sagte, er werde fünfundvierzig Dollar an ihm verdienen.

Er saß am Fenster und sah mit dem einen Auge schläfrig auf mich, mit dem anderen schielte er vergnügt über die Straße; die eine Hand legte er beschwichtigend auf meinen Arm, mit der anderen gab er Zeichen über die Straße. Er begann damit,

Spinoza zu zitieren und endete bei der Psychoanalyse. Ich sah sofort, daß er von meiner Geliebten angetan war und nur auf eine Gelegenheit wartete, mich umbringen und meine Geliebte entführen zu können. Ich fragte, ob er nicht mit mir gehen und unten in der Stadt Tee trinken wollte.

Als wir zum Hauseingang hinunterkommen, steht mein Mädchen noch immer auf dem Balkon. Sie sieht uns an. Und jetzt geschahen plötzlich Dinge, die mir bewiesen, was ich allerdings schon seit langem geahnt hatte, daß nämlich Spitzbuben immer Glück haben. Dieser unchristliche Mensch besaß nämlich die Frechheit, vor meinen eigenen Augen meinem Mädchen dort oben zuzulächeln. Ich machte gute Miene zum bösen Spiel und fragte, ob er nicht glaubte, daß die Kältewelle, von der in den Wiener Zeitungen die Rede war, sich auch hier im Süden bemerkbar machen würde. Doch er rechnete nicht damit und drehte sich um, als wir etwa zehn Schritte durch die enge Straße gegangen waren. Ich schaute mich gleichzeitig um und sah, daß das Mädchen noch immer auf seinem Balkon stand und uns nachblickte. Der Jude nahm die Hand aus der Tasche und winkte ihr zu. Dann lachte er mir ins Gesicht, als wollte er sagen, er könne mit den Frauen dieser Welt nach Belieben verfahren. Was mich jedoch blaß werden ließ, war, daß mein Mädchen ihm auch zuwinkte. Sie ließ sich, mit anderen Worten, mir nichts, dir nichts von ihm verführen. Ja, sieh mal einer an, dachte ich in meiner Wut. Nach all den seligen Träumen auf dem Balkon, dem Gesang, dem Tanz, der Gitarre, der Mutter und dem Hund, kurz gesagt, nach dem ganzen, altbekannten Zauber, läßt du dich vom ersten besten Juden einfangen.

Wir unterhielten uns über die Kapitulation der Rifkabylen und den Vertrag zwischen den Franzosen und den Spaniern und rauchten Zigarren aus starkem Brasiltabak, den wir beide noch nie probiert hatten. Das unausweichliche Duell wurde nicht erwähnt. Spinoza, dachte ich bei mir. Psychoanalyse! Das hat mir gerade noch gefehlt. Ich bat um Verzeihung und sagte, ich sei in Eile, erhob mich vom Teetisch und verabschiedete mich.

Grüßen Sie votre belle vis-a-vis, sagte der Jude.

Grüßen Sie Ihre Waschfrau, stieß ich fluchend zwischen den Zähnen hervor, als ich draußen auf der Straße stand.

5

Als ich spät am Abend nach Hause kam, saß sie auf dem Balkon; sie hatte den Hund auf dem Schoß und spielte mit ihm. Ihre Mutter muß schon längst schlafen. Sie tat so, als ob sie mich nicht bemerkte, als ich kam, und sah frech dem Hund in die Augen, um mich glauben zu machen, daß sie sich nicht schämte für das, was sie getan hatte. Sie behauptete, es sei ihr gutes Recht gewesen, sich von dem Juden verführen zu lassen; und mich gehe das überhaupt nichts an. Sie sprach mit lauter Stimme und spielte nervös mit dem Hund, und das Lachen, das sie immer wieder heuchelte, klang unecht; ich merkte sofort, daß sie von Gewissensbissen geplagt worden war.

Doch ich werde ihr nie verzeihen. Und damit sie sieht, wie mir zumute ist, stoße ich gegen die Stühle, daß sie umfallen, und gebe absichtlich einem der Blumentöpfe, die ich hasse, einen Schubs mit dem Ellbogen, und er zerschellt mit einem Lärm, der an ein Eisenbahnunglück erinnert, auf dem Boden. Und als sie herüberschaut, um zu sehen, was hier los ist, gehe ich schnurstracks zum Fenster und schlage von innen die Läden zu, damit sie merkt, daß ich keine Dirnen anschaue. Ich ging wütend zu Bett, konnte aber nicht einschlafen, denn die Luft war heiß und stickig. Doch ich schwor mir, lieber wollte ich sterben als das Fenster aufmachen, um die nächtliche Kühle hereinzulassen. Auch am folgenden Tag blieb ich unerbittlich. Ich ging wütend vor meinem Fenster hin und her und bemühte mich, um den Mund herum wie ein abgebrühter Mörder auszusehen. Es fiel mir nicht im Traum ein, über die Straße hinüberzuschauen, aber ich merkte dennoch, daß sie auf dem Balkon saß und mir ab und zu verstohlene Blicke zuwarf, betrübt wie ein Kind, das etwas Verbotenes getan hat und darauf wartet, daß ihm vergeben wird.

Am Abend schloß ich den einen Laden vor meinem Fenster ganz, konnte es mir aber nicht versagen, den anderen halb offenstehen zu lassen, wegen der abendlichen Kühle. Ich saß in meiner Ecke und las von der Liebe des jungen Zadig in Babylon, um mich in meinem Glauben an die Unbeständigkeit weiblicher Tugenden zu stärken. Doch im Lauf des Abends begann ich, unruhig zu werden, ich hätte zu gerne gewußt, wie sich der Feind in der Festung gegenüber verhalten hatte. Ob sie zugemacht hatte und schlief? Oder noch immer draußen vor der Tür wachte und um Frieden bat? Oder zusammen mit ihrer Mutter zur Abendandacht bei den Mönchen gegangen war?

Schließlich konnte ich mich nicht mehr beherrschen, ich schlich zum Fenster und spähte hinaus. Es war eine halbe Stunde vor Mitternacht. Im Haus gegenüber war alles ruhig, nirgends brannte Licht, alle Fenster schliefen. Nur ihre Balkontür steht offen, nur sie wacht. Die Straßenlaterne wirft immer noch ihren Schein auf die Hauswand, auf ihren Balkon, in ihr Zimmer. Sie wartet auf dem Balkon auf ihrem Stuhl vorn am Geländer; sie hat die Ellbogen auf die Brüstung gelegt und vergräbt das Gesicht in ihren Armen, eine Frau.

Sie hat sicher lange so gewartet, das verweinte Gesicht in ihren Armen vergraben, vielleicht will sie die ganze Nacht und immer so warten, bis ich ihr verziehen habe. Vielleicht hat sie sich geschworen, erst wieder ein braves Mädchen zu werden, wenn ich mich mit ihr versöhnt habe. Ich konnte nichts dafür, daß mich der Jude verführt hat, ich wollte mich nicht von ihm verführen lassen, aber er winkte auf ganz besondere Art mit der Hand, so daß es passiert war, ehe ich mich's versah. Wenn ich es mir genau überlege, kann ich so einen dikken Juden überhaupt nicht ausstehen, und ich muß mich über mich selber wundern, und ich werde ihn nie mehr ansehen, und wenn du willst, dann werde ich meinen Vater, der einen langen Degen hat, bitten, ihm mit seinem langen Degen die Brust zu durchbohren. Denn keiner ist der Meine außer dir, und keiner soll mir mit der Hand zuwinken außer dir, warum hast du mir nie mit der Hand zugewinkt? Winke mir jetzt einmal mit der Hand zu, damit ich schlafen gehen kann.

Da zünde ich mir eine Zigarette an und lasse das Streichholz zischen, damit sie mich bemerkt und aufschaut. Und sie schaut auf, als sie das Streichholz zischen hört. Sie hebt das Gesicht langsam von ihren Armen und schaut zu mir über die Straße herüber. Ihre jungen Augen, traurig und dunkel, sind ein Reich im Reich der Nacht, eine heiße sizilianische Sommernacht mitten in der heißen sizilianischen Sommernacht. Sie starren mich an, schwer von der Schuld und dem Leid der Jugend. Ihr glattes Haar fällt offen über die Wangen herab. Ich sehe sie vor mir als eine heilige Erscheinung in der Tiefe, schuldbeladen in ihrer Heiligkeit, wie es die irdischen Heiligen sind, eine Erscheinung, deren Schicksal davon abhängt, ob sie im Himmel verstanden oder mißverstanden wird. Denn die Seelen der Menschen sind Spiegelbilder im Wasser. Ein kleines Mädchen, das mir untreu war und mich mitten in der Nacht um Vergebung bittet, ist im Himmel die keuscheste Nonne.

Zunächst betrachte ich sie durch den Rauch meiner Zigarette so gleichgültig, wie ich kann, dann werfe ich die Zigarette auf die Straße hinunter. Und ich werfe den Panzer der Wut ab. Denn der wahrhaft Große kennt keinen Hochmut.

Wir sehen uns zum erstenmal in die Augen. Zwei herrliche Sonnen gehen im Norden und Süden auf, um sich in der Mitte des Himmels zu treffen, und werden zu einer großen Sonne, die die ganze Welt erhellt; und alle Tiefen.

Als die Uhr der Kirche um Mitternacht zwölfmal schlägt, zuckt sie zusammen, als ob der Klöppel in ihrer eigenen Brust wäre. Sie steht auf. Und sie bleibt noch eine Weile in ihrer Balkontür stehen, um mir in die Augen zu sehen. Sie ist nicht mehr die, die sie war, sondern eine andere. Sie braucht nicht mehr zu singen, tanzt nicht hin und her, wird von nun an nicht mehr ihre Mutter küssen, der Schoßhund hat sich zusammengerollt. Der Duft des Traumes ist verweht und ihr Leben ist Wahrheit geworden. Sie steht mir gegenüber, als die letzte Stunde des Tages vorbei ist. Es ist Nacht in den Weinreben. Die sonnenglänzenden Trauben haben euch vielleicht in der Hitze des Tages in Versuchung gebracht, und die Kühle des Meeres hat den müden Fischer verlockt, aber sie, die Glut der Trauben und die vom Wind bewegte Welle des Meeres, steht heute Nacht hier in ihrer Tür, ruhig wie die Tiefe, und sieht mich an: die eine, wahre Frau.

Sie macht ihre Balkontür nicht mehr zu, sondern geht ruhigen Schrittes in ihr Zimmer und zieht sich im Schein der Straßenlaterne aus. Sie hängt ihr Kleid in den Schrank, stellt ihre Schuhe unter den Spiegel und hat es nicht mehr eilig in dieser Schicksalsnacht. Sie steht nackt im Lichtschein und spiegelt sich, während sie ihre Locken ordnet. Alles, was sie von jetzt an tut, ist richtig. Schließlich hüllt sie sich mit derselben würdevollen Ruhe in ihr Nachthemd und ist verschwunden, wie eine Spiegelung im Kristall der Tiefe.

1925

Vigdís Grímsdóttir

Wach auf, Dornröschen

Wach auf, Dornröschen
ehe die Hecke
ihre langen Finger
um dein schwächliches Gemurmel webt

Wach auf, Dornröschen
die 100 Jahre
veränderten nicht
die Prügel des Bäckers
das Nörgeln der Köchin
und die abgenutzte Spindel

Wach auf, Dornröschen
das Goldkleid gehört nicht dir
nicht die Hofnarren
nicht der Edelsteinpalast
der Traum gehört nicht dir

Wach auf, Dornröschen
nimm Aschenputtel an der Hand
grinse alt und schneide dem Prinzen Grimassen
nimm Aschenputtel an der Hand
und schneide ihr
schneide ihr
die Ferse ab

Ich bin eine großgewachsene Frau, schlank, und habe lange Gliedmaßen, meine Augen sind noch klar und die Wimpern dunkel, die Lippen schön geschwungen und voll, und es haben auch viele zu mir gesagt, daß ich jung aussehe für mein Alter und mich erstaunlich gut gehalten hätte. Solche Bemerkungen überraschen mich nicht, denn ich habe versucht, meine Jugend zu pflegen, obwohl ich mich immer mit dem Altern abgefunden habe. Ich sehe trotzdem keinen Grund dafür, schnell zu altern, wie es einige meiner Freundinnen getan haben, und ich habe alles versucht, was ich konnte, um es zu verhindern. Ich gehe jede Woche zur Kosmetik und zum Friseur, und mein Haar ist weich und lebendig, aber niemals struppig und gerupft wie das Haar mancher Frauen, die sich nicht die Zeit nehmen, es waschen und legen zu lassen. Ich gehe auch regelmäßig zur Gymnastik, und das sehe ich ganz einfach als meine Pflicht an. Ich fände es verantwortungslos, in Fettpolster und Falten zu verfallen, sowohl mir selbst als auch Páll gegenüber, dem Mann, den ich vor 20 Jahren heiratete. Páll hat Anspruch darauf, daß mein Körper attraktiv ist, und ich finde, man braucht mir nicht anzusehen, daß ich drei schwere Geburten hinter mir habe. Ich habe auch immer die Männer bemitleidet, deren Frauen sich nicht um ihr Aussehen kümmern, und ich habe immer behauptet, daß Frauen, die ihren Körper nicht pflegen, auch nicht denken, und daß ein gesunder und schöner Körper jede Frau glücklich und selbstbewußt macht, genauso wie stabile ökonomische Verhältnisse die Grundlage für eine glückliche Ehe sind. Ich bin auch bis auf den heutigen Tag davon überzeugt, daß ich das große Los gezogen habe, als ich Páll traf, der sich sofort in mich verliebte.

Páll war frischgebackener Jurist mit einer großen Zukunft, er hatte im selben Haus eine Kanzlei eröffnet, in dem sein Vater jahrelang seine geführt hatte. Páll war auch sicher, daß die Mandanten seines Vaters mit der Zeit zu ihm strömen würden. Als Páll mich zum ersten Mal mit sich in die Kanzlei nahm, wußte ich, daß meine Zukunft bestimmt war. Sofort sah ich, daß ich Páll meine Hand weder verweigern konnte noch wollte ... Der blanke Mahagonitisch mit frisch polierten Aschenbechern, dic Bücherregale voller erlesener literarischer Werke und der Gesetzessammlung sowie Originale der angesehensten Maler des Landes zeugten von kultiviertem Geschmack und ausreichend Geld. Ich wußte auch, daß viel zu wenig Frauen daran dachten, daß ihre Liebe niemals in Armut und Elend erblühen könnte. Ich wußte auch, daß ich nicht so leben wollte, wie meine Mutter es getan hatte, in ewiger Furcht, nichts für die nächste Mahlzeit zu haben. Liebe und Armut paßten nicht zusammen. Ich war davon überzeugt, wenn Páll sein Büro dermaßen gut ausstatten konnte, wäre es für ihn kein Kunststück, mir ein schönes Heim auszustatten. Schon an diesem Tag sah ich unser Heim vor mir, und es durchfuhren mich wohlige Schauer bei dem Gedanken, daß es in meiner Macht stünde, dieses Traumbild in Erfüllung gehen zu lassen:

Die Wohnzimmerfenster würden voller Blumen stehen, und kleine Porzellanfigürchen stünden mitten zwischen den Blumen wie Blumenelfen im Märchen. Vor den Fenstern hingen dicke braune Samtvorhänge und unter diesen Tüllgardinen mit Blumenmuster, um die üppige Natur auf der Fensterbank zu betonen. Ich würde selbstverständlich eine Couchgarnitur aus weichem, hellbraunem Nappaleder und davor einen Marmortisch mit vergoldeten Beinen wählen. Der Teppich auf dem Fußboden würde zu den Vorhängen passen, lediglich etwas heller, und die Bilder an den Wänden würde ich zusammen mit Páll auswählen, denn ich hatte sofort bemerkt, daß er ein Mann von Geschmack war, was die Malerei betraf. Die Küche und die Kinderzimmer, das Herrenzimmer und das

Schlafzimmer würden wir gemeinsam einrichten, und ich wußte von vielen interessanten Ideen, die ich in ausländischen Zeitschriften verwirklicht gesehen hatte. Unser Heim würde von gutem Geschmack zeugen, und ich wußte, daß in einem solchen Heim das Glück blühte, von dem ich mir gewünscht hatte, daß es mein würde, seit ich ein kleines Mädchen mit Grübchen und Zöpfen war.

Ich bin mit meinem Dasein vollkommen zufrieden, wenn ich im hellbraunen Ledersofa im Wohnzimmer sitze, seufze und die langen, schön geformten Beine ausstrecke. Ich streiche über mein hochgestecktes, glänzendes Haar und sehe mich im Wohnzimmer um. Um meine Lippen spielt ein zufriedenes Lächeln, das diese nur schmückt, wenn ich mein Tageswerk gerade beendet habe und mir nichts mehr zu tun bleibt, als auf die Gäste zu warten.

Ich habe heute Geburtstag, was diejenigen am besten wissen, die um vier Uhr am 9. Mai jeden Jahres bei mir Brotauflauf, Waffeln mit Sahne, Bisquitrolle, Schokoladentorten, Sahnetorte, Kümmelkekse mit Butter und echte heiße Schokolade bekommen haben. Heute werde ich 42 Jahre alt, und ich mag den 9. Mai, denn er bringt mir die Sicherheit des Alters. An diesem Tag jeden Jahres spüre ich mehr und mehr, daß ich am richtigen Platz im Leben stehe, und dieser Tag ist auch der einzige, an dem ich und mein Werk ganz im Mittelpunkt stehen. Meine Freunde haben mir oft anvertraut, daß sie glauben, in mir stecke ein Künstler, wovon mein Heim am deutlichsten Zeugnis ablege. Ich erröte weder vor Stolz noch vor Zufriedenheit, wenn manche in mir einen versteckten Künstler sehen. Ich bin von meinen Fähigkeiten überzeugt und weiß, daß ich, wenn ich nicht vor 20 Jahren Páll geheiratet hätte, Dichterin geworden wäre. Das weiß ich; aber mir käme es nie in den Sinn, diesen Entschluß zu bereuen, den ich seinerzeit faßte. Ich bin der Ansicht, daß man, wenn man irgendeine Sache begonnen hat, sie zu Ende bringen soll, deshalb zeige ich keinem die Gedichte und Geschichten, die ich verfaßt habe, denn die Leute könnten meinen, daß ich mit meinem Dasein unzufrieden sei, und das möchte ich nicht. Und weil ich stolz bin, lasse ich mich von meinen Vorstellungen, was ich hätte tun können oder was ich hätte werden können, nicht beirren. Ich habe nie die Frauen verstanden, die über ihr Schicksal weinen, und ich habe nie junge Mädchen neidvoll angesehen, weil sie ihre Zukunft noch vor sich haben und nie dieselben Fehler machen werden wie ihre Mütter. Ich hoffe wirklich, daß meine Tochter die glückliche Ehe von mir und Páll nicht als Fehler ansieht, und ich habe auch nie ein Anzeichen dafür bemerkt. Ich glaube, daß jeder einzelne Mensch eine glänzende Zukunft hat, wenn er sich nur darum kümmert, und ich meine, daß die Leute ihr Schicksal selbst bestimmen, und deshalb sollte niemand sein Tun bereuen.

Ich schmiege mich ins Sofa, strecke die Beine noch weiter aus und schlüpfe aus den Schuhen. Ich mache – brbrbrbr – mit den Fingern an der Lippe, während ich auf die Uhr an der Wohnzimmerwand schaue und mit großer Erregung sehe, daß sie steht, das Pendel bewegt sich nicht. Ich fahre aus dem Sitz auf, schlüpfe wieder in die Schuhe, richte den Ausschnitt an meinem Kleid und spüre, wie das Herz in der Brust rast. Ich gehe zum Telefon und rufe die Zeitansage an. Die ruhige, schläfrige Stimme des Telefonfräuleins sagt mir, daß es 14.52.50 sei. Ich hatte mich um eine ganze Stunde verrechnet, zum ersten Mal im Leben. Es bleibt nichts zu tun für mich, als ruhig zu warten, bis die Gäste kommen. Ich setze mich wieder aufs Sofa, schaue auf die Kaffeetafel, die Teller, die Tassen, die Serviettendekoration an der Seite der Tassen, die Waffeln, den Untersetzer für den Brotauflauf, die Torten, die Kümmelkekse und die Kerzen. Lehne den Kopf zurück und schließe halb die Augen:

Ich bin allein auf einer grünen Wiese. Die Sonne scheint, und die Vögel singen, ein Lüftchen spielt mit meinem langen Haar auf die gleiche Weise, wie es mit den Zweigen des Baumes am Wiesenrand spielt. Ich genieße die Einsamkeit, ziehe mir die Kleider aus, und in meinem jungen Körper, straff und schön, fühle ich das Glück, das allein die fühlen, die gut in ihre Umgebung passen. Ich strecke mich im Gras aus und wende das Gesicht der Sonne zu, greife mir einen Halm und kaue gedankenlos. Ich streiche mit schlanken Händen über meine Brüste, und ein winziger Schauer durchfährt mich. Auf einmal steht ein Mann vor mir, jung und schön. Er lächelt und legt sich zu mir. Aus seinen Augen leuchtet Bewunderung, und seine Hände liebkosen meinen Körper. Die Sonne wird heißer, und ich spüre eine Wärme, die ich nie zuvor gespürt habe. Nach und nach vergesse ich mich und kann eher spüren als sehen, daß er das auch tut, spüre seinen heißen Atem und die Schweißperlen am Rücken, spüre, wie wir eins werden mit der Natur, so jung, so allein und schön.

Ich schrecke auf, als die Türglocke klingelt, springe auf und reibe mir die Augen. Ich trete auf der Stelle und spüre die Hitze im Gesicht. Im Spiegel über dem Telefon im Flur sehe ich, daß rote Flecken auf dem Schlüsselbein sichtbar sind; die Perlenkette verdeckt sie nicht. Mein Haar ist auch in Unordnung gekommen, und ich kann nirgends meine Schuhe sehen. Die Türglocke klingelt wieder, und ich höre, daß Páll draußen vor der Tür meinen Namen ruft. Ich fahre schnell über mein Haar, und gleichzeitig erblicke ich meine Schuhe unter dem Couchtisch, packe sie und sage mit unsicherer Stimme, daß ich unterwegs sei, öffne die Tür und bekomme einen Geburtstagskuß direkt auf den Mund. Páll steht in der Tür, den Arm voller Blumen. – Alles Gute zum Geburtstag, meine Gute! – sagt er und schaut zur Kaffeetafel.

Einar Már Guðmundsson

Die schöne Helena

Ich sage die Wahrheit: Es ist leichter, Ehebande einzugehen als sie aufzulösen. Es sind wahre Bande, unlösbare Knoten und Fesseln. Meine waren zwei. Danach verstand ich sowohl Feministinnen als auch Lesben, obwohl ich selbst keines von beiden bin.

Mein erster Mann war Pilot. Er hieß Ólafur. Zunächst erschien es mir von Nachteil, daß er so viel unterwegs war, aber als ich ihn besser kennenlernte, war es von Vorteil. Ich hätte ihm Flügel annähen wollen und ihn davonschweben sehen.

Das Leben war wie eine angehaltene Uhr, schwere Seufzer in leerer Rastlosigkeit. Ich hätte trinken sollen. Bloß daß ich Alkohol nie gut fand.

Wir hatten alles.

Schau dir diese große Villa an. Da habe ich gewohnt, obwohl sie eigentlich eher in mir wohnte. Dort bin ich in Leere und Kinderlosigkeit herumgeirrt und konnte nichts anderes aufweisen als die Faszination einer unglücklichen Frau.

Es fehlte mir nicht an feinen Kleidern, Schmuck und Parfüm, welche Ólafur in ausländischen Boutiquen und in Duty-Free-Shops kaufte und mir zusammen mit Hochglanzmagazinen überreichte, mit Abbildungen von Frauen, denen ich seinem Wunsch gemäß gleichkommen sollte.

Danach setzte er sich in seiner Uniform auf das Ledersofa mit einem Whisky und einer Zigarette und behandelte mich wie eine Stewardeß, hielt mir das Glas hin und sagte: »Eiswürfel.«

Ich fühlte mich wie in einem langweiligen Fernsehstück,

außer daß ich nicht abschalten konnte, weil es keinen Schalter für die Realität gibt.

Trotzdem hätte ich manchmal gern alles abgeschaltet, die Welt und mich selbst.

Wie gut geerdet er ist, dieser Pilot, dachte ich, und ebenso leer wie die Gänge, in denen Leute mit Gepäckwagen herumkurven, während ich durch dieses Haus irre, das immer mehr einem Jumbojet ähnelt oder einem Souvenirladen.

Ach, ich weiß nicht, warum ich dir das erzähle, einfach damit du es schreiben kannst.

Aber nichtsdestotrotz war es meine eigene Entscheidung in all dieser Langeweile, daß ich beschloß, auszugehen und mich aufzuschwingen, nein, nicht in die blaue Luft, wo die Vögel schweben, sondern ich öffnete eine Tür in rauchgeschwängerte Luft und Gläserklirren. In der Luft lag Stimmengewirr, und eine Band spielte.

Normalerweise ging ich nie irgendwohin, außer daß wir einmal im Jahr nach Akureyri flogen, aber dort erscheint dieser stattliche Mann und fordert mich zum Tanz auf.

Er erzählte einen Witz nach dem anderen und führte seine Heldentaten an, daß er Volkswirtschaft in Stockholm studiert und auf U-Bahnhöfen gelebt hätte, um das Untergrund-Wirtschaftssystem kennenzulernen.

»Ich suche einen Job auf Regierungsebene«, sagte er dann, und ich betrachtete ihn. Er war genauso würdevoll wie ein Staatssekretär.

Wir sprachen lange miteinander, und in mir regte sich der Gedanke: Meine Ehe ist weder Fisch noch Fleisch. Warum sollte ich nicht eine Nacht mit diesem Mann verbringen?

Ich hatte nicht das Gefühl, Ehebruch zu begehen, denn ich hatte niemanden kennengelernt, eine Ewigkeit nicht, und vielleicht nie.

Während Ólafur über die Lavaweiten der Lichter schwebte,

schwebte ich selbst über den Himmelsrand in eine andere und weitere Nächte. Ich stand unter Nordlichtern, und die Sternenpracht und die Liebkosungen waren wie Wünsche.

Als Ólafur nach Hause kam, sagte ich ihm, daß es vorbei sei, daß ich nicht länger mit dieser Langweile leben könnte, kinderlos, ohne Verbindung zur Zeit.

»Bekomme ich dann keine Eiswürfel?« sagte er.

Ich bin nämlich nicht schnell genug im Denken oder vielleicht denke ich viel zu schnell. Ich begann gleich mit Tómas, denn so hieß er. Ich wollte ein Zuhause gründen und Kinder haben. Wir versuchten es, doch dann mußte ich erfahren, daß ich keine Kinder haben kann.

Tómas schlug vor, daß wir ein Kind adoptieren, und wir sprachen mit einem alten Schulkameraden von ihm, der Pastor ist. Er sagte, daß ich die Scheidung vorantreiben, meinen Anteil erhalten und Tómas heiraten solle.

Später begriff ich, warum dieser Kumpel von ihm Pastor war und warum er wollte, daß ich Tómas heiratete. Ich saß in der Tinte. Es war eine Verschwörung des Schicksals. Wir adoptierten ein Mädchen aus Ghana, Sigrún, das Goldstück meines Lebens. Sie ist das Licht. Nein, ich will nicht länger die Welt abschalten.

Als wir sie abholten, wurde mir klar, daß Tómas nicht wie die meisten anderen Leute ist. Er glaubte, daß der Mann neben uns versuchte, das Flugzeug zu entführen, und bat die Stewardeß, ihn zu fesseln, doch der Ärmste schlief unter einer Decke und verging fast vor Angst.

Alles das mit Schweden und der Volkswirtschaft war reiner Blödsinn, doch als wir aus Ghana zurückkamen, zogen wir in den Keller, den mit den großen Fenstern, da direkt gegenüber, wo du gewohnt hast.

Eines Tages kam ich nach Hause. Da hatte Tómas die ganze Wohnung gekachelt. Er hatte an der Haustür nicht haltgemacht, sondern auch den Bürgersteig davor gekachelt. Er hätte die ganze Straße gekachelt, wenn der Kleber gereicht hätte. Er hatte vierzig Paletten Kacheln bestellt.

Dann spielte er mit dem Gedanken, ein Restaurant zu eröffnen, kaufte jede Menge Bohrmaschinen und schlief in Kochmontur. Er verschleuderte alles, was ich besaß. Der Pastor, den er kannte, klärte mich nicht darüber auf, wie es um ihn stand, daß der arme Teufel schwer krank und schon oft eingeliefert worden war.

Es ist, wie ich gesagt habe, es war kein Problem, in diese Ehe hineinzugeraten, aber wohl, mich aus ihr zu befreien. Ich saß in diesem Dreckloch fest, bis ich eines Nachts wegging und nichts hatte außer der kleinen Sigrún und dem Mondschein, der uns durch den Stadtteil begleitete.

Einige Wochen später wurde Tómas aus dem Keller herausgeklagt, strubbelig und bärtig, schlecht gekleidet. Er wurde in die Psychiatrie eingewiesen und entließ sich selbst von dort, vagabundierte und schläft heute in Müllcontainern und Lagerhallen, wie alle anderen Obdachlosen.

Ich selbst bin von Gästehaus zu Gästehaus gewandert und habe weder einen Kindergartenplatz noch Arbeit gefunden.

Ich fühlte mich deshalb wie im siebten Himmel, als ich in Morgunblaðið ein Stellenangebot sah: Haushälterin in einem kleinen Dorf auf der Halbinsel Snæfellsnes gesucht.

Ich war bereit, etwas Neues zu probieren. Unterwegs im Bus dachte ich: Vielleicht finde ich ein Dach über dem Kopf für mich und das Kind.

Dann komme ich zum Zielort und klopfe an die Tür. Ich werde in die Küche gewiesen. Da steht ein fetter Grobian mit einer Würstchenpackung in der Hand. »Tu das in den Topf«, sagt er. »Die Alte ist abgehauen.«

Er wollte mir die Packung reichen, aber ich nahm Sigrún an die Hand, führte sie hinaus und schloß die Tür hinter uns.

Kristín Marja Baldursdóttir

Ohrfeigen

Seit ich meine Frau nicht mehr schlage, habe ich mit Schlafstörungen zu kämpfen.

Naiv wie ich war, hätte ich nie geglaubt, daß mir so etwas passieren könnte. Schon als Kind schlief ich immer so schnell ein, daß Mama es nie fertiggebracht hatte, mir mehr als gerade mal die ersten Zeilen des Vaterunsers beizubringen. Selbst viel später noch bereitete es ihr ungemeines Vergnügen, die Episode zum besten zu geben, daß man mich problemlos zwischen den Häusern hin- und hertragen konnte, ohne daß ich im Tiefschlaf auch nur einen Mucks von mir gab. Manchmal trug sie mich schlafend in das Haus ihrer Schwester, wenn Papa auf Sauftour war. Als Jugendlicher schlief ich gerne in den Tag hinein. So war es schon immer gewesen, ich schlafe gern, schlafe schnell ein und schlafe tief.

Bis vor kurzem.

Es begann damit, daß ich einfach keinen Schlaf mehr finden konnte, und wenn es mir doch gelang, einzuschlafen, wurde ich beim geringsten Geräusch wach. Es genügte, daß meine Frau sich im Bett auch nur rührte oder die Kinder aufs Klo gingen. Manchmal schrecke ich jäh auf. Ich bin nicht dieser Typ Mensch, der wegen jeder Kleinigkeit zum Arzt rennt, also versuchte ich, diese Sache selber in den Griff zu kriegen. Ich las in einer Zeitschrift ein Interview mit einem Psychiater, der die Meinung vertrat, daß die Voraussetzungen für einen gesunden Schlaf darin lägen, den Konsum von Kaffee zu mäßigen und mehrmals in der Woche einen anregenden Spaziergang zu unternehmen, was ich folglich auch tat. Doch es nützte alles nichts. Ich hatte ebenfalls gelesen, daß es für das Herz gefährlich sein könnte, wenn man keinen natürlichen Schlafrhythmus fand, also ging ich zu meinem Hausarzt, der mir daraufhin rosa Schlafpillen verschrieb. Er gab mir die Anweisung, eine pro Nacht davon einzunehmen, aber da die Wirkung nicht ausreichte, mußte ich zwei oder drei schlucken. Die Pillen bewirkten, daß ich bei der Arbeit schläfrig und duselig war und im Verkehr eine große Gefahr darstellte. Ich war schon ziemlich ausgelaugt, als ich die Sache einem Freund gegenüber erwähnte, der mir riet, einen Psychologen aufzusuchen, um die Ursache des Problems zu finden. Es gäbe sonst keine Hoffnung, dieser fiesen Schlaflosigkeit beizukommen. Ich nahm meinen Kumpel beim Wort, da er den Ruf genoß, umsichtig zu sein.

Er redete mir auch ins Gewissen, daß ich unbedingt die Vorgeschichte der ganzen Angelegenheit erwähnen müsse. Die ist nicht besonders spannend, außer vielleicht wegen der Tatsache, daß eben alles damals begann, als ich aufhörte, meine Frau zu schlagen – das habe ich ja bereits erwähnt. Ich sage ja gar nicht, daß ich sie ständig verprügelte, es hatte sich lediglich hin und wieder ergeben. Es vergingen oft viele Wochen, ohne daß ich sie auch nur schubste. Normalerweise waren es äußere Ereignisse, die dazu führten, daß ich Hand an sie legte. Manchmal war ich nach einer anstrengenden Arbeitsphase wohl einfach ein wenig gereizt oder hatte vielleicht ein bißchen am Glas genippt, und ich streite ja gar nicht ab, daß sie mir in solchen Momenten unendlich auf die Nerven gehen konnte.

In Tat und Wahrheit ist sie eine erstklassige Frau, hält unser Heim in Schuß und war schon immer sparsam und fleißig. Während der zwölf Jahre unserer Ehe hat sie in derselben Bäkkerei gearbeitet und ist dort sehr beliebt. Sie hat sich immer vorbildlich um unsere Jungs gekümmert, alles Mögliche für sie genäht und gestrickt, zumal wir nicht gerade auf Rosen gebettet waren und uns nicht alles leisten konnten, woran es ihnen manchmal fehlte. Wir steckten in halbwegs ernsthaften Geldschwierigkeiten, nachdem wir die Wohnung gekauft hatten, mußten jede Krone zweimal umdrehen. Da kann man nichts machen, uns geht es wie so vielen anderen, die sich eine Eigentumswohnung kaufen.

Aber ich leugne nicht, daß es mir zuweilen ganz schön auf die Nerven geht, wie verdammt genügsam sie ist. Sie strahlt buchstäblich, wenn es ihr gelingt, irgendwelchen Ramsch günstig zu erstehen oder etwas zum Sparpreis zu ergattern, und zudem ist sie zu geizig, mehr als dreimal die Woche Fleisch auf den Tisch zu bringen. Man kaut tagein, tagaus irgendwelches chinesisches Reiszeugs und irgendeinen Pastakram, anstatt anständige isländische Hausmannskost vorgesetzt zu bekommen. Ich habe die Schnauze voll davon. Was aber noch schlimmer ist: Ich finde, daß sie uns mit ihrer kleinkarierten Denkart jeglichen sozialen Aufstieg vermiest. Wir schaffen es nie weiter als bis zu dem Punkt, an dem wir uns heute befinden, geschweige denn zu noch mehr – nur weil sie es so haben will. Immerzu jede Krone umdrehen und sich jeden Bissen vom Mund absparen, die Schulden abzahlen.

Ich glaube, es liegt ihr nichts daran, es zu mehr Wohlstand zu bringen. Sie versteht nicht, daß man erst etwas investieren muß, um das Einkommen zu verbessern. Sie sagte nichts, als ich mein Auto durch ein neues ersetzte, was absolut notwendig war, da es mein Arbeitsgerät ist, aber selbstverständlich ließ sie es mich auf vielfältige Weise spüren.

Aber nichts konnte sie davon abhalten, diesen Bäcker zu verherrlichen, bei dem sie arbeitet, wie verschwenderisch auch immer der ist.

Ich bin einfach nicht gut genug für sie, das ist das Problem, dabei habe ich in meinem Leben einfach nicht dieselben Chancen gekriegt wie andere. Selbstverständlich hat es mich oft verletzt, und eben gerade, wenn ich ihr gegenüber verbittert war, kam es vor, daß ich die Beherrschung verlor. Wir hatten uns vielleicht gestritten, und es hat mit einer Tracht Prügel geendet. Aber in solchen Fällen hat sie mich jeweils zuerst provoziert.

Anschließend kam alles wieder ins Lot, und manchmal hegte ich sogar den Verdacht, daß sie geschlagen werden wollte.

Vor ein paar Wochen gerieten wir das letzte Mal aneinander, aber da war vorher auch einiges abgegangen. Sie hatte sich lauthals über meine Verschwendungssucht beschwert, und plötzlich nimmt sie sich die Freiheit und kauft sich einen sündhaft teuren Mantel.

Meine Kumpels und ich hatten einen Wochenendausflug aufs Land unternommen und uns ein paar Gläschen genehmigt, und als ich am Sonntagabend nach Hause kam, war sie einfach nur schlecht gelaunt, beschimpfte mich, verschwenderisch und feige zu sein. Ich wollte lediglich meine Ruhe haben und schlafen gehen, weil ich ja ziemlich müde und übernächtigt war, als ich den Mantel sah. Einen neuen, sündhaft teuren Mantel. Ich fragte, wem er gehörte, und sie antwortete, daß es ihrer wäre, sie habe dafür gespart, gab sie patzig zurück.

Da war sie aber wirklich zu weit gegangen, die Gute. Ich bewarf sie mit allem, was ich zu fassen bekam, und verdrosch sie, bis ich nicht mehr konnte. Schnappte mir dann den verdammten Mantel und riß ihm die Ärmel ab. Dann stürzte ich ins Schlafzimmer und schlug die Tür hinter mir zu.

Es war niemand zu hören, die Jungs hatten sich wie gewöhnlich versteckt und sie war wahrscheinlich dabei, sich wieder zu beruhigen. Meistens schlief sie nach so einem Streit bei den Jungs drinnen, also erwartete ich sie gar nicht im Schlafzimmer.

Aber dann passierte es.

Nicht sofort. Ich hatte sicher schon eine Stunde geschlafen, als es passierte.

Ich erwachte davon, daß mir eine kräftige Ohrfeige verpaßt wurde.

Sie hatte mir tatsächlich im Schlaf eins übergezogen! Sie hatte mich schlafenden Menschen attackiert und geschlagen!

Nur, wer so etwas schon selber erlebt hat, kann beschreiben, was es heißt, im Schlaf eins übergebraten zu bekommen. Es ist furchtbar.

Ich verpaßte ihr eine gehörige Abreibung. Gab ihr eins aufs Maul, schleuderte sie in der Wohnung herum und hämmerte ihren Kopf auf den Boden.

Ich brauchte fast zwei Stunden, um wieder einzuschlafen.

Doch das Ganze war noch nicht zu Ende. Irgendwann gegen Morgen, als ich im Tiefschlaf war, schlug sie mich erneut. Da ich nicht schnell genug reagierte, konnte ich sie mir nicht vorknöpfen. Als sie zum Zimmer rausging, sagte sie – ich zitiere sie hier wortwörtlich: Jedes Mal, wenn du mich anrührst, knalle ich dir eine im Schlaf.

Ich verstand nicht, was in die Frau gefahren war.

Dann kam der Tag, an dem ich früher von der Arbeit nach Hause kam, denn ich hatte mir vorgenommen, sie auf angemessene Art und Weise zu begrüßen. Doch sie war vor mir da, stand in der Küche am Herd, als ich reinkam. Die Jungs waren nirgends zu sehen, und den verfluchten Mantel, zerrissen und zerfetzt, hatte sie unübersehbar auf das Sofa gelegt.

Ich muß zugeben, daß mich ihr aufmüpfiges Verhalten ziemlich überraschte, doch ich ließ mir nichts anmerken, fragte sie lediglich in ruhigem Ton, wo denn die Jungs seien. Sie antwortete, daß sie bei ihrer Mutter übernachten würden, und mehr wurde zu dem Thema nicht geäußert. Doch ich wußte genau, was sie im Schilde führte. Sie hatte sich auf den Angriff vorbereitet. Die Jungs in Sicherheit gebracht und einige Gegenstände weggeräumt, damit sie nicht zu Bruch gehen konnten.

Ich war so verblüfft, daß mir die Spucke wegblieb. Die gute Frau wollte mich tatsächlich herausfordern, so klein und unscheinbar, wie sie war. Es lag auf der Hand, daß mir gerade ein vergnüglicher Moment bevorstand.

Ich war nicht wirklich in Stimmung, ihr noch ein blaues Auge zu verpassen, tat einfach den Rest des Abends so, als würde ich sie nicht sehen, schaute fern und ging schließlich ins Schlafzimmer, um mich hinzulegen. Aber ich verriegelte die Tür. Ich hatte keinen Bock darauf, wieder mit einer Ohrfeige geweckt zu werden.

Sie richtete sich im Kinderzimmer ein.

In den folgenden Tagen redeten wir so gut wie gar nicht miteinander. Die Jungs kamen wieder nach Hause, und nachts schlief sie bei ihnen. Die Spannung zwischen uns wurde immer größer. Ständig legte sie diesen verdammten Mantel irgendwo hin, wo ihn jeder sehen konnte, doch zum Glück gingen bei uns keine Gäste ein und aus, weshalb ihr Vorhaben scheiterte. Aber es war wirklich unglaublich, was sie für einen Aufstand wegen dieses lumpigen Mantels machte.

Dann wurde sie von Tag zu Tag dreister, forderte mich geradezu auf jede erdenkliche Art heraus. Für gewöhnlich war bei uns zu Hause immer alles in bester Ordnung gewesen, wenn ich abends nach Hause kam, sie am Kochen, die Jungs in ihrem Zimmer, alles sauber und ordentlich, doch nach und nach ging es immer mehr drunter und drüber. Im Flur lagen Schuhe und anderer Kram herum, sie war plaudernd am Telefon, das Essen war noch nicht mal auf dem Herd und die Jungs tollten im Wohnzimmer herum. Ich kochte innerlich vor Wut, auch wenn ich nichts sagte.

Eines Abends provozierte sie mich dermaßen, daß es unweigerlich zu einem Übergriff kommen mußte.

Sie hatte die Jungs erneut zu ihrer Mutter geschickt und die sterblichen Reste des Mantelfetzens auf mein Bett gelegt.

Als ich fragte, was dieser verdammte Lumpen dort zu suchen habe, meinte sie bloß, daß sie sich gedacht hätte, ich könnte ihn vielleicht flicken, da ich so fingerfertig sei.

Ich packte sie und drosch auf sie ein wie auf Stockfisch. Boxte ihr in die Brust, in die Fresse, so daß die Zähne flogen, zog sie an den Haaren ins Wohnzimmer, warf sie gegen die Schrankwand, trat sie mit den Füßen, als sie am Boden lag, riß sie wieder hoch und bearbeitete sie, bis das Blut aus ihrem Verstand floß. Sie konnte ihren Urin nicht halten, als sie ins Bad kroch. Ich war danach so von Sinnen, daß ich nicht im Traum daran denken konnte, schlafen zu gehen. Ich lag einfach nur mit einem Bier auf dem Sofa und schaute fern.

Ich glaubte tatsächlich, daß es vorüber sei. Daß sie genug hätte. Doch dem war anscheinend nicht so.

Ich schlief dort auf dem Sofa ein und schreckte mitten in der Nacht hoch, als mir eine deftige Ohrfeige verpaßt wurde.

Mein Herz schien stillzustehen. Ich konnte mich überhaupt nicht rühren.

Sie stand vor mir, verzerrt, blutig und zahnlos, gänzlich wirr und zerzaust und mit einem solchen Haß in ihren Augen, daß mich ein Schauder durchfuhr.

Mich beschlich ein Gefühl, meine Haut retten zu müssen. Es gelang mir, an ihr vorbeizukommen, ich vermochte stolpernd bis ins Schlafzimmer zu flüchten und wollte hinter mir abschließen, doch der Schlüssel war verschwunden. Sie hatte verdammt noch mal den Schlüssel entfernt. Ich ging trotzdem ins Bett, konnte aber nicht einschlafen, obwohl ich wußte, daß sie es nicht wagen würde, mich noch einmal zu schlagen, denn sie wußte genau, daß sie in diesem Fall mit einem Gegenangriff rechnen mußte.

Seitdem sind ein paar Wochen vergangen.

Sie mußte sich mit ihrem Mund irgendeiner Operation unterziehen, die viel Geld gekostet hat. Ich sagte nichts dazu. Seither habe ich ihr kein Haar gekrümmt und bin im Schlaf nicht wieder geschlagen worden.

Aber ich kann nicht mehr schlafen. Schrecke beim geringsten Geräusch hoch. Schlafe vielleicht ein, bin aber immer in Alarmbereitschaft. Und wenn ich sie bei den Jungs drinnen husten höre, bin ich hellwach. Liege bis zum Morgengrauen wach. Da helfen keine Pillen. Ich habe alles versucht, doch nichts hilft. Ich kann nicht schlafen. Ich weiß nicht, was ich tun soll. Ich habe ihr kürzlich sogar einen neuen Mantel gekauft.

Sie hat ihn bislang noch nicht angezogen.

Bragi Ólafsson

Der Tanzstil

Es war bei einer Konfirmationsfeier. Ich war es nicht gewohnt zu tanzen, aber ich war es auch nicht gewohnt, nein zu sagen, wenn ich zu etwas aufgefordert wurde. Und dort bei der Konfirmationsfeier – es war bei meinem Cousin, von dem ich, wie ich glaube, sagen kann, daß ich nie mit ihm geredet habe, weder damals noch heute – wurde ich zum Tanzen aufgefordert. Übrigens war das die erste und ganz bestimmt einzige Konfirmationsfeier, von der ich je gehört habe, auf der getanzt wurde. Ich war etwa im selben Alter wie mein Cousin, der konfirmiert wurde, weiß aber nicht mehr, ob ich diese Zeremonie zu dem Zeitpunkt selbst bereits mitgemacht hatte.

Kurz nachdem ich mit dem Mädchen, das mich aufgefordert hatte, die Tanzfläche betrat, wurde mir klar, daß sie vorhatte, das Kommando zu übernehmen, und ich brauchte nicht lange, um herauszufinden, daß sie einen sehr speziellen Tanzstil hatte. Sie verlangte zunächst, daß ich meine Hände auf ihre Schultern legte. So tanzten wir ein paar Takte; die Musik klang wie aus der Plattensammlung des Konfirmanden, ungefähr so wie die holländische oder russische Band *Sailor*. Doch dann schien das Mädchen genug von diesem Schultertanz zu haben, ich sollte meine linke Hand auf ihre Hüfte legen und mit der rechten ihre Hand nehmen. Auf diese Art und Weise drehte sie uns in kleinen Kreisen, erst einigermaßen im Takt zur Musik, aber nach und nach wurden die Kreise größer und die Drehungen schneller, so schnell, daß mir die Sache nicht mehr geheuer war und ich darüber nachdachte, das Mädchen zu bitten, mich zu entschuldigen. Doch da ließ sie mich plötzlich los, mit dem Ergebnis, daß ich mich ziemlich rasant von ihr entfernte und nicht viel gefehlt hätte, daß ich hingefallen wäre. Sie lächelte mir zu, und als ich mich ihr wieder näherte, um sie zu packen und weiterzutanzen, machte sie mir klar, daß es jetzt an der Zeit für einen neuen Tanzstil wäre – bei diesem Mädchen mußte man sich offenbar richtig ins Zeug legen. Obwohl immer noch dieselbe Musik lief, stand nun ein völlig anderer Tanz auf dem Programm; diesmal berührten wir uns nicht, jetzt sollte jeder alleine tanzen, das einzige, was uns dabei verband, war, daß wir uns einander zuwandten. Und da überkam mich dieses seltsame, beängstigende Gefühl: Im selben Moment, als ich begann, die Bewegungen des Mädchens nachzuahmen, schien ich buchstäblich die Kontrolle über mein Leben zu verlieren, mir schwindelte, aber es war nicht die Art von Schwindel, bei der ich am Ende umfallen würde, sondern ich sah voraus, daß jeder Schritt mein Dasein untergraben würde. Ich glaube, es läßt sich am besten mit den Worten beschreiben, daß ich, wenn der Tanz noch viel länger angedauert hätte, zu Nichts geworden wäre; ich wäre verschwunden, nicht im Boden, sondern mit der Atmosphäre verschmolzen, meine Person und mein Körper wären zu Atmosphäre geworden, und das war etwas, das mich zu diesem Zeitpunkt nicht reizte. Daher beschloß ich, etwas zu tun, um die drohende Gefahr abzuwenden. Ich winkte dem Mädchen lasch zu – wobei ich mir nicht sicher bin, ob ihr klar war, daß ich mich von ihr verabschiedete, so vertieft war sie ins Tanzen –, rannte aus dem Saal und blieb erst stehen, als ich zu Hause vor meiner Tür angelangt war.

Meine Eltern waren natürlich noch bei der Feier, verspeisten vermutlich eine Menge Schnittchen und unterhielten sich mit anderen Eltern darüber, daß ich, ihr Sohn, frisch konfirmiert sei oder mich mitten in den Vorbereitungen für diesen Schritt befände und zum Konfirmandenunterricht ginge. Obwohl, nein, ich war zu diesem Zeitpunkt bereits konfirmiert, das weiß ich, weil ich, als ich in mein Zimmer kam, eine Platte auflegte – auf den Plattenspieler, den ich zur Konfirmation geschenkt bekommen hatte. Ich mußte nicht lange überlegen, was ich in diesem Moment hören wollte, und legte den in meinen Augen progressivsten Rock meiner Sammlung auf, zu dem man absolut nicht tanzen konnte. Dann streckte ich mich auf meinem Schlafsofa aus und heftete den Blick auf das schwarze Viereck, das ich neben der Tür an die braune Wand gemalt hatte. In dem schwarzen Viereck, in der rechten oberen Ecke, war ein weiteres Viereck, in derselben Farbe wie die Wand.

So vergingen die nächsten zwanzig Minuten, also jene Zeit, die das Abspielen des innovativen Stückes in Anspruch nahm, genauer gesagt, des ersten Teils; der zweite war auf der anderen Seite der Platte. Als es an der Zeit war, die Platte umzudrehen, war ich jedoch eingeschlafen, ich war müde; ich war des Lebens müde, zumindest vorübergehend.

Elísabet Kristín Jökulsdóttir

Fußballgeschichten

Eine Geschichte von der Bank

Er legte sich nach dem Spiel bei mir auf die Bank, und ich deckte ihn bis zum Brustbein mit der dünnen Decke zu, griff um seine Schultern, und es war, als hätte er seit Ewigkeiten nicht geatmet, als sich ein Seufzer seiner Brust entrang, und ich rechnete damit, daß er über das Spiel sprechen würde und alle Pässe zurückverfolgen bis zu demjenigen, als er im Strafraum gefoult wurde und er den Elfmeter verschoß bei diesem heftigen Regenguß, aber statt dessen begann er, mühsam zu erzählen, wie vor kurzem seine Frau einkaufen gegangen war, um Reis für ein Reisgericht zu kaufen, das sie für Gäste zubereiten wollten, und wie sie zurückkam und aus heiterem Himmel die Packung aufmachte und den Reis über ihn schüttete, so wie er dasaß und überhaupt nichts getan hatte, und wie sie ihn anbrüllte, daß er sie nie befriedigen konnte, und jetzt überlegte er, ob es sein Job war, diese Frau zu befriedigen, er hatte immer gedacht, daß es Teamarbeit sein sollte, aber statt dessen lag sie dort unter ihm, vollkommen offen, mit gespreizten Beinen, und er war nicht mehr so mit Reis überhäuft worden seit dem Tag, als sie heirateten, und er konnte diesen Tag nie vergessen, weil das der Tag nach dem Endspiel war, in dem er einen Elfmeter holte, den er selber schoß, der Ball ging direkt ins linke Kreuzeck und saß im Netz fest; dann deckte ich ihn mit der dünnen Decke zu, legte meine Hand auf seinen Bauch und hörte, daß er weinte, obwohl ich wußte, daß er nicht die Fähigkeit besaß zu weinen. Und dann kam er mir so klein vor, daß ich dachte, ich müsse die Bank kürzen.

Er rackert im Mittelfeld

Er hatte viel auf dem Herzen, als er sagte, er könne es nicht länger ertragen, daß die Zeitungen immer berichteten, wie er im Mittelfeld rackere, das habe sogar sein Familienleben angesteckt, denn kaum hätten sie das Licht ausgemacht und mit dem Spiel begonnen, da flüstere sie schon in sein Ohr: Und jetzt rackere im Mittelfeld.

Der Verteidiger und der Ball

Er verteidigte sich die ganze Zeit, stieß von sich, schob weg, machte zu, wechselte das Gesprächsthema, war abgefeimt in seinen sarkastischen Äußerungen, und er konnte sich sogar mit Aufrichtigkeit und Lob verteidigen, alles was er tat und sagte, das tat er, um sich zu verteidigen, drinnen war nämlich etwas, das nicht zum Vorschein kommen durfte, es durfte nur ein bißchen durchschimmern, sei es unter dem Flutlicht oder im Licht seiner Augen, etwas, auf das er ständig aufpaßte, er paßte auf den Ball auf, denn der Ball, ja, der Ball war einfach das, womit er in diese Welt hineingeboren worden war.

Miteinander sprechen, Jungs

Sein Mund war wie ein roter Strich, und er machte keine Anstalten, sich zu äußern, deshalb fragte ich, ob er die Sprache verloren habe. Dann schüttelte er den Kopf, aber ich wußte von wunden Punkten, die ich angreifen konnte, und in dem Moment, als er sich beklagte, erlangte er die Sprache wieder, aber es war trotzdem, als ob ihm die Zunge ein wenig im Wege stand, als er sagte, es sei ganz merkwürdig, daß sie nicht miteinander gesprochen hätten, jeder einzelne wisse, daß das Miteinandersprechen die Kraft der Mannschaft erwecke und daß das Miteinandersprechen so ein verlorenes Spiel doch noch in einen Sieg verwandeln könne und daß das Miteinandersprechen einem Wunder gleichkomme, es sei beinahe so, daß sie untalentiert, erfahrungslos und unfähig sein könnten, sie müßten nur miteinander sprechen, ja, sie könnten sogar allein damit ein Spiel gewinnen, aber jetzt hätten sie schon wieder geschwiegen, und obwohl der Trainer und die Zuschauer sie angeheult und angeschrien hätten, sie sollten miteinander sprechen, war es, als hätten sie es nicht gehört, oder nur aus einer unglaublichen Entfernung, in einer anderen Dimension, doch sie hätten etwas gehört, aber darüber lohne es sich nicht zu sprechen, sie hätten einfach den Mund nicht aufmachen können, zumal es manchmal so sei, daß es nichts zu besprechen gäbe.

Die rote Karte

Manchmal bekam er die rote Karte wegen Schiedsrichterbeleidigung, und das stimmte ihn sehr traurig, der einzige Weg für ihn, wieder Seelenruhe zu erlangen, war, im Traum einer Frau zu erscheinen, die alle roten Karten der Welt einsammelte und neu mischte.

Ein Spiel, das nicht verschoben wurde

Springbrunnen, Spritzer und Pfützen, der Regenguß und sie hatten keine Ahnung, wo sie waren, nichts, nicht das Geringste deutete darauf hin, daß dies ein Fußballfeld war, nichts, nicht das Geringste deutete darauf hin, daß hier Fußball gespielt wurde, obwohl sie etwas mit Füßen traten, und auch wenn sie Gebrüll aus der Ferne hörten, so konnten das genausogut wilde Stiere sein und nicht Zuschauer, und das Piepen aus der Pfeife konnte genausogut von einem Vogel mit gebrochenem Flügel stammen, ja, es gab nichts, das überhaupt auf etwas hindeutete, doch, was auch immer es war, es dauerte neunzig Minuten, und es gab eine Anzeigetafel, die entweder die Lösung für das Rätsel des Lebens anzeigte, oder die Antwort Gottes an die Menschheit: 2-1.

Kristín Ómarsdóttir

Frauensehnsucht

Es waren einmal zwei Frauen. Und sie waren sehr schön. Sie sehnten sich danach, zusammen zu wohnen, lebten aber weit voneinander entfernt und erzählten sich nie von ihrer Sehnsucht. Und verbargen stets ihre Wünsche.

Und weit weit und tief bei ihnen daheim, bei der einen in einem Marmeladentopf und bei der anderen auch in einem Marmeladentopf, da bewahrten sie je einen kleinen sechseckigen Wunschtiegel auf, der war aus schwerem Glas. Darin lag eine winzig kleine Sehnsucht, die niemals starb. Und manchmal. Wenn sie abends schlafen gingen. Da nahmen sie die Tiegel aus den Töpfen und legten sie sich auf die Brust und öffneten sie. Dann schliefen sie ein.

Sie waren so schön. Und alles um sie herum war schön.

Kristín Ómarsdóttir

Blumen auf den Röcken von Frauen

Aus den Nebelhörnern der Schiffe fliegen Blumen und landen auf den Röcken der Frauen und setzen sich fest. Ist eine Frau temperamentvoll, fliegen leuchtende Blumen zu ihr. Ist sie ruhig, sanft erdfarbene. Ist sie lustig, riesengroße und weit geöffnete. Ist sie zurückgezogen und verläßt das Haus nicht, stehlen sich die Vergißmeinnicht zu ihr, während sie schläft. Und sie wacht auf in einem Nachthemd mit blauen Blüten. Gladiolen, wenn eine Frau zornig ist. Kleine Klappertöpfe, wenn sie geizig ist und klug. Alle Frauen bekommen ihre Rosenzeit, wenn sie warten. Und Leimkraut, wenn sie sich und die Ihren genau betrachten. Liebestolle werden eingehüllt in Feuerlilien, und wenn eine Frau ein Mädchen ist, das eine Frau ist, die ein Mädchen ist, das immerzu erneut an Sex denkt, legt sich Strandkamille auf ihren Rock, liebtmich / liebtmichnicht, liebtmich / liebtmichnicht, liebtmich / liebtmichnicht. Flamingoblumen kommen, wenn eine Frau alt wird.

Aus den Nebelhörnern der Schiffe fliegen Blumen.

Kristín Ómarsdóttir

Prügelknaben

Und sie hauen einander eine rein und rammen dem andern den Kopf in den Bauch und reißen ihn um – wie Bullen und wie Kinder und wie verliebte Männer – und später, viel später werden sie sich lieben.

Und sie prügeln sich. Wälzen sich umher, die Jungenkörper. Verknäueln und verknoten sich in Unterhemd und T-Shirt auf einem Grasfleck unterhalb der Landstraße, die zum Flughafen führt

und die kleine Schwester sitzt auf einem Grashöcker mit einer gelben Mütze auf dem Kopf und spielt mit den grauen und blauen Halmen, während sie selbst auf sich aufpaßt und denkt.

– So sind Männer, sie prügeln sich.

Bis auch sie anfängt, sich zu prügeln. Nur halt ein paar Jahre später. Mit ihren Brüdern und ihrer Schwester und später mit ihrer Mutter und ihrem Vater und sie prügeln sich –

WILLSTU WILLSTU WILLST D U MIT MIR GEHN

*

Und sie prügeln sich. Kleine Köpfe jeweils im andern. Der eine ist geschickter den andern umzureißen, der geschickter ist sich fallen zu lassen und unter dem andern zu liegen. Läßt ihn auf sich sitzen und sagen.

– Dein Kopf ist so schön. Wie schön dein Kopf ist. Ach, was ist der schön. Wie kann dein Kopf bloß so schön sein.

Und ihn in seinen Händen hochziehen wie eine Blume, die aufblüht in meinen Händen, so ist dein Kopf in meinen Händen, wobei ich dir fast die Luft abdrücke, so schön ist er nämlich, er ist immer so schön gewesen, dein Kopf.

*

Und schwarze Strubbelköpfe in weißen Hemdchen prügeln sich auf einem Grasfleck unterhalb der Landstraße, die zum Flughafen führt, lange, sehr lange, bevor sie sich abschlecken wie Hunde, die Bekanntschaft machen wollen, und sich weit, immer weiter ineinanderpressen und verschwinden

– Komm hinein in meinen Hintern. Spür ihn mit den Fingern, die du von mir hast, und bevor ich bis drei zähle, bin ich verwandelt in vierundvierzig Vögel, die in dir umherflattern. Komm jetzt in mich und laß mich dann verschwinden.

dorthin.

*

Früher, viel früher aber sitzt der eine auf dem andern.

– GIB AUF GIB AUF GIB AUF

Und preßt sein ganzes Gewicht auf den andern, der daliegt und auf die Wildheit starrt und sich freut über die Wildheit und sagt.

– Wir müssen noch warten. Wir können uns noch nicht lieben, nicht sofort. Bis es soweit ist, gebe ich auf, du bist so ungestüm, aber später, später.

Und da springt der eine vom andern, der sofort aufspringt wie ein Messer, und sie fangen wieder an, sich zu prügeln und umzureißen.

– Ach, was hast du schöne Hände. Du hast meine Hände und ich habe deine Hände und unsere Hände sind völlig durcheinander, wer jetzt was hat, aber bald sind wir groß.

*

Bald sind sie groß. Sie werden so groß, daß sie kleiner werden können, während sie jetzt noch so klein sind, daß niemand sie mehr fände, wenn sie kleiner würden, und sie kämen vielleicht nicht mehr zum Essen nach Hause. Und während sie noch so klein sind, bleibt nichts, als erst mal weiter zu wachsen und sich zu prügeln. Aber dann werden sie bald groß. Und können sich lieben wie Hunde und wie Kinder und wie Skooter auf dem Rummel. Ganz wie richtige Körper, die sich berühren, heiß und verschwitzt. Ganz als stecke er im Körper eines Erwachsenen, prügelt sich ein kleiner Junge mit einem anderen gespielten Körper eines Erwachsenen, mit einem anderen Jungen, und es ist schön, sich im Gras zu wälzen unterhalb der Landstraße, die zum Flugplatz führt, und sich zu lieben.

Sigurlín Bjarney Gísladóttir

Eine Rippe aus meiner Seite

Ich brauche einen Mann mit roten Wangen, der Geschichten aus alten Büchern erzählt, ohne rot zu werden. Der für die Widder Akkordeon spielt und an der Scheunenwand die Schuhe austanzt. Der die toten Fliegen auf dem Misthaufen und das Unglück der schönen Helga beweint. Ich nehme eine Rippe aus meiner Seite, schwenke sie wie eine Schlange und rufe: »Gott, schenk mir einen Mann!«

Sigurlín Bjarney Gísladóttir

Gletscherlauf in der Skeiðará – Dill und andere empfindliche Pflanzen

Wenn der Dill schlapp macht und sich in Richtung Tod neigt, holt er bestürzt Wasser, wird im Stall empfindlich und weinerlich und läßt vom Traktor aus den Kopf in Richtung Berg hängen. Es darf nichts dazwischenkommen, damit er nicht aus dem Gleichgewicht gerät, damit er kein Krachen im Kopf hört und sich die Schleusen öffnen, ein katastrophaler Gletscherlauf beginnt. Da reicht es schon aus, daß der Traktor lärmt, der Widder ihm einen unerklärlichen Blick zuwirft oder eine schwarze Wolke über den Berg zieht, dann bricht es aus. An Tagen hingegen, an denen der Dill in vollem Saft steht, aus dem Fenster guckt und junge Triebe wachsen läßt, singt er für den Widder, mistet freudig den Stallboden aus und hört nicht das Dröhnen und Knattern des Traktors. An solchen Tagen putzt er seine Stiefel und schaut mit Ehrfurcht zum heiligen Berg. Schickt ihm Kraftströme und auch Gebete, und nennt ihn Berg Sinai der Seele. Aber der Dill steht weiter mal schlapp, mal in vollem Saft.

Er trat mit aller Kraft gegen den Traktorreifen, zeigte dem Berg den Mittelfinger und pinkelte auf den Stallboden voller Mist. Schleuderte die Stiefel von sich und ließ sie gegen die Garderobe knallen und machte sich polternd daran, Kaffee auzubrühen. Das Krachen im Kopf war schon lange verstummt, das meiste Gletschergeröll zur Ruhe gekommen. Das Röcheln der Kaffeemaschine beruhigte ihn, legte den Wind, und so setzte er sich an den Küchentisch, und es flossen einige Tränen. Doch dann trocknete er seine Wangen und ließ sich von all dem nichts mehr anhaben. Ging zum Wohnzimmerfenster und sah, daß der Dill sich erholte und sie beide den Tag überstehen würden. Er zog die Hose hoch, goß einen Schluck Rum in den Kaffee und ließ sich im abgenutzten Sessel nieder. Im Fernsehen sah er Nachrichten über eine Flutkatastrophe. Der Gletscherlauf in der Skeiðará fegte Straßen und eine Brükke aufs Meer hinaus, kämpfte sich in einem pechschwarzen Strom voran. Irgendwas regte sich in ihm, als wüßte er, wie es dem Fluß geht, als kenne er die Schranken, die früher oder später aufbrechen.

Die aufgestauten Wassermassen der Grímsvötn hatten nachgegeben, waren zum Fluß hin aufgebrochen und hatten ihn überflutet. Das Schlammwasser riß Land und eine Brücke fort, schuf als Entschädigung aber neue Sander.

Die Sander wurden größer, an sonnigen Tagen gab es starke Luftspiegelungen, und die Große Raubmöwe hatte nichts anderes zu tun, als sich auf dem Sand auszuruhen, sich auf dem Vogelfelsen Ingólfshöfði niederzulassen und ihn vor aufdringlichen Touristen zu schützen. Schließlich, viele Tage später, ließ der Gletscherlauf nach, aber der Dill und der Mann im zerschlissenen Sessel bekamen davon nichts mit.

Denn am Morgen nach dem Beginn des Gletscherlaufs schlug er die Bettdecke zurück und ging noch in Unterhosen ins Wohnzimmer. Der Dill auf der Fensterbank war verwelkt, und da ging er in den Stall und erschoß sich. Mit der Schafsflinte, und der Widder warf ihm einen geheimnisvollen Blick zu.

Sigurlín Bjarney Gísladóttir

Fest in Mosfellssveit

Laxness hatte den Nobelpreis bekommen, und als er in seiner Heimatgemeinde zurückerwartet wurde, beschlossen die Leute, ihm einen freudigen Empfang zu bereiten. Der Vorsitzende des Gemeinderats ernannte sich selbst zum Festleiter und begann sofort, sich über den Spannungsbogen der Rede den Kopf zu zerbrechen. Eine Frau nach der anderen bot an, Pfannkuchen und Torten zu backen. Sie bügelten hektisch ihre Schürzenbänder. Halldór und Auður wurden gegen Abend erwartet, und die ganze Gemeinde war eingeladen. Nur Gunnar nicht.

»Das Fest ist nur für Erwachsene«, grummelte der kleine Gunnar vor sich hin, stieß mit der Fußspitze gegen einen Stein und verfolgte aus der Ferne die Vorbereitungen der Festlichkeiten. Die Kinder diskutierten untereinander über das Fest, und Gunnar spürte, tief im Bauch, daß etwas Großes bevorstand. Er genoß es, die Vorbereitungen der Erwachsenen zu beobachten und zu spüren, wie er im gleichen Maße, wie die Anspannung stieg, unsichtbarer wurde. Seine Eltern erlaubten ihm nicht, dabei zu sein, weil der Empfang am Abend stattfinden sollte, wenn alle Kinder schon längst im Bett liegen. Er protestierte heftig, aber sie blieben stur. Sagten, daß der Empfang nichts für Kinder wäre, sondern nur für Erwachsene, und außerdem hätten Kinder keine Freude an solchen Zusammenkünften, bei denen nur Reden geschwungen würden. Schließlich ließ Gunnar sich überzeugen und fand sich damit ab, ins kalte Bett zu kriechen, während die Gläser an diesem Abend zum ersten Mal erhoben wurden. »Das Fest ist nur für Erwachsene«, grummelte der kleine Gunnar vor sich hin, als er die Decke über sich zog. Er war enttäuscht und fühlte, wie die Spannung, die in ihm immer größer geworden war, langsam wich. Zu langsam, denn das Einschlafen fiel ihm schwer, aber schließlich gelang es doch.

Am nächsten Tag heulte er in der Schule Rotz und Wasser. Seine Freunde hatten am Abend zuvor zum Fest gedurft. Sie hatten Kuchen und Cola in Flaschen bekommen. Cola in Flaschen.

Familienbilder

Halldór Stefánsson

Zweite Person Einzahl

Du schließt die Außentür deines Hauses und gehst hinaus auf die Straße, schaust dich kurz um und betrachtest mit Befriedigung die Front dieses schönen Einfamilienhauses, das du dir in Übereinstimmung mit deinen gegenwärtigen Wünschen und mit den Anforderungen gebaut hast, die du in dieser Situation an das Leben stellst und die das Leben an dich stellt.

Es ist es wert, dieses Haus, daß du einen Augenblick innehältst, um es anzusehen. Es ist schön und hat viel Geld gekostet, und es steht dort, auf diesem teuren Grundstück, wie ein Denkmal deiner Vollkommenheit. Du könntest dir natürlich ein noch größeres und viel teureres Haus bauen oder sogar viele Häuser; deinem Reichtum und deiner Leistungskraft sind keine Grenzen gesetzt. Aber wie zahlreich und groß diese Gebäude auch würden, du würdest sie doch nicht so hoch schätzen wie dieses Haus. Mit dem Bau dieses Hauses hast du das ersehnte Ziel erreicht, seine gesamte Vorgeschichte auszulöschen. Es ist wie ein Adelszeichen, das ein bürgerlicher Mensch erlangt hat. Mit seinem Erhalt ist sein früheres Leben vergessen, er ist Adliger, und ihm wie auch allen anderen kommt es vor, als sei er es schon immer gewesen. Und mit der Entstehung dieses Hauses sind alle anderen Häuser, die du besessen hast, vergessen. Billige, unscheinbare Häuser, aus Holz gebaut, in geschmacklosem Baustil.

Dieses Haus besteht nur aus Glas und Stein; es hat schöne, klare Linien und einladende Fenster, die nichts zu verbergen scheinen. Es ist ein Symbol deiner Lebensart, ein Nachweis dafür, wie gut es dir gelungen ist, im Leben voranzukommen. Es ist ein großes und prächtiges Haus und steht in gebührender Entfernung zu anderen Häusern. Keinem Immobilienspekulanten würde es je im Traum einfallen, es besitzen zu können. Die Menschen bringen ihm Ehrerbietung entgegen wie einem hochmütigen Fürsten.

Ein kleiner, grüner Fleck um das Haus erinnert daran, daß auch im Leben des reinrassigsten Geschäftsmannes, der alles am Maßstab von Nutzen und Gewinn mißt, ein winziger, grüner Fleck ist, der nicht um des Geldes, sondern um des Vergnügens willen bearbeitet wurde. Du liebst diesen Fleck, pflegst ihn und schmückst ihn mit schönen Blumen und kostbaren Gegenständen.

Du schaust einen Augenblick ins Fenster des Eßzimmers, wo du dich mit einem freundlichen Kuß von deiner Frau verabschiedet hast, bevor du hinausgingst. Sie legte dir beide Arme um den Hals und sagte etwas traurig, aber doch mit einem bezaubernden Lächeln, daß das wohl wichtige Vorstandssitzungen wären, an denen du immer teilnähmst, keinen Abend könntet ihr einmal allein sein. Eine hinreißende Frau. Immer gleich schön und gleich verliebt. Du hättest dir keine Frau wählen können, die besser zu dir und diesem vollkommenen Haus gepaßt hätte.

Dir haben ihre Abschiedsworte gefallen, sie haben dich davon überzeugt, wie wertvoll du in ihren Augen bist und wie sehr es dir gelungen ist, sie glücklich zu machen. Aber dennoch hattest du keine Gewissensbisse, sie zu verlassen, deine Handlungen werden nicht von unbedachten Entschlüssen bestimmt, so daß du sie zu bereuen hättest. Du hast nie etwas bereut, was du getan hast. Das Leben ist in deinen Augen eine Rechenaufgabe, und alle deine Berechnungen sind immer richtig gewesen.

So gehst du deines Weges. Da hast dich entschlossen, zu Fuß zu gehen, obwohl du zu Hause ein Auto hast und es dir Spaß macht, damit zu fahren, Befriedigung, über so viele Pferdestärken zu herrschen, die es vorantreiben, und selbst den Weg zu bestimmen. Du hast immer über große Kraft verfügt und die Zügel fest in der Hand gehabt.

Jeder Schritt, den du gehst, federt vor Zufriedenheit, jede Bewegung ist geladen von Erwartung, dein Wohlergehen ist dir Genuß, im Bewußtsein dessen, daß du es verdient und dir selbst erarbeitet hast. Der Rauch deiner guten holländischen Zigarre windet sich hinaus in die dunkle, traumschwere Septemberluft und hinterläßt einen Streifen geheimnisvollen Dufts. Du schwingst elegant deinen vergoldeten Spazierstock und summst eine neue Jazzmelodie vor dich hin. Keine lähmenden Gedanken an die Wirtschaftskrise oder komplizierte Probleme der Vorstandssitzung in deinem großen Unternehmen trüben deine Stimmung. Deine Seele ist leicht wie ein Vogel im Frühling.

Gewiß bist du vom Lande, und die meisten deiner Verwandten betreiben noch kleinbäuerliche Betriebe, doch dir haften keine Eigenschaften eines Dörflers an, obwohl du noch das kühne und feurige Blut in dir hast, das du als Wiegengabe von deinen Eltern mitbekamst, die mit mühsamem Heumachen, viel frischer Luft und Milch aufwuchsen. Ganz im Gegenteil: Dein Äußeres, dein Auftreten und deine Denkungsart tragen den Stempel des Bürgertums. Du hast dir seine Kultur in vollem Maße angeeignet, niemand ahnt deine Herkunft, genausowenig wie die deines Hauses.

Du bist ein gutaussehender Mann in den besten Jahren, hast die volle Reife erreicht und verschiedene Fehler überwunden, die unweigerlich zur goldenen Jugend gehören, ohne daß dir doch der Verdacht gekommen wäre, daß es ein Alter gebe. Du bist genau in der Phase, in der die Sehnsüchte der Männer eine feste Form angenommen haben und sie eine Methode gefunden haben, sie zu befriedigen, ohne ihre Zeit bei kostspieligen Experimenten mit unterschiedlichem Erfolg zu vergeuden. Du hast jedenfalls eine große Lebenserfahrung erworben, die freilich keine Spuren von Kummer auf deinem faltenlosen Antlitz hinterlassen hat.

Du hast dir ein sicheres und der jeweiligen Situation entsprechend tadelloses Auftreten angeeignet, hast das Flair eines reichen Mannes, der weiß, daß er ein Eckstein der Schöpfung ist und deswegen jeden Vergleich aushält, mit welcher Art von Menschen auch immer.

Deine Weltanschauung ist aus einem Guß und frei von jedem Zweifel und Kopfzerbrechen. Ihr Kern ist, aus der eigenen Existenz wirtschaftlichen Profit zu ziehen. Alles andere: Glauben, Moral, Ideale und andere nicht greifbare Dinge sind nur die Schale um diesen Kern. Deswegen bist du immer zufrieden mit deinen Handlungen, und deswegen ist es dir gelungen, den Reichtum anzusammeln, der ausreicht, deine Sehnsüchte zu befriedigen und deine Wünsche zu erfüllen, auch wenn sie anspruchsvoller sind als bei den meisten deiner Mitbürger.

Ja, es ist richtig, du bist vom Lande, dem entlegenen, armen Lande. Aber du warst jung in die Stadt gekommen und hattest damals kein anderes Kapital als deinen Charakter und den Ansporn deiner armen Verwandten, in der Welt voranzukommen. Dieser Ansporn wurde dir Erziehung und Glaubensbekenntnis, aber das Ziel setztest du dir selber. Du hattest nie irgendwelche Kinderträume, die dir die Zeit stahlen, sie blieb ungeschmälert für deine Berufung.

Du hast deine Karriere als Schuhmacherlehrling begonnen, aber bald eingesehen, daß der Handel ein ungleich mächtigeres Werkzeug war, um voranzukommen, als das Handwerk, so wie es effektiver für das Geldverdienen ist, Fische zu töten, als den Acker zu bestellen.

Deine Geschichte in der Welt der Wirtschaft ist nicht besonders lang, aber sie ist ungeheuer erfolgreich, und alle diese Erfolge haben dich vorwärtsgebracht zu deinem großen Ziel: reich zu werden.

Mancher hat sich über dich beklagt, hat dich für rücksichtslos und aufdringlich gehalten. Man hat von dir gesagt, du habest keine menschlichen Empfindungen, nähmst nie Rücksicht auf etwas und könntest dich nicht in jemand anderen hineinversetzen. Aber dein Gewissen ist immer gut gewesen. Du hast nie etwas anderes getan, als die Gelegenheiten zu ergreifen und zu nutzen, die allen zu Gebote standen, welche die Menschen sich aber entgehen ließen, weil es ihnen an Energie und Geschäftssinn fehlte. Du hast dich immer innerhalb des gesetzlichen Rahmens gehalten, aber du nahmst mit, was du auf diese Weise bekommen konntest, weil du in der Welt vorankommen wolltest. Du hast dir schnell einen Ruf erarbeitet wegen deiner Tüchtigkeit und Risikobereitschaft in finanziellen Dingen und hast im freien Wettbewerb deinen Mann gestanden. Nach einigen mißglückten Versuchen anderer Finanzhaie, dich aus dem Weg zu schaffen (finanziell gemeint), strebten einige von ihnen nach einer Kooperation mit dir, scharten sich um dich und luden dir ihre finanziellen Probleme auf die Schultern oder übergaben dir ihren Besitz zur Verwaltung, weil sie es sich nicht länger zutrauten, gegen deine wachsende Macht anzukämpfen. Du übernahmst das Kommando, fordertest aber reichlichen Lohn für deine Arbeit und Expertise. Sie zahlten schweigend und wußten, daß sie sich von der Vernichtung freikauften.

Du wurdest immer reicher, andere wurden arm dabei, und manche gingen zugrunde. Du wurdest gehaßt von den Arbeitern, die du unterdrückt und ausgebeutet hast, und deine Konkurrenten verdammten dich. Aber du hattest ein gutes Gewissen; gemäß deiner Lebensanschauung kann die Masse nicht reich werden oder einen Anspruch auf Lebensqualität anmelden. Es sind nur wenige einzelne, die wegen ihrer Tüchtigkeit dazu ausersehen sind, gemäß der natürlichen Auswahl.

Du hast dich nie mit Politik abgegeben, aber du hast für ihren realen Wert bezahlt. Politik ist, deiner Ansicht nach, eine Handelsware, keine Idee.

Deine Bildung ist begrenzt durch die Nachfrage.

Nun hast du alles: dieses makellose Haus, das außen und innen alles übertrifft, was man in der Stadt kennt. Es enthält alle modernen Annehmlichkeiten und Verschönerungen. Gemälde sind da, Musikinstrumente und Bücher, alles von dir gekauft. Du besitzt Autos, Pferde, ein Sommerhaus und eine Yacht.

Und du hast diese Frau. Die schönste Frau, die du in dieser Stadt finden konntest – und reich war sie auch. Sie ist noch jung und außerordentlich lebensfroh. Du liebst sie sehr und bist gut zu ihr, gibst ihr alles, was sie sich wünscht, und vieles mehr. Sie brauchte sich nie Sorgen zu machen. Du hast dein Heim und deine Büros sorgfältig getrennt. Über deine Arbeit sprichst du nie mit ihr, nur von Vergnügungen, Reisen, Romanen und Neuigkeiten. Euer Heim wird geführt von einer ausgezeichneten Wirtschafterin, und eure Kinder haben ihre eigene Dienerschaft und Privatlehrer. Deine Frau ist Herrin ihrer eigenen Zeit und kann über sie nach Gutdünken verfügen. – Heute Abend ist sie allein zu Hause.

Aber es ist wahr, du bist vom Lande und hast noch heißes Blut und gut entwickelte Drüsen. Du hast dieses Kapital nie durch Alkohol oder andere Drogen beeinträchtigt. Ganz im Gegenteil hast du es vermehrt (wie jedes andere Kapital von dir). Du hast es durch Sport gefördert. Zuerst bis du gelaufen, dann geschwommen und jetzt bist du zum Golf übergegangen.

Und du hast im Leben diesen grünen Fleck, der nichts mit Geschäften und Geldvermehrung zu tun hat, sondern seinen Ursprung in deinem vitalen Körper hat: Du liebst Frauen.

Du hast viele Frauen geliebt, und seit du verheiratet bist, hast du immer eine Geliebte gehabt. Du bist nun auf dem Weg zu deiner neusten.

Du bleibst vor dem Haus stehen, in dem sie wohnt, nimmst den Schlüssel und öffnest die Tür. Dann gehst du hinein.

Zur selben Zeit wird die Tür deines eigenen Wohnhauses geöffnet, und hinein gehe – ich.

Svava Jakobsdóttir

Alles vergeht einmal

Ihre ersten Erinnerungen reichten an die Grenze zwischen zwei Sprachen zurück. Sie war fünf Jahre alt und weit draußen auf dem Ozean, unterwegs nach Kanada. Hvina war ebenfalls an Bord des Schiffes und das Mädchen fand es selbstverständlich, daß Hvina auch nach Kanada reiste, und sie war davon überzeugt, daß Hvina bis dorthin mitkäme. Hvina war ihre Spielgefährtin. Andere Leute taten so, als sähen sie Hvina nicht. Hielten sie für unsichtbar. Dem Mädchen war das gleichgültig. Sie folgte Hvina nach draußen und drinnen, lief hinter ihr her und saß bei ihr, in lange Gespräche vertieft. Sie erzählte viele Geschichten von Hvina. Hvina war größer und wußte vieles besser. Hvina gab immer den Ton an, und niemand zweifelte daran, daß Hvina einen Sinn für die Wirklichkeit hatte, denn niemals stolperte das Mädchen über einen Stuhl oder eine Schwelle, wenn sie Hvina nachlief. Und nie kam sie zu nahe an die Reling, während Hvina an Bord war. Manchmal war Hvina weit weg, mit anderem beschäftigt, erschien dann aber unerwartet, um mit dem Mädchen zu spielen.

Eines Abends, als sie auf dem Grenzmeer waren, ging Mama mit dem Mädchen hinunter in die Kabine, um sie ins Bett zu bringen. Hvina war dort, doch als das Mädchen sie freudig begrüßen wollte, wich sie zurück und verschwand durch das komische runde Fenster hinaus aufs Meer. Das Mädchen fing an zu weinen und sagte, Hvina sei gegangen, und Mama fragte, wohin? Das Mädchen zeigte auf das Fenster.

Ist sie durchs Bullauge verschwunden? fragte Mama.

Bullauge? Das Mädchen hatte nicht gewußt, daß man durch

das Auge eines Bullen hinausschlüpfen konnte, und obwohl Mama sie auf den Schoß nahm, liebkoste und streichelte, war sie untröstlich. Hvina war traurig gewesen. Das Mädchen wußte, daß Hvina ein für allemal verschwunden war, und sagte, daß Hvina nie mehr durch das Bullauge zurückkäme.

Das Mädchen reiste weiter auf dem Schiff, doch Hvinas Verschwinden war so folgenschwer, daß man annehmen mußte, eine Tür sei in ihrem Köpfchen zugefallen. Nach diesem Vorfall segelte Vergessenheit im Kielwasser des Schiffes. Die Erinnerungen des Mädchens reichten nur bis zu Hvinas Verschwinden zurück. Sie konnte sich nicht erinnern, vorher dagewesen zu sein. Alles wurde ausgelöscht, das Dorf und die Berge, dann die Menschen und zuletzt die Sprache.

Im Laufe der Zeit zweifelte sie sogar, sich daran zu erinnern. Vielleicht redete sie sich das nur ein, weil die anderen diesen Vorfall als Witz erzählten, und das ermahnte sie, sich vor Wörtern in acht zu nehmen.

Sie wäre erst richtig angekommen, wenn sie Englisch sprechen könnte. Das machte ihr Nancy verständlich. Das Mädchen saß auf dem Rücksitz in Papas Auto. Sie sollte mit ihm zu einer alten Frau fahren, die Sina hieß. Während sie auf Papa wartete, stand Nancy beim Auto. Sie streckte ihren Kopf durchs offene Fenster herein, um ihr beizubringen, auf englisch Radio zu sagen.

Nancy war älter als das Mädchen. Sie beaufsichtigte sie, spielte mit ihr, lehrte sie englische Wörter. Brachte ihr das Sprechen bei. Vor allen Dingen brachte Nancy ihr das Sprechen bei. Nancy sagte, es sei wichtig, sprechen zu können und sich verständlich zu machen. Die Worte richtig auszusprechen. Alle Spiele mit Nancy wurden zu einem Sprachunterricht. Nancys Kinn erschien direkt vor dem Gesicht des Mädchens, sie sollte gut achtgeben, wie Nancy das machte. Nancy zog jetzt die Mundwinkel weit zurück, um ihr zu zeigen, wie man auf englisch A sagen sollte. Das Mädchen sah Nancy wie gebannt an, weil ihr Mund wie das starre Lächeln ihrer Puppe wurde, nachdem ihr die Augen ausgefallen waren.

Rehdio, wiederholte Nancy. Los, sag Rehdio.

Das Mädchen äugte zur Haustür und hoffte, daß Papa kommen würde. Der Garten vor dem Haus war voll Schnee. Das Mädchen hatte noch nie so viel Schnee gesehen. Der Gehweg bis zur Haustür war wie ein Gang mit hohen weißen Wänden. Auf der Treppe regte sich nichts. Kein Papa. Aus Nancys Mund stand eine weiße Rauchwolke. Hier atmeten die Menschen etwas Weißes. Das machte der Frost. Der Frost war weiß. Nancy atmete das weißkalte Wort auf das Mädchen. Das Wort erstarrte in der Luft im Auto und kam nicht mehr hinaus. Das Mädchen schwitzte in dem dicken, unbequemen Wintermantel, den sie in der Kälte anziehen mußte. Sie saß ganz aufrecht auf ihrem Platz, aus Angst umzukippen wie ihr Teddybär, wenn sie sich bewegte.

Radio, sagte sie.

Nein, nicht Radio, sagte Nancy, Rehdio. Das kannst du doch sagen. Rehdio.

Das Mädchen hörte genau zu. Sie öffnete den Mund, verzog ihn in die richtige Richtung. Verzog ihn mehr und mehr, weil Nancy so gut achtgab. Nancy starrte aufmerksam auf ihren Mund, starrte in ihn hinein, vorbei an den Zähnen, bis hinunter in den Rachen. Nancy verfolgte das Wort schon aus dem Bauch herauf. Rehdio, Rehdio, Rehdio, sang es im Kopf des Mädchens. Zum hundertsten Mal wollte sie versuchen. Wollte es richtig sagen. Um Nancy loszuwerden.

Radio.

So kam es aus ihr heraus. Das hörte sie selbst. So hatte sie das nicht gedacht. Das war die Zunge oder der Bauch die Ra... sagten. Sie machte das gar nicht selbst. Der Laut sprang von selbst heraus, ohne daß sie dafür etwas konnte, als muß man auf einmal husten oder aufstoßen.

Während Nancy den Mund öffnete, um sie zu berichtigen, geschah noch etwas, ganz unerwartet. Die Hand des Mädchens schoß plötzlich hervor und gab Nancy eine kräftige Ohrfeige. Das Mädchen hörte den Knall der Ohrfeige, sie sah, wie die Hand zuschlug, doch es war, als gehöre die Hand nicht mehr zu ihr. Die Hand war lose. Das Mädchen hatte nicht einmal gewußt, daß die Hand zuschlagen wollte. Sie hatte das nicht entschieden. Das hatte die Hand selbst gemacht. Die Hand und die Zunge und der Bauch. Das Mädchen fand heraus, daß sie aus Teilen bestand, die sich ganz eigenwillig benahmen. Ihr Kopf war entsetzt über dieses Durcheinander. Und während sich eine Röte auf Nancys Wange ausbreitete, preßte sie sich an die Rücklehne, als hoffe sie, darin verschwinden zu können, unsichtbar zu werden. Das Leben war zu Ende. Es konnte kein Leben mehr geben. Könnte jemals etwas danach kommen?

Doch es gab ein Leben danach, obwohl die Radiozeit verging und die Zunge nun so gut gezähmt war, daß das A, das reine und gerade, das man mit offenem Mund und dem Kinn auf der Brust aussprechen sollte und der letzte Rest einer vergessenen Zeit jenseits der Grenze war, ihr nicht mehr auf die Zunge kam. Das Ende der Radiozeit war die Hand, die schlug. Der Knall einer Ohrfeige ist wie das Zufallen einer Tür an einem Grenzübergang für Einwanderer; wenn sie zuklappt, ist die Zeit davor verschwunden, die alten Kleider werden abgelegt und neue hervorgeholt. Doch diese alte Missetat, dieses Verbrechen an einer gutmeinenden Freundin bewirkte, daß sie die Radiozeit nicht ablegen konnte, obwohl sie vergessen war.

Nancy beschwerte sich nicht. Sagte kein einziges Wort, als Papa herauskam und sich ans Steuer setzte, um zu Sina zu fahren.

Sina wohnte allein in einem Haus am anderen Ende des Dorfes. Das Dorf hatte nicht viele Einwohner, doch bis zu Sina mußte man ziemlich weit fahren, weil der Golfplatz mitten im Dorf lag und es teilte. Das Mädchen wohnte beim Golfplatz, dort wo die Dorfmitte war. Sina wohnte weit hinter dem Golfplatz, am Rand des Dorfes. Ihr Haus war klein. In der Erinnerung war das Haus später noch kleiner als Sina selbst, wie in den Märchenfilmen von Hänsel und Gretel und der Hexe.

Sina war Isländerin. Als Isländerin wurde man zwar akzeptiert, es reichte aber nicht aus, um in der Dorfgemeinschaft, geschweige denn im ganzen Land, anerkannt zu werden. Die Sprache spielte dabei die wichtigste Rolle. Die Sprache entschied, ob man die Staatsbürgerschaft bekam. Erst dann stand man mit beiden Füßen auf der richtigen Seite der Grenze. Doch Sina steckte immer noch ganz fest in der Grenzpforte und kam weder vorwärts noch zurück. Sie sagte ein Wort auf isländisch, das andere auf englisch, und diese Wörter waren oft ohne Zusammenhang, weil ein wichtiges Zeitwort oder Verhältniswort fehlte. Hinter dem Rücken wurden solche Leute ausgelacht, wurden Geschichten über sie erzählt.

Alle wußten, was Sina bei der Befragung sagte, als sie die Staatsbürgerschaft beantragt hatte:

Ich wasche Herrn Hamilton.

Sina wusch für den Bürgermeister die Wäsche. Eine Waschfrau kann gut waschen, obwohl sie nicht so gut reden kann. Doch wenn sie auf englisch nicht einmal sagen kann, daß sie die Wäsche wäscht, dann bekommt sie nicht die Staatsbürgerschaft. Man hatte Sina beigebracht, wash zu sagen. Das bedeutet waschen. Sina sollte sagen:

I wash for Mister Hamilton. – Ich wasche für Herrn Hamilton.

Aber was glaubt ihr, was sie bei der Befragung gesagt hat:

I wash Mister Hamilton.

Und im ganzen Ort wurde in Sinas neuer Heimat darüber gelacht. Da war es wohl ratsam, nichts aus der Radiozeit seines eigenen Lebens verlauten zu lassen.

Die Stube in Sinas Haus war klein, das Mädchen fand sie eng, obwohl sie dort nur zu dritt waren. Sina hatte sie am Eingang willkommen geheißen und in die Stube geführt. Sina sprach laut. In der Stube war schlechte Luft. Das Mädchen saß auf dem Diwan und ließ die Beine baumeln. Papa und Sina saßen in Korbsesseln, und hinter Sina war ein Fenster, das so klein war, daß Sina die ganze Aussicht verdeckte. Das Mädchen fand Sina füllig, weil sie laut sprach und das Fenster verdecken konnte, obwohl sie alt war und nicht mehr für Herrn Hamilton die Wäsche wusch. Ihr Haar war grau und dünn und hing glatt auf die Schultern herab. Das Kleid hing lose um ihren Körper, und das Mädchen gab sich ziemlich Mühe, nicht so genau hinzusehen. Sie begriff, daß es bei Sina ärmlich war, und doch gab es ein Möbelstück, das ihr bemerkenswert schien und ihre ganze Aufmerksamkeit auf sich zog. Das war eine riesengroße Kommode mit Schubladen, die nach unten hin breiter wurden. An den Schubladen waren große Messinggriffe. Oben auf der Kommode standen eingerahmte Fotografien, doch wer darauf zu sehen war, konnte das Mädchen von seinem Sitz aus nicht richtig erkennen, weil die Kommode so hoch war. Auch in die Schubladen konnte sie nicht hineinsehen. Hinter dieser gewaltigen Vorderfront der breiter werdenden Schubladen verwahrte Sina ihre Habseligkeiten. Ihre Geheimnisse. Noch während das Mädchen sich darüber Gedanken machte, stand sein Papa auf, um sich zu verabschieden. Da ging Sina an die Kommode und sagte, das Mädchen solle etwas Süßes bekommen. Und während das Mädchen sich auf die Süßigkeit freute, entdeckte sie gleichzeitig, wie groß Sina war. Sina war größer als die Kommode. Sina war riesengroß. Sie konnte die oberste Schublade öffnen, ohne auf Zehenspitzen zu stehen. Das Mädchen war aufgestanden und stand nun neben Sina vor der Kommode, um die Süßigkeit in Empfang zu nehmen. Sina zog die oberste Schublade heraus. Das Mädchen schaute von unten zum Boden der Schublade hinauf, der alt und schwarz war und Risse hatte, die aber nicht breit genug waren, um ihm die Herrlichkeiten zu enthüllen, die sich dort verbargen. In ihrer Vorfreude sah sie einen ganzen Kaufladen voll Süßigkeiten, ja, die Kommode schien ganz aus Süßigkeiten gebaut, wie das Hexenhaus in Hänsel und Gretel, und sie staunte zu Sina hinauf, während diese in der geheimnisvollen Schublade herumkramte und schließlich einen zerknautschten Stoffetzen herausnahm. Sina beugte sich zu dem Mädchen hinunter. Vor ihren Augen rollte Sina den Fetzen auseinander: Ein paar Bonbons kamen zum Vorschein. Die Bonbons waren matt und klebrig, als seien sie irgendwann einmal feucht geworden und voll Stofflusen. Sina bot dem Mädchen die Bonbons an, und das Mädchen stand wie gebannt vor der großen gewaltigen Hexe und ihrem gefährlichen Ofen, wie Gretel im Märchen. Sina bot ihr ein vergiftetes Bonbon an. Sina hatte sie in ihr Zuckerhaus gelockt. Sina wollte sie töten. Das Mädchen sah zu seinem Vater hinüber, denn der sollte sie jetzt retten. Aber er stand ruhig da und tat nichts, sagte nichts, überhaupt nichts, sah sie nur an, mit einem kleinen Lächeln in den Mundwinkeln, das ihn mild aussehen ließ. Das Mädchen verstand dieses Lächeln nicht. Es enthielt keine Anweisungen, kein Gebot, was sie tun sollte. Die Entscheidung, ob sie leben oder sterben sollte, lag in seinen eigenen Händen. Alles war still. Das Mädchen war in einer Leere. Sie wußte, daß sie dort standen und warteten, vor ihm die Hexe und Papa, ihr lieber und zurückhaltender Papa gleich daneben, aber alles war leer und totenstill, bis es dann geschah, sie streckte die Hand aus und empfing seinen Tod aus dem Stoffetzen.

Das Mädchen sah Sina danach selten, sie besuchte sie auch nie mehr. Sina mischte sich nicht gern unter Menschen und kam nie zu Veranstaltungen. Ging überhaupt immer seltener aus dem Haus. Und das Mädchen lachte wie die anderen über Sina, die gesagt hatte, sie wasche Herrn Hamilton, obwohl ihr dieses Lachen immer einen üblen Geschmack von diesen zuk-kersüßen vergifteten Bonbons bereitete, der von irgendwo tief unten heraufkam, wie Gift, das im Magen lag. Über das vergiftete Bonbon redete sie nie mehr, genausowenig wie über die Radiozeit, und das Mädchen war Nancy ewig dankbar, daß sie sich nicht über die Ohrfeige beschwert hatte.

Jahre des Vergessens breiteten sich über die Radiozeit wie ein weicher Teppich, grün oder weiß, je nach Jahreszeit, aber immer weich, und das neue Leben verlief an der Oberfläche. (Sie machte sich Sorgen um ihre Eltern, die Weihnachten am Heiligen Abend feierten, während alle anderen draußen zwischen den weit geöffneten Geschäften hin und her eilten. Sie fürchtete immer, daß sie auf frischer Tat ertappt würden.)

Die Welt wurde bedeutend größer, als sich ihre Spiele auf den grünen Golfplatz ausdehnten. Sie lag neben Nancy im grünen Gras. Sie lagen auf dem Rücken und starrten in den Himmel. Es war schon dämmrig, und Nancy deutete auf die Sterne und zählte auf, wie sie hießen.

Dort ist die große Kasserolle, und das ist die kleine Kasserolle, sagte Nancy.

Das Mädchen fand es merkwürdig, daß alle Dinge aus der Küche ein Gegenstück am Himmel hatten. Und eines Abends im Spätherbst, als das Gras welkte, sagte Nancy ihr, wie die Kinder zur Welt kämen.

Den Müttern wird ein Loch in den Bauch geschnitten, sagte Nancy, und dann werden die Kinder herausgenommen.

Müssen sie dann nicht sterben? flüsterte das Mädchen.

Nein, sie werden wieder zusammengenäht, antwortete Nancy.

Zusammengenäht? Wie Kleider? Das war unverständlich. Sie konnte sich nicht vorstellen, wie Frauen wieder zusammengenäht würden. In der Nacht wachte sie auf. Es hatte angefangen zu schneien. Wenn die Schneeflocken im Mondlicht aufblitzten, glaubte das Mädchen blinkende Messer zu sehen. Und obwohl die Messer zu Schneeflocken wurden, gingen sie ihr nicht mehr aus dem Sinn, sondern schossen wieder aus ihrem Versteck hervor, wenn sie eine Frau mit einem Kind im Bauch sah. Viel später wurde ihr eine andere Geschichte erzählt, wie die Kinder geboren würden, doch sie wollte sie nicht wahrhaben und hielt an Nancys Erklärung fest. Nancy sollte recht behalten. Obwohl sie die Messer mehr als alles andere fürchtete, war es ihr ganz wichtig, daß Nancy unfehlbar wäre. Sonst hätte sie Nancy betrogen. Fürchtete Nancys Rache. Man konnte unmöglich wissen, ob Nancy sich noch an die Ohrfeige erinnerte.

Eines schlimmen Tages kam Sina wieder in ihr Leben. Die Welt um das Mädchen veränderte sich. Die Engländer hatten den Deutschen den Krieg erklärt. Alle sprachen über Hitler. Männer, die sie kannte, zogen eine Uniform an, um jenseits des Ozeans in den Krieg zu ziehen. Zur selben Zeit wurde ihr gesagt, sie werde nach Island umziehen. Seither fand sie, die Reise nach Island sei wie ein Einberufungsbefehl. Alles war in Bewegung, nichts mehr, wie es gewesen.

Frühmorgens an einem Sonnentag wurden alle Möbel in den Garten gebracht. Zwei Männer kamen zum Tragen. Sie hatten die Hemdärmel über die Ellbogen gekrempelt, und ihre kräftigen Arme schwollen an, als sie den Wohnzimmertisch und den Küchentisch, die Stühle, Betten und Schränke zuerst auf die Veranda und von dort die Stufen hinunter in den Garten trugen und auf dem Rasen aufreihten. Dort war schon eine Kiste aufgestellt, wo der Auktionator stehen sollte. Sie war manchmal mit ihren Eltern bei Versteigerungen gewesen. Immer, wenn jemand wegzog, wurde eine Versteigerung abgehalten, um das zu verkaufen, was die Leute nicht mitnehmen konnten. Versteigerungen waren lustig. Versteigerungen waren wie ein Volksfest. Alle Dorfbewohner fanden sich ein und auch Leute aus der Umgebung. Der Ort war voll von Leuten und Autos, und die Bauern, die kein Auto hatten, kamen mit Pferdekarren, auf denen ihre Kinder saßen und von den Kindern im Ort beneidet wurden, und alle spielten den ganzen Tag miteinander, während der Auktionator von seiner Kiste herunter Witze erzählte, um alle in gute Kauflaune zu versetzen, und die Menschen lachten und unterhielten sich und boten höher.

Diese Versteigerung war ungewöhnlich. Diese Versteigerung war gar nicht lustig. Das Mädchen stand in einer Gartenecke und sah sich die Möbel an. Wollte sich zurückziehen. Wollte nicht mitmachen. Sie hatte das gleiche ungute Gefühl wie beim Schlachter, als sie beobachtet hatte, wie die Innereien aus einem Rinderleib gezogen wurden, der danach leer und eingefallen, schutzlos und tot am Haken hing. Alles, was in ihm gewesen und ihn lebendig gemacht hatte, das Herz, der Magen und die Zunge, lag in einem Trog, zur Schau gestellt. Nichts stand mehr so, wie es drinnen gestanden hatte, die Küchenstühle standen am Ende des Eßzimmertisches und der Sessel beim Nähtisch, wo er doch überhaupt nicht hingehörte. Alles war verkehrt und planlos aufgereiht, gab ein falsches Bild, als wären sie die ganze Zeit, ohne es zu wissen, verrückt gewesen, und ihr fiel schwer zu glauben, daß sie ihre Tage zwischen diesen Dingen verbracht hatte. Sie fing an zu glauben, all dies habe nichts mit ihr zu tun, als der Auktionator plötzlich ihr großes Puppenbett griff. Sie wurde aufgeregt. Sollte ihr Puppenbett verkauft werden? Dies war das schönste und größte Puppenbett der Welt, auf hohen Beinen und mit einem Gitter ringsum, wie ein richtiges Kinderbett. Verzweifelt suchten ihre Augen den Garten ab. Wo war Mama? Wo war Papa? Der Auktionator hielt ihr Puppenbett hoch und sagte, dies sei doch ein schönes Stück für eine junge Dame, wirklich eine Kostbarkeit ... sie hatte nicht geahnt, daß ihr Puppenbett verkauft werden sollte ... sie hatten nur davon gesprochen, daß die Möbel verkauft werden müßten, weil man sie nicht so weit mitnehmen könnte, viele Wochen unterwegs mit dem Zug und dem Schiff und das in Kriegszeiten ... war ihr Puppenbett denn ein Möbelstück? Jetzt reagierte sie endlich, kam aus ihrer Gartenecke heraus, doch es war zu spät. Der Versteigerer übergab das Puppenbett gerade einem unbekannten Mann. Neben ihm stand ein Mädchen, das ihr fremd war. Das Mädchen lachte lauthals vor Freude über das Puppenbett. Sie griff mit beiden Händen danach, um es wegzutragen, konnte es aber nicht hochheben, wollte trotzdem nicht loslassen, und stolperte damit kichernd davon, wie eine ungelenke Stoffpuppe. Solch gierige Freude hatte das Mädchen noch nie gesehen.

Das Puppenbett hatte seinen Eigentümer gewechselt. Das Mädchen verharrte an ihrem Ort, stumm, wie erstarrt ... jetzt war alles aus ... alles verloren. Da raunte ihr eine rauhe, gespenstische Stimme etwas ins Ohr, wie wenn lautstarke Menschen zu flüstern versuchen:

Alles vergeht einmal ... alles vergeht einmal ...

Das Mädchen holte tief Luft, ihr Herz schlug heftig, genau wie damals, als die Angstanfälle vor der Finsternis begannen, sie drehte sich mit einem Ruck um – da stand Sina. Die alte Sina in einem dünnen Kleid, das wie ein Sack an ihr hing. Sina, runzelig und von innen ausgehöhlt, und sie sprach reines Isländisch, das das Mädchen nicht verstand. Was bedeutete das? Was bedeutet vergehen ... vergehen ... ein düsteres Wort im

Sonnenschein, dunkel und vergiftet ... sie wollte Sina fragen, was das denn bedeute, brachte aber in ihrer Aufregung keinen Ton heraus, konnte nur stammeln, bekam Schluckauf und einen sauren Giftgeschmack in den Mund, weil sie sich daran erinnerte, daß Sina immer noch in der Grenzpforte festsaß und nicht von einer Sprache in eine andere übersetzen konnte. Als Sina mit der Zunge schnalzte, brauchte das Mädchen nicht mehr zu fragen. Das bedeutete Grenzen ... eine Tür, die mit einem Knall zufällt, eine zuknallende Pforte, eine schallende Ohrfeige ...

Lange, lange danach geschah etwas, das sie ganz unerwartet an Nancy erinnerte. Sie war nach London gekommen, um dort während des Winters zu wohnen. An diesem Tag hatte sie die Aufenthaltserlaubnis erhalten. Sie war zum Einwohnermeldeamt in der Innenstadt gefahren, das in einem stattlichen Gebäude untergebracht war, einem der zahlreichen öffentlichen Gebäude, die von der alten Weltmacht Zeugnis ablegen. Draußen, über der schweren, beinahe Furcht einflößenden Eingangstür prangte das britische Wappen. Dies weckte vergangene, fast komische Erinnerungen an das Klassenzimmer, wo sie und alle Kinder vor langer Zeit nach jedem Schultag singend Gott gebeten hatten, daß der König dieser Weltmacht noch möglichst lange über sie regieren dürfte.

Sie mußte einige Fragen über ihre persönlichen Verhältnisse beantworten, wie Sina damals, und ihr wurde gesagt, die Aufenthaltserlaubnis sei keine Arbeitserlaubnis. Der Beamte blätterte in ihrem isländischen Paß, sah sie wie jede andere Ausländerin an, und alles verlief ohne Komplikationen und ohne jeden Knall.

Sie hatte einen weiten Heimweg vor sich und mußte die Untergrundbahn benutzen. Die Bahnstation war eine kleine Welt für sich: Hetzen, Rennen, Reklame, Kaufrausch und Erfrischungen. Sie beschloß, einen Kaffee zu trinken, und wählte ihren Platz so, daß sie das Treiben der Menschen beobachten konnte. Der Tisch stand auf einem breiten Treppenabsatz zwischen den Stockwerken. Unten war der Eingang zur U-Bahn und auf der Etage darüber waren unzählige Geschäfte. Sie betrachtete die Menschen und ihr geschäftiges Treiben, als säße sie im Theater.

Plötzlich hörte sie eine wütende Männerstimme vom oberen Stockwerk. Sie sah hinauf und traute ihren Augen nicht. Ein junger, glatt frisierter Mann im dunklen Anzug trieb eine Frau vor sich her, scheuchte sie mit wütenden Schimpfworten die Treppe hinunter. Die Frau konnte auf ihren hochhackigen Schuhen kaum Balance halten, während sie Stufe um Stufe vor den rüden Schlägen des jungen Mannes zurückwich und vergeblich versuchte, sich zu wehren. Sie war gut angezogen, trug einen grauen Rock, eine dunkelblaue, taillierte Jacke und ein seidenes Tuch um den Hals. Das helle Haar lag glatt und gut frisiert um ihr Gesicht. Sie könnte gerade vom Frisör kommen. Sie könnte aus einem Modejournal für typisch britische Bürgerinnen stammen. Was war denn hier los? Was hatte diese Frau verbrochen, daß man sie hier hinausjagen wollte wie einen gemeinen Verbrecher? Warum kam dieser Frau niemand zu Hilfe?

Sie war so unangenehm berührt und erstaunt, daß es eine Weile dauerte, bis sie bemerkte, daß es zwei Männerstimmen gab. In die Flut der Schimpfworte des jungen Mannes mischte sich eine andere Männerstimme, eine tiefe, sehr tiefe, sogar abgrundtiefe, und erst als das Schubsen und Schimpfen näher kam, begriff sie, daß diese tiefe Männerstimme aus der Kehle der Dame stammte und daß sich in den Damenkleidern ein Mann verbarg. Plötzlich stemmte er sich mit aller Kraft dagegen, zog die Schultern hoch, es gelang ihm, sich blitzschnell umzudrehen ...

Eine Erinnerung blitzte in ihr auf. Jetzt schlägt er, dachte sie ... jetzt schlägt sie. Doch sie schlug nicht. Sie stieß einen Schrei aus, der tief aus ihrem Innersten zu kommen schien, klagte wie ein gehetztes, hilfloses Tier, und über ihr auf der Treppe, eine Stufe höher, thronte der junge Mann wie ein kampflustiger Hahn und schob das Kinn vor, drohend und siegessicher, wie Nancy am Autofenster, bedrängend in all ihrer Übermacht, um dem Menschen die Eingeweide herauszureißen, das Herz und die Zunge.

Guðbergur Bergsson

Der Zauber der Kindheit

In jenem keinesfalls gewissen Alter, in dem man Kind ist, geht man von einem Zauber geleitet durchs Leben, das Meditation und Kraft zugleich ist. In der Kindheit hat man keine Vorstellung davon, woher diese Energie kommt, die uns befähigt, unsere Umgebung, Menschen, Tiere und Natur und das Leben wie eine überirdische Vision und ein heimliches Empfinden wahrzunehmen. Alles, was man fühlt, ist geistige Erleuchtung, doch was man sieht, ist irdisch und mit dem Alltag um uns herum verbunden. Alles weckt Begeisterung, die Materie selbst wird zu Faszination, und so unterscheiden wir nicht zwischen Himmel und Erde, Stoff und Nichtstofflichem. In der Kindheit scheinen wir ganz selbstverständlich im Mysterium selbst zu Hause zu sein. Alles ist selbstverständlich. Wir durchstöbern nichts, um unser Verständnis dessen zu erweitern, was um uns herum vorgeht, vielmehr wandeln wir weiter in der beängstigenden Nähe aller Dinge, obwohl wir zugleich weit von allem entfernt sind. Die Kindheit steckt eben voller natürlicher Widersprüche.

Später, wenn das Kind kein Kind mehr und alles in seinem Leben selbstverständlich geworden ist, jedoch auf andere Weise als in der Kindheit – mit einem müden Seufzer hat man sich mit dem Selbstverständlichen abgefunden –, dann versucht der Erwachsene, etwas von seiner Kindheit zurückzuholen und bestimmte Dinge daraus wie einen roten Faden durch sein Gedächtnis ziehen zu lassen, das oft nichts anderes ist als die Reste seiner Einbildungskraft, die aus dem Zauber selbst entsprang.

In meinem Fall ist der Zauber – rein und klar in seiner Undurchsichtigkeit – etwas, das ich mir stets erhalten und auf das ich gut achtgegeben habe, denn nach meiner Überzeugung verfügt ein Dichter über die Gabe, Stoff zugleich aufzuheben wie zu verbrauchen. In seinen Werken und Gedanken sind Verbrauchen und Aufbewahren ein und dasselbe. Trotzdem habe ich mir die Ereignisse meiner Kindheit mit Mühe wieder aneignen müssen, denn der Abstand zwischen der Empfindung und den Worten ist groß, eine Empfindung läßt sich nicht leicht in Worte kleiden, und Worte wecken nicht immer die rechte Empfindung. Der Zauber meiner Kindheit hat sich nicht wie die Erde aus dem Flüstern des Meeres erhoben, und er ist auch nicht aus dem Exil meiner Erwachsenenjahre herbeigeschwebt und hat sich in dem niedergelassen, was ich mein einziges Heimatland nenne: die Literatur. Es verhält sich ähnlich wie mit dem Unterschied zwischen geschriebener und gesprochener Sprache. Die Umgangssprache eignet sich oft nicht für das Geheimnisvolle, nicht einmal das Wispern und Raunen, obwohl alle Dichtung letztlich darauf zurückzuführen ist. So wird es auch immer und ewig bleiben. Die Form liegt nämlich im Flüstern und in der gesprochenen Sprache verborgen; dort gibt es mehr Raum, Spielraum für den Autor, neue Formen zu bilden, als in der Schriftsprache. Schriftsprache ist das Stadium, in dem die Form ihre Vollendung erreicht und stirbt.

Der Romanschriftsteller wählt sich eine bestimmte Form aus dem Formenmeer in Rede und Flüstern.

Der Dichter kann sein Geheimnis ein Leben lang bewahren, ohne daß jemand anderer als er selbst eine Ahnung davon hat, und er kann es im stillen nutzen und genießen.

Nichts ergibt sich von selbst.

Nichts läßt sich ohne Anstrengung in Worte kleiden und zu Papier bringen.

Hier ist alles willentlich vollbracht, der Sinn aber ist unklar, und auch das ist mit Absicht so gemacht.

So muß es sein.

Der kleine Teil des Zaubers meiner Kindheit, der hier zum Vorschein kommt, wird auf unbeteiligte Weise gezeigt, als würde man eine Form in einem Schaufenster ausstellen.

Der erste Zauber
Seine Gebete verrichten

Wenn Mutter sich abends zu uns legt, um uns nach den Beschwerlichkeiten des Tages aus dem harten Bewußtsein der Helligkeit zur Ruhe und zum Einschlafen zu bringen, schlägt sie die Decke ein wenig zurück und legt sich angekleidet zu uns, nachdem sie die Hausschuhe ausgezogen hat. Mit angewinkelten Knien und den Füßen außerhalb der Bettkante rollt sie sich zu einer Schnecke im Pullover zusammen. Manchmal ist es schwer, die Aufgeregtheit nach den Ereignissen des Tages aus unseren Köpfen zu vertreiben. Sie muß uns regelrecht zum Schweigen bringen. Dann redet sie jedesmal, wenn wir zappeln und uns gegen den Schlaf wehren wollen, leise, aber nachdrücklich auf uns ein. Das genügt. Der Drang, aufzuspringen, schwindet nach und nach, der Mund steht still, und endlich wird die Gedankenmühle im Kopf leise. Unter ihrer Macht, dem weichen Kissen und dem unabwendbaren Näherrücken der Nacht geben wir auf. Der warme Strom der Worte, ihr Flüstern, das allmählich in den Kopf einsickert, setzt sich an die Stelle der Geschäftigkeit des Tages. Kinder wehren sich wie aus Instinkt gegen den Schlaf, geben am Ende aber stets auf. Es ist unser erster Wunsch nach Auflehnung: gegen den Schlaf, gegen die Betäubung. Fast die gesamte Menschheit resigniert mindestens einmal täglich. Dazu bringt uns der Schlaf. Die Nacht und der Schlaf sind ebenso unausweichliche Nachfolger des Tages, wie der Tod am Ende auf das Leben folgt. Die abendliche Unruhe ist unser erster Versuch der Revolte gegen das Unvermeidliche. Widerstand ist uns angeboren. Erst danach überkommt uns ein angelerntes Ruhigbleiben; irgendwo aber bleibt die natürliche Reaktion gegen das Unvermeidliche virulent: Wir erheben uns ein Stück weit.

– Psst, kommandiert die Stimme mit der unumschränkten Macht der Mutter und verscheucht die innere Unruhe.

Allerdings kann sie sich nie vollkommen sicher sein, und deshalb beginnt sie schon leise, fast unhörbar, aber bestimmt zu zischeln, wenn wir doch noch einen Versuch wagen sollten, das ganze Leben über wachzubleiben. Das nennt sie, uns vor dem Schlafen »kleinzukriegen«. Die Ruhe überfällt uns, kaum daß wir dieses leise, unverständliche Wispern hören. Es kommt nicht nur aus dem Mund, sondern aus der ganzen Mutter, aus ihrem Leben, ihrem eigenen Bedürfnis nach Ruhe und vor allem daher, endlich einmal Ruhe vor uns zu haben. Wir fühlen, daß wir noch einmal in sie geboren werden, nach und nach. Sie treibt uns zusammen, nicht mit »Ho!« und Hunden, sondern mit Flüstern, wie die Lämmer der Gefühle in die Hürde, die sich in ihrem Inneren befindet. Zuerst versucht sie es mit leisem »Schsch«, dann mit Beten. Die Augen werden schwer, rollen weg, der Blick schweift unstet über die Decke des Schlafzimmers, ohne an etwas haften zu bleiben. Vielleicht suchen sie nach den Engeln, obwohl sie versuchen, den umherirrenden Blick an dem Haken aufzuhängen, der aus der Rosette in der Mitte der Zimmerdecke herabhängt. Die Augen verlieren die Kontrolle, der Blick gleitet vom Haken. Die weißen Blumen, die den äußeren Rand der Rosette zieren, verschwimmen in Nebel. Ich hebe die Hand und greife nach den Blumen, die mehr in meiner Vorstellung als an der Decke existieren, doch Mutter packt sie und führt sie zurück in die Wärme unter der Bettdecke.

Ihr »Pst« ist eine Einstimmung auf das Gebet oder das Vorwort dazu.

Dieses »Schsch« ist ein Lied aus Tönen. Es dringt in das Gehör ein. Mit unseren Gedanken beugen wir uns eher unserer Mutter als Gott oder der Religion. Gott ist weit weg in seinem Reich, Mama aber liegt hier gleich neben uns mit dem Kopf auf dem Kissen, halb unter der Decke, den Arm wie eine Fessel über uns gelegt, in der Wärme, die Füße in der Kälte und Dunkelheit jenseits der Bettkante. Wahrscheinlich hat sie keine Angst, daß Tiere und Gespenster in der Finsternis sie beißen könnten. Ich weiß, daß Mama nachtblind ist, aber ihre Füße kennen keine Dunkelangst.

Was für eine Art Geist mag Mama einmal werden, wenn sie gestorben sein wird? gelingt es mir noch zu denken, und sogleich meine ich die Berührung eines Flügels zu spüren, der mich wachhält. Ich fahre auf.

– Schsch, macht Mutter und spürt, daß es noch unnötige Regungen in meinem Kopf gibt.

Ohne daß ich es merke, liegt ihr Mund jetzt ganz nah an meinem Ohr, die Abendgebete strömen geheimnisvoll in die Gehörgänge. Der Kopf füllt sich mit Engeln, die in Gewänder aus durchsichtigem Flüstern gekleidet sind. Hier und da sind auch gutgemeinte Ratschläge fürs Leben eingeflochten, welche Gebote man wachend wie im Schlaf beachten solle. Engel und gute Ratschläge vermischen sich. Das macht nichts. Hin und wieder wird die Verwirrung mit einem »Schsch« unterbrochen, die Engel trennen sich von den Ratschlägen, dann geht es weiter, die Engel schweben durch den Sinn. Gott weilt im Dunkel oder Nebel, und irgendwo wandelt Jesus auf Flekken von Sonnenlicht oder auf den Strahlen, die sich durch Wolkenlücken gezwängt haben. Dabei geht mir zu meinem Erschrecken auf, daß das Wasser, auf dem er als Erwachsener gewandelt sein soll, nichts weiter als Sonnenlicht gewesen ist. Die Erwachsenen, die am Tag von ihm reden, haben keine Ahnung davon, nicht vom Meer aus Sonnenschein. Gott wohnt im Wasser der Nacht. Sein Sohn läuft wie eine Spinne auf Sonnenstrahlen. Das befremdliche Gefühl greift wie Furcht um sich bei den Worten:

– Nie begreifst du etwas richtig.

Vielleicht habe ich so gut wie von Geburt an nichts richtig begreifen wollen. Oder höre ich so schlecht? Die richtige Bedeutung ist überall um mich vorhanden, aber ich mag sie mir nicht aneignen.

Sei doch mal wie andere liebe Kinder!

Nein.

Gott wohnt im Wasser der Nacht, und sein Sohn geht auf Sonnenstrahlen.

Nein.

Gott wohnt nicht in dir. Er ist nirgends anwesend, außer als dummes Geschwätz. Versuch, ihn zu vermeiden! Es lohnt sich, das zu versuchen, und wenn es gelingt, ist das viel wert, sofern es richtig ist, daß er nirgends vorhanden ist.

Versuch es! Versuch es!

Es geht nicht. Es liegt keine Sonne auf der Wasseroberfläche.

Doch, du siehst es nur nicht. Die Sonne kommt unter seinen Füßen hervor, wenn sie den Weg wie eine Spur über das Wasser legen. Wandele in den Fußspuren Christi. Jesus hüpft über die Sonnenflecken wie du auf Steinen über einen Tümpel hüpfst, damit du keine nassen Füße bekommst. Er will sich auf Erden nicht schmutzig machen.

Selbst im Sommer, wenn die Sonne am höchsten steht und es auch nachts Tag ist, ist die Zeit voller Helligkeit, und die Nacht existiert nicht, außer vielleicht als Idee, doch mit der Dunkelheit im Herbst kehrt sie zu ihrer richtigen Form zurück. Aus dem mystischen Wort Nacht wälzt sich dann langsam Dunkelheit über den Geist, und man spürt, wie Christus kommt, er ist der Sonnenschein der Nacht, und das Kissen füllt sich mit ihm: »... Lieber, gefiederter Jesus, schütze mich und führe mich auf rechtem Weg ...« Nein ...

In Gedanken kommt er an Stelle des gefiederten Flügels. Schlaf und Sicherheit ruhen im Kissen, und es macht nichts, daß es die Nacht gibt. Das sickert ins Bewußtsein und auch die Vorstellung, irgend etwas solle man an sich haben, einen Charakterzug, der liebenswert sei, für lange, lange Zeit, ein Leben lang. Es muß nichts Aufregendes sein, nur etwas. Es kann klein und unbedeutend sein, irgendein kleiner Vorzug, der vielleicht besser ist als etwas Großartiges, das viele bewundern und schätzen, aber gewöhnlich nur für kurze Zeit.

Alles, was viele in Händen halten, droht schnell in Vergessenheit zu geraten.

Besitze nur wenig, aber habe es lange an dir, etwas, das anderen lieb ist, vielleicht nicht einmal dir selbst.

Die Menschen scheinen für das Beste an sich blind zu sein, sonst werden sie neidisch darauf.

– Psst, sagt Mutter.

Mit Mühe heftet sich der Blick noch einmal auf den Haken und bleibt für eine Weile daran hängen, dann wandert er über die Blumengirlanden, die die Rosette umkränzen, und das Ohr meint wie ein Echo zu vernehmen, was Papa einmal sagte:

– Eines Tages soll eine große Petroleumlampe von diesem Haken hängen. Dann wird es im Schlafzimmer so hell sein, daß ihr glaubt, wir hätten jeden Abend Weihnachten.

Jetzt hängt nur Dunkelheit vom Haken herab.

Auf einmal haben die »Engelein« die Herrschaft angetreten, und es hilft nicht mehr, an künftiges Licht gebunden, gegen die Schläfrigkeit anzukämpfen. Aus Mutters Mund überwältigt mich die Zauberkraft der Dunkelheit, und die Augen willfahren dem bekannten Gebet:

»Müde bin ich, geh zur Ruh, schließe meine Augen zu ...«

Welche Sicherheit müßte die Überzeugung vermitteln, über

sich die geschlossene Schar der Engel bis zum nächsten Morgen wachen zu haben.

– Würde ein guter Engel nicht reichen, damit man sich die übrigen sparen kann? höre ich Papa sagen.

– Es sei denn. Engel sind so schlappe Papiertiger, fährt er fort.

– Bei meinen Jungen läßt es Gott wirklich nicht an Engeln fehlen, auch wenn er sonst ziemlich geizig ist, zum Beispiel bei Unterhosen, sagt er dann noch.

Alles wird mit in den Schlaf gesogen, Abend für Abend, Nacht für Nacht, immer auf die gleiche Weise, im gleichen Bett. Es dringt noch ins Bewußtsein, daß es reicht, irgendeinen vorteilhaften Charakterzug an sich zu haben, den jemand für lange, lange Zeit, vielleicht ein Leben lang, schätzen könne ... Es müsse nichts Weltbewegendes sein ...

Eines Abends dämmert mir plötzlich, daß sich der Glaube höchstwahrscheinlich in etwas verwandelt hat, das ihm eigentlich entgegensteht. Vielleicht will er sich selbst auslöschen, die Dinge in ihrem wahren Licht erscheinen lassen. Mir wird nämlich klar, daß Mama mir nicht ihre Gebete ins Ohr bläst, sondern sich selbst nach und nach in mein Bewußtsein drängt und sich dort einnistet.

Das ist aber genau das, was Zauberweiber und Hexen tun.

Die schlimmste aller Sünden ist doch wohl, wenn sich jemand des Glaubens bedient, um sich mit Hilfe von Gottes Wort, das er seinem Zuhörer einflüstert, selbst über Gott zu erheben.

Oder nicht?

Doch erfüllt von meiner Mutter senkt sich die Nacht herab, und es ist aussichtslos, gegen sie anzukämpfen.

Sobald mir Gedanken wie dieser kommen, werden die Abendgebete zu nichts, meine Mutter wird alles. In der Folge löse ich mich allmählich von Gott, dem Glauben an ihn, seiner

Herrlichkeit, seinem Geheimnis, und Mutter füllt die Leere, die zurückbleibt. Ich muß mich vor ihr in acht nehmen. Am Abend verwandelt sie sich in ein körperloses Wispern, etwas, das warm, menschlich und sterblich ist, mit einer kalten Nasenspitze. Sie kuschelt sich unter die Decke und schützt sich vor der Kälte im Haus mit einem Zipfel, den sie bis über die Nase zieht. Gottes Wort scheint daher weich und gefedert durch die Decke zu dringen. Sie ist voller Worte, nicht voller Federn. Vielleicht betet Mutter nicht, weil es ihr ein inneres Bedürfnis ist, sondern weil sie Wärme sucht. Sie steckt fast auf die gleiche Weise die Nase unter die Decke, wie ein Vogel den Schnabel unter das Gefieder steckt, und sie ist ebenso schläfrig.

Nein, sie tut nur so, als würde sie schlafen, die Schwindlerin, damit ihr vorgespielter Schlaf uns zum Einschlafen bringt.

Soll ich mal so tun, als würde ich schnarchen, um ihr auch etwas vorzuschwindeln?

Sie muß sämtliche Tricks anwenden, damit wir einschlafen. Viele Gedichte kennt sie nicht, nur ein paar, immer die gleichen, und die haben mittlerweile die entgegengesetzte Wirkung. Sie machen einen zusätzlich wach, weil sie einem auf den Wecker gehen.

Wir liegen bunt durcheinander im Bett, das ein riesengroßer Vogel ist. Ich weiß, daß wir ihn benutzen, um gemeinsam irgendwo hinzufliegen, in ein »Irgendwo«, von dem Mutter sagt, niemand dürfe wissen, was es ist. Niemals.

– Was ist es denn?

– Psst, sagt sie.

Träume gehören in den Schlaf, der etwas anderes ist, als die Gedanken schweifen zu lassen. Schlaf und Träume sind schlimmer als verschiedenes andere. Es ist merkwürdig, daß wir, die wir hier unter einem Dach leben, uns nie in Träumen begegnen. Dagegen passiert es häufig, wenn ich am Tage meine Gedanken schweifen lasse, in einem Wachzustand, der von Schlaf nicht sehr verschieden ist.

– Na, na, sagt Mama scharf.

In manchen Tagträumen träume ich davon, im Schlaf meiner Mutter, meinem Vater und meinem Bruder zu begegnen, um zu überprüfen, ob sie im Traum anders sind, als wenn sie auf den Beinen sind. Nein. Ich treffe sie nie. Statt dessen stoße ich andauernd auf fremde und höchst lebendige Menschen, die zu treffen ich weder im Schlaf noch im Wachen das geringste Bedürfnis habe. Ich habe eine Methode entwickelt, sie zu verscheuchen. Ich habe immer viel geträumt.

– Das kommt vom Magen, sagt Mutter. Kinder mit schlechter Magenschleimhaut bekommen nachts wilde und schlimme Träume. Du solltest dein Essen gut kauen, dann bekommst du weder Magengeschwüre noch Alpträume und bist tagsüber ausdauernder bei der Arbeit.

Wahrscheinlich ist das vollkommen richtig.

– Psst! macht sie, obwohl ich gar nichts sage.

Ich rieche ihr Haar und denke, so müsse es im Wald duften. Ich habe nie einen Wald gesehen. Ich habe nicht einmal einen Baum gesehen. Die Hand um das frisch geflochtene Haar zu legen, nur um einen der beiden Zöpfe, ist, wie eine ungleichmäßig dicke Schlange im Wald anzufassen. Beide, die Schlange und der Wald, sind auf der Welt, seit die erste Schlange in den Wald im Paradies kam.

– Die verdammten Schlangen herrschten damals über alles, und es gab kein Mittel gegen sie, schimpft Großmutter.

Das weiß doch jeder. Heute gibt es Schlangen nur im Märchen, aber das sind andere Schlangen als die weißen Dinger, die ich in einem wimmelnden Knäuel unter einem vergammelten Dorschkopf gefunden habe. Das sind keine Schlangen, sondern Würmer.

– Willst du nicht schlafen? fragt Mama.

Innerhalb kürzester Zeit ist sie eingeschlafen oder es ist ihr in die Brust geströmt, wie sie es nennt. Was strömt ihr denn dabei in die Brust? Wahrscheinlich etwas wie der Schlaf und doch nicht der Schlaf. Ich mag sie nicht danach fragen, aus Angst, es zu erfahren. Man soll mit dem Unbekannten umgehen, als ob nichts wäre.

– Das zu können, beweist große Reife, sagt Vater. Wir sind nicht dazu geschaffen, alles zu wissen.

Ich denke: Was mag es nur sein, das einem in die Brust strömt?

Ich weiß es nicht, gebe mir aber trotzdem die Antwort: vielleicht etwas von uns selbst, das außerhalb unser unterwegs war. Vielleicht unser Folgegeist. Im Schlaf nimmt man ihn in sich auf und gibt ihm eine Herberge.

So ist es.

Jeder von uns besitzt eine solche *Fylgja*, ebenso wie man einen Schatten hat, wenn die Sonne scheint. Jeder im Þorkatlastaðir-Viertel weiß, daß es von jedem Menschen zwei oder mehr Erscheinungen gibt. Eine sieht man immer, solange man lebt, die zweite nur selten. Die dritte vielleicht nie. »Trotzdem weiß man irgendwie von ihr«, wie die Leute sagen. Gerade er wird zum Geist, wenn man stirbt, dieser dritte Mensch in einem. Dann wird er sichtbar, die anderen nicht mehr, weder der, der man selbst und der immer sichtbar war, noch dieser nur zuweilen sichtbare, die *Fylgja*.

Das ist ja unglaublich.

Ich wüßte nicht, daß Geister einen Schatten hätten.

– Pst, sagt Mama.

Auch die *Fylgja* ist so beschaffen, ohne Schatten, aber sie folgt einem, solange man lebt, ein Leben lang.

Ich kenne Kinder, die eine *Fylgja* haben.

– Psst, sagt Mama.

Der Tod dreht die Dinge um. Alle in unserem Viertel wissen

das, und ebenso das, was noch wichtiger ist: Wenn man über andere nachdenkt oder sich andere Menschen ansieht, dann sieht man an ihnen eine Menge von sich selbst, womöglich aber kaum den anderen, über den man eigentlich nachdenkt oder den man betrachtet. So steht einem im Kopf alles auf dem Kopf.

Meist sieht man von den Betrachteten nichts vor lauter Betrachter. Wir verdecken alles mit uns selbst.

Guck andere nicht so kritisch an, daß du dir selbst und deinen Taten gegenüber blind wirst!

So lautet der gute Rat.

Man sollte jeden Abend eine Fürbitte um Schutz gegen sich selbst leisten.

»Wenn du etwas betrachtest, sollst du dieses Ding sehen und nicht dich selbst. Die Selbstsüchtigen sehen in allem sich selbst.«

Warum wird das gesagt?

Der Schlummer ist die Selbstsucht des Schlummernden. Daß es einem in die Brust strömt, bedeutet, man verschwindet mit Hilfe des Schlafs in die unsichtbare Finsternis in sich selbst.

Da fährt Mutter auf. Ich fühle ihre Verwirrung in der Dunkelheit. Wo bin ich? denkt sie. Die Kälte im Zimmer scheint sie wie scharfer Frost zu treffen. Jetzt weiß sie wieder, wo sie ist, und sinkt schwer zurück, liegt eine Weile still, und doch ist zu hören, daß sie nicht schläft. Ihre Gedanken und Lebensansichten sprechen nicht mehr durch den Schlaf zu einem. Es ist zu fühlen, daß sie rasche Zuckungen durchlaufen. Dann rückt sie langsam und leise von uns ab. Steht endlich schwerfällig auf. Mutter ist schwanger, und ich bin fast fünf Jahre alt. Wir bleiben in »ihrer warmen Höhle« zurück. Sie geht erneut an die Arbeit in der Küche und ist geblendet. Das Licht der Lampe fällt auf sie. Immer bleibt ihr noch etwas zu tun. Lange hört man ihre schleppenden Schritte auf dem Fußboden, wahrscheinlich beim Herd. Nein, offenbar putzt sie. Vater ist noch nicht aus der Fischverarbeitung zurück, und als er kommt, sagt sie:

– Zieh die Stiefel draußen aus und latsch mir nicht so ins Haus!

Anstatt abends meine Gebete aufzusagen, die ich auswendig gelernt habe, beginne ich an meine Eltern zu denken. Ich habe sie im Kopf an Stelle von Gott. Vögel und Blumen habe ich in meinem Kopf oder Schnee und Frost. Sie treten an die Stelle der Gebete ... Jetzt schließe ich wieder die Augen ... Ich brauche Gott nicht länger, weder abends beim Einschlafen noch morgens beim Aufwachen, wie früher, als ich noch jeden Morgen leierte: »Aus dem Bett ich mich erhebe ...« Ich weiß, daß die Gedanken weit umherschweifen, sich niederlassen und da bunte Blüten treiben können, wo sie Wurzeln schlagen. Sie sind nicht die Gebete des Lebens, das Leben braucht keine Gebete, es geht seinen Gang und hat kein Mitleid mit denen, die am Leben sind, und das Leben kennt keine Gesetze, nur wir, die wir sie stiften. Ich sage niemandem etwas von meinem Wunsch, endlos in meinen Eltern ruhen zu dürfen und sie in mir, umgeben von Blumen und Vögeln, Eis und Schnee, Regen und Dunkelheit nicht zu vergessen.

Die Dunkelheit ist das beste. Wenn ich einmal sterbe, soll mein letzter Gedanke wie eine Frage in einem Gebet klingen:

Wie kann ich in tote Vögel und Blumen sterben, den Tod all dessen, das lange vor mir auf der Erde lebte und vor mir gestorben ist, und ebenso in das, was erst lange nach mir sterben wird?

– Psst! sagt alles, mit dem ich aufgewachsen bin.

– Psst! sagt alles, das ich sprechen höre und das ich um mich herum sehe.

– Psst, psst!

Kein Wort wurde mir so oft gesagt wie dieses.

– Psst, psst!

Doch ich wußte, und das Wissen riß mich aus dem Schlaf und sonderte mich von den anderen ab. Gewißheit aber gereicht niemandem zum Vorteil. Ich fühlte gleich in der Kindheit, daß ich gegen meine Eltern rebellieren mußte, denn sie unterdrückten mich mit ihrem Wunsch, ich möge angepaßt und reibungslos wie die anderen werden. Alles ist in allem und jedem und doch für sich. Sich von anderen zu unterscheiden, ohne die Gemeinsamkeit zu verlieren, ist eine notwendige Folge des Willens, man selbst zu werden und aufzuhören, Kind zu sein. Es war mir ein lebensnotwendiges Bedürfnis, gegen Gedanken und Gebete zu rebellieren, gegen alles, das mir etwas bedeutete, und zu lernen, das Zutrauen dazu in der eigenen Seele zu finden. Sag niemals: »Du lieber Gott!« So entstand ich in der Nacht.

– Pst, sagt ein innerer Teil von mir.

Der andere schweigt. Es ist merkwürdig, daß mein Alter ego nie »Pst« macht, wenn ich etwas denke oder sage.

– Schweigen und anderen zuhören zu können beweist Reife, sagte meine Mutter.

Mein Vater ebenfalls. Darin sind sie sich einig. Warum glauben sie dann, daß sich nur Dummköpfe stets in allem einig sind?

– Geh jetzt schlafen, damit du morgen früh aufwachst und ausgeruht bist.

Jeden Morgen sollten wir mit einem Gebet auf den Lippen aufstehen, um den Tag zu begrüßen und Gott dafür zu danken, daß er uns heil und gesund durch die Dunkelheit geleitet hat. Abends ein Gebet aufzusagen, war einfach, aber angesichts des hellen Tageslichts blieb wenig Zeit und Gelegenheit zum Beten. Gebete richten sich gegen die Gefahren der Nacht und der Dunkelheit, denn niemand fürchtet den Tag oder seine Ereignisse, obwohl das, was sich am Tage ereignete, viel gefährlicher sein konnte als das, was ein schlafendes Kind unter der Decke in seinem Bett bedrohen mochte. Und trotzdem ist es so. Die Helligkeit täuscht unseren Blick, das Dunkel nicht. Das macht einen vorsichtig.

Am Morgen war es völlig aussichtslos, uns mit Pssten ruhigzuhalten und uns vor den Versuchungen und Gefahren, die auf jedem Schritt lauerten, zu warnen. Die Bitte um göttlichen Beistand wäre daher beim Morgengebet viel angebrachter gewesen, aber wir stürzten nach draußen, blind in dem Drang dazusein. Wir hörten auf niemanden. Es war nicht nötig, eine Mutter zu haben, am allerwenigsten eine mit Gebeten auf den Lippen, sie war höchstens dazu gut, uns mit Essen zu versorgen. Bei ihr bestand das Essen meist aus Fisch, selten aus gebratenem Hackfleisch. Noch seltener bekamen wir richtiges Fleisch. Das Essen war eigentlich nie gut genug, daß wir ihr dafür dankbar gewesen wären. Im Gegenteil bezeigten wir ihr das Entgegengesetzte, den Undank, der für ein waches Kind tagsüber kennzeichnend ist, wenn es nicht offene Bosheit an den Tag legt, Ungerechtigkeit und Frechheit. Über-die-Stränge-Schlagen und die Kunst, laut zu heulen, wenn es versucht, seinen Willen durchzusetzen. Ein Kind ist fleischgewordene Bosheit.

So ging es den lieben langen Tag, bis der Abend kam, mit Müdigkeit, Psst und Lippen, die mit der geheimen Zauberkraft meiner Mutter den Schlaf brachten; sie stahl sich ins Ohr, kroch durchs Gehör ins Gehirn und stellte das Denken ab. Und Gott allein mag in seinem Dunkel wissen, wo sie am Ende landete und sich natürlich immer noch befindet.

Jakobína Sigurðardóttir

Kindheit

Ich weiß nicht, wo ich bin. Schmiege mich in eine angenehme Umarmung, alles ist gut, warm, gut, wohlig. Bis sie kommt, sie – oder einfach dieses große, weiße, fransige Tuch um ein Gesicht drumherum, von dem ich weiß, wem es gehört, das mich anlacht und sich mir ungestüm nähert und nicht so ist, wie es sein soll. Das große, weiße Tuch, es soll dort nicht sein, nimmt mir etwas weg, so daß ich schreie vor Angst. Kann mich nicht bewegen, nur schreien, bis es verschwindet, dieses gräßliche Tuch, das das Gesicht zerstört, ein Gesicht, das immer gleich sein soll, gut und freundlich. Die Arme, die mich halten, sind mir behilflich, retten mich an die Brust, retten meine Augen hin zur warmen Brust, so daß ich dieses gräßliche weiße Tuch nicht sehen muß, das das Gesicht zerstört. Die Zeit hat mir dieses Bild aus meiner frühesten Kindheit bewahrt. Das Tuch und das Gesicht gehörten der guten Begga, und sie hatte mir etwas Neues und Schönes zeigen wollen. Das erfahre ich später, auch wenn ich dieses weiße Tuch nie wieder gesehen habe. Sie finden es unglaublich, daß ich mich daran erinnern kann, ich war so klein und jung. Glauben, ich sei begabt, doch dem ist nicht so. Es ist die Zeit, die dieses Bild in der Erinnerung zurückläßt, die wie die Kulisse auf alten Fotos erscheint, Fotos von Männern und Frauen vor einer Leinwand oder vor etwas anderem Unverständlichen oder Unwirklichen. Dieses Bild, untrennbar mit dem Schrecken verbunden, der Angst vor Veränderung, dem Verlust von Sicherheit. Ein anderes Bild. Deutlicher. Ich liege im Bett, und die Leutestube, Mittelpunkt des Hauses und des alltäglichen Lebens, wo wir schlafen, arbeiten und essen, ist voller Menschen. Papa ist auch da. Er geht zwischen den Leuten umher, und sie lachen ihm zu. So als amüsierten sich alle über etwas, das Papa ihnen vorführt. Er kommt zu mir. Und da sehe ich es: Das ist nicht Papa! Der Bart fehlt auf seiner Oberlippe, dort wo er sein sollte, immer gewesen ist! Seit langem schon kann ich sprechen, aber ich schreie vor Panik. Schreie einfach. Er will mich beruhigen, mich hochnehmen, doch ich fliehe brüllend vor ihm. Das ist nicht Papa! Dieser Mann wird mich nicht anfassen! Jemand hat Papa kaputtgemacht! Und es ist jemand anderes, der mich tröstet und meine Furcht stillt. Papa läßt seinen Schnauzbart wieder wachsen und wird so, wie er vorher war. Aber das Bild ist immer noch in mir, ist immer dort gewesen. Auch wenn ich mich nicht mehr auf Papas Hof zurechtfinde, auf unserem, auf dem aller anderen und unsrigem Hof.

Papas Werkstatt – dorthin finde ich trotzdem. Zur Eingangstür, von dort weiß ich, wo es hineingeht in die Werkstatt, werde dennoch von der Scheunentür angezogen, lasse die Treppe zum Flurboden links liegen. Später. Hinunter in die Scheune, drei Stufen aus Stein und Erde. Es ist Sommer, die Scheune ganz leer. Jetzt erscheint sie mir groß. Hier werden die Seevögel mit selbstgeschmiedeten Messern gerupft, Federn und Daunen sorgfältig gerupft und die Bälge so lange abgeschabt, bis keine einzige Spur einer Feder oder Daune mehr zu sehen ist. Mama sengt die Vögel nie ab, deshalb sind so viele Daunen unter den Federn, die für Bettdecken und Kissen benutzt werden. Wenn das Rupfen beendet ist, werden die Flügel und Beine abgeschnitten. Die ungerupften Vögel werden an den Wänden aufgereiht, an ihren durchbohrten Schnäbeln aufgehängt. Jetzt denke ich nicht an die Vögel, sondern an die Hütte östlich der Scheune, oder vielmehr an das Loch in der Scheunenwand, die der Hütte zugewandt ist. Ich habe stets das Verlangen, sie zu untersuchen. Ich habe die Geschichte von Jónas über das Mädchen im Turm gelesen, das durch ein Loch in der Mauer in einen erleuchteten Saal sah, ein Märchen mit elegant gekleideten Personen, die tanzen und sich vergnügen. In dem Loch in dieser Wand ist auch ein Spinnengewebe, es ist durchsichtig und reflektiert das Licht aus der Hütte, die Tür ist wohl geöffnet, obwohl ich mir darüber keine Gedanken mache, ich schaue und schaue nur und warte. Manchmal erscheint kein Märchen. Doch meistens kommt eines. Nicht so wie bei dem Mädchen im Turm, hier gibt es weder eine Eule noch eine Fledermaus, nicht mal einen Königssohn. Dies ist mein Märchen, das ich erlebte, bevor ich Jónas' Geschichte las. Natürlich war es gut zu wissen, daß noch niemand anderes durch solch ein Loch in einer Wand und durch ein Spinnennetz geblickt und ein Märchen gesehen hat. Mein Märchen bestand nicht aus Personen, es war ein Tanz der Farben, des Lichtes und der Klänge, den ich nirgendwo sonst gesehen oder gehört habe. Durch das haarfeine Spinnennetz. Im Grunde kein Gesang, aber doch etwas, ähnlich den Farben auf dem Uhrdeckel, unbeschreiblich, wunderbar. Allein muß ich sein. Und ich erzähle niemandem davon, besitze es allein. Wenn jemand in die Scheune kommt, verschwindet der Zauber. Er ist nicht in der Hütte, er ist nirgendwo, außer dort, an der Wand, in dem Netz. Die Hütte ist eng und häßlich und innen ein unangenehmer Geruch. Im Winter sind die Lämmer darin, die weiterleben dürfen. Und Torf, sofern welcher herangeschafft und unter Dach und Fach gebracht werden kann. Ja, und Papas Schafbock. Nichts Besonderes sonst. Nun, da die Scheune leer ist, abgesehen von den Vögeln, schwarz mit weißer Brust, die darauf warten, zu einer Mahlzeit zu werden, zu Vorrat für den Winter, Federn für Decken und Kissen, zu Füßen, die wir Kinder trocknen und bei unserem Spiel oben auf Stórihóll als Vögel benutzen. Manchmal auch drinnen im Haus. Irgendwo ein Gefäß mit Eiern, die im Laufe des Sommers faul werden. Mama schmekken sie gut, mir nicht, kann sie nicht essen, es sei denn, ich bin schrecklich hungrig. Manchmal sitzt eine Made auf der Schale, widerliches Getier, das Mama einfach abspült. Mama ist nicht die einzige, die verfaulte Eier mag, dennoch scheint sie mir in meinen Gedanken immer die einzige zu sein. So ist es meistens in der Umgebung von Märchenorten. Und zum Herbst muß die Scheune voll von Heu sein. Das ist sie nicht immer. Später weiß ich es. Nicht jetzt, während ich am Loch in der Wand sitze und warte – auf ein Märchen warte. Das ich allein für mich habe, ganz allein.

Ein Alptraum ist kein Märchen. Auch kein Traum, obwohl er manchmal seinen Anfang in einem Traum nimmt. Ich liege wach im Bett im Haus von Ziehvater Kristján. Es ist Tag – morgens, und am Tisch beim Fenster sitzt ein Mann und unterhält sich mit Kristján. Ein Gast. Ein junger Mann. Ich weiß, wie er heißt. Sie reden, und ich liege da, kann mich aber weder bewegen noch einen Laut von mir geben. Rings um das ganze Bett lauert eine Reihe kleiner, fast weißer Tiere, die die Bettkanten und das Fußende bedecken. Schauen mich an mit schwarzen, glühenden Augen, die mich festhalten, so daß ich kein einziges Glied rühren kann. Nicht einmal einen Finger. Nicht sprechen kann. Sie blicken auf mich, diese abscheulichen Augen der Tiere, und wollen, daß ich so für immer bleibe. Mein Grauen ist fürchterlich. Und er, der so lieb und stark ist, weiß nichts von mir, sieht keine Tiere, spricht mit dem Mann am Tisch, dem Gast. Der Gast mit ihm. Den ganzen Tag. Scheint mir. Doch irgendwann geht der Gast, und mein Ziehvater bewegt sich. Die Tiere sind in dem Augenblick verschwunden, als Kristjáns weißer Bart in mein Blickfeld rückt. Auch der Fluch, der Alptraum. Erzählte ich es ihm –? Weiß es nicht. War nur sechs Jahre, als er starb. Später passiert mir das häufiger. Jetzt weiß ich das. Damals nicht. Diese Tiere verfolgen mich jahrelang. Ich liege immer im Bett und erwache, wenn sie das Bett umringt haben und mich festhalten, gelähmt, mit diesen glühenden, schwarzen Augen. Größer als die größten Mäuse, fast weiß, kurzhaarig, recken die Köpfe gerade über das Fußende und die Bettkanten, um mich so beobachten zu können. Vielleicht haben sie keine Krallen. Fliegen haben keine Krallen. Sie haben Flügel und können fliegen. Diese Tiere haben keine Flügel. Aber sie haben diese Augen.

Die alte Jóna wärmt die Morgensuppe auf dem Herd. Wasser, gemischt mit etwas Milch, ein bißchen Salz und Zucker. Heiß und gut ist sie, in weißen emaillierten Schalen mit blauem Streifen am Rand. Gut, sich aufzusetzen und die Schale zu umfassen, während man die Morgensuppe im Bett trinkt. Das Kind, mit dem ich das Bett teile, erhält auch seine Suppe, trinkt. Ich kann mich nicht bewegen. »Schläft immer noch, solch ein Faulpelz aber auch«, murmelt die alte Frau. Die Tiere verschwinden nicht. Alle trinken ihre Morgensuppe, kleiden sich an, mühen sich, und ich sehe alles, was all die Menschen in der Leutestube machen, höre jedes Wort, finde, alle sind in Eile. Meine Schwester Dísa hat lange in einem der Betten mit dem jüngsten Kind im Arm ausgeharrt, gestützt von Kissen an beiden Seiten. Die Tiere umzingeln mich immer noch, und meine Angst ist dabei, zu Resignation zu werden. Doch dann ist es Mama, die kommt, fragt, was mit mir sei, hat irgendeine Aufgabe für mich, sagt etwas Grantiges über den verflixten Morgenschlaf. Bis in die Puppen sich in den Büchern vergraben. Stößt mich an, und die Tiere stieben auf, verschwinden. Ich kann mich bewegen, mich an Mama festhalten und versuchen, es ihr zu sagen. Sie wird mild, hilft mir, mich aufzurichten, streicht mir über Stirn und Augen, bekreuzigt mich wahrscheinlich, sagt: »Du hast einen Alptraum gehabt, Armes. Shh, versuche einfach, einen Finger zu bewegen oder die Zehen, wenn du so etwas bekommst, hab keine Angst, versuch nur, dich zu bewegen, auch wenn es nur ein Finger ist, dann geht es vorüber.« Ich weiß das, es ist jedoch einfach unmöglich, ich kann nichts machen, während die Tiere mich beobachten. Und ich denke, daß Mama das mit den Tieren nicht glaubt, obwohl ich versuche, ihr von ihnen zu erzählen. Wage es nicht. Die Tiere könnten kommen. Mama hat sie nie gesehen. Niemand hat sie gesehen außer mir. Mir allein, ganz allein –. Häßliche Träume, Angst in der Dunkelheit, das ist etwas völlig anderes. Alle träumen, alle können Angst vor der Dunkelheit bekommen. Die Erwachsenen reden von Träumen und allerlei mysteriösen Vorkommnissen. Manche erzählen Geschichten von Geistern, die von vielen erblickt wurden. Nicht um jemanden zu verängstigen, am wenigsten die Kinder, denn Kinder sollen sich vor nichts fürchten außer vor der Sünde, von der Gottes Wort berichtet. Kinder, die brav sind und den Erwachsenen und Gott gehorchen, sollen sich vor nichts ängstigen. Dennoch bekommen wir schnell Angst in der Dunkelheit. Die Treppe kann im Dunkeln furchteinflößend werden, beinah hätte etwas in der Dunkelheit die kleinen Füße gepackt. Doch dies ist begleitet von einem kitzelnden Schauer, keine glühenden, schwarzen Augen, die aus mir sämtliche Kraft und Sprache heraussaugen. Wir beeilen uns und schaffen den ganzen Weg – hoch ins Licht. Segensspruch und Kreuzeszeichen verleihen einen mächtigen Schutz. Das wissen wir von den Erwachsenen. Am sichersten ist es jedoch, sich schnell ins Licht zu begeben. Ein Alptraum ist etwas ganz anderes. Gäbe es kein Märchen, kein Loch in einer Wand mit einem haarfeinen Spinnennetz darin, im Licht tanzende Farben mit Tönen, etwas Unbekanntes, wie Gesang, aber doch kein Lied, so unbegreiflich schön und wortlos, nicht einmal einen Prinzen, kein menschliches Wesen, nur Klang, Lichtflut und Farbentanz, so daß ich ganz leicht werde, beinahe hinaufschwebe in den Himmel, still, schauend, horchend. Wenn das nicht wäre –. Doch es ist so. Und ich habe es allein, ganz allein für mich. So lange bis – irgendwann wird diese Öffnung geschlossen worden sein. Oder Erde ist aus der Scheunenwand herausgebrochen und hat sie verschlossen. Oder ich bin groß geworden – andere Märchen haben mir dieses genommen. Verschwunden in eine neue Zeit, habe ich kein Märchen mehr, keines allein für mich. Nie wieder. –

Fríða Á. Sigurðardóttir

Der Sprung

›Fast wie in Trance nahm sie Anlauf ...‹

»Helga.«

›... und flog über den Höllenschlund. Matthias ...‹

»Helgaa.«

›... sah sie mitten im Sprung, und ...‹

»Helga!« rief es wieder aus der Küche, und das Mädchen hörte an der Stimme, daß sie sich nicht länger widersetzen konnte. Sie machte das Buch wieder zu. So war es immer. Nie hatte man seinen Frieden.

»Helga, komm sofort.«

Das Mädchen stand zögerlich auf und murmelte: »Ich komm schon«, während sie die Tür öffnete.

»Bist du denn taub, Kind?« sagte die Mutter laut, als sie sie in der Küchentür sah. »Ich habe dich – ich weiß nicht wie oft – gerufen, und du antwortest einfach nicht.«

»Hegga kommen«, sagte der kleine Bruder und lachte das Mädchen an.

Das Mädchen schaute Mama an, die dem kleinen Bruder gerade eine saubere Windel anzog, aber sie sah die beiden nicht. Sie war noch mit all ihren Gedanken bei Ronja, von der sie sich mitten im Sprung hatte trennen müssen.

»Ich habe gerade gelesen«, sagte sie schließlich.

»Ich weiß, daß du gerade gelesen hast«, sagte Mama ein bißchen freundlicher, »aber du brauchst trotzdem das Gehör nicht zu verlieren.« Sie nahm den kleinen Bruder hoch, trug ihn ins Wohnzimmer und setzte ihn dort auf den Boden. Dann wandte sie sich wieder dem Mädchen zu. »Ich muß schnell etwas einkaufen, du mußt solange für mich auf den kleinen Bruder aufpassen.« Sie räumte das Spielzeug auf dem Boden zusammen und legte alles neben den kleinen Bruder. Zuoberst auf dem Haufen lag die Stoffpuppe mit dem neuen Kopf, den Mama neulich angenäht hatte. Der kleine Bruder griff nach ihr, legte sie an seine Wange und sagte: »Aaaah.« Dann fing er an, ihr etwas vorzubrabbeln, was niemand verstand.

Das Mädchen schaute die Puppe an, die der kleine Bruder in den Händen hielt. Wie immer, wenn sie sie sah, fühlte sie eine unterdrückte Wut hervorbrechen. Das war ihre Puppe. Ihre.

»Aber du spielst nie mit ihr«, sagte Mama. »Warum darf der kleine Bruder sie nicht haben?« Und Papa sagte: »Ja, aber du hast doch schon lange aufgehört, selber mit ihr zu spielen, Helga.«

Als ob sie etwas davon wüßten. Es war ihre Puppe! Er hatte nicht das Recht, sie zu nehmen. Oma hatte sie ihr geschenkt, nicht ihm. Er zerriß und zerfledderte alles. Auch ihr Spielzeug. Und Mama erlaubte es ihm. Sie erlaubte ihm alles. Schimpfte ihn nie. Sie hörte sogar auf, in der Bank zu arbeiten. Nur für ihn, diesen Jungen.

»Er versteht es noch nicht, Helga«, sagte Mama immer. »Er wollte ihren Kopf nicht kaputtmachen. Es war keine Absicht.«

Das Mädchen schaute die Puppe und den kleinen Bruder trotzig an. Ohne Absicht. Er tat alles ohne Absicht. Und sie sollte ihm immer alles vergeben, was er machte, nur weil sie älter war.

»Du bist schon so groß«, sagte Mama.

»Unser großes Mädchen«, sagte Papa.

»Kleiner Mann«, sagte er und warf den kleinen Bruder hoch in die Luft. Und der kleine Bruder lachte und lachte und hielt sich ganz fest an seinem Haar. »Mein kleiner Mann.«

Das Mädchen schaute sich blitzschnell um. Mama war hinausgegangen. Sie stieß fest mit dem Fuß gegen die Puppe, während sie am kleinen Bruder vorbeiging. Die Puppe flog aus seinen Händen mitten auf den Boden, und er fing an zu heulen. Er heulte ständig.

»Gib ihm die Puppe, Helga«, rief Mama aus der Küche.

Das Mädchen beförderte die Puppe mit einem schnellen Tritt unter den Couchtisch.

»Helga.« Mama stand in der Küchentür und schaute abwechselnd sie und den kleinen Bruder an. Das Mädchen schaute trotzig zurück. »Nicht deinen Bruder ärgern, Helga«, sagte sie und versuchte zu lächeln. »Das ist böse.«

Das Mädchen antwortete nichts. Sie hob die Puppe langsam auf und ließ sie dann neben dem kleinen Bruder fallen, der rasend schnell auf sie zu gekrabbelt kam. Er hörte auf zu heulen und schnappte die Puppe und fing wieder an zu brabbeln. Er konnte nicht einmal sprechen.

Mama schaute schweigend zu. Dann drehte sie sich um, ging in die Küche, holte ein Handtuch und trocknete dem kleinen Bruder das Gesicht. Sagte überhaupt nichts.

Das Mädchen ging zum Wohnzimmerfenster und schaute hinunter. Hier oben sahen die Autos unten auf der Straße ganz klein aus, beinahe wie Spielzeugautos. Und die Leute wie Playmobilmännchen. Nur Puppen. Sie schielte zu Mama hinüber. Aber Mama schwieg noch immer. Es war so weit dort hinunter. Plötzlich mußte sie an die Frau in der Wohnung gegenüber denken. Sie dachte oft an sie. »Sie fiel hinunter«, sagte Mama. Aber das Mädchen wußte, daß sie nicht hinuntergefallen war. Das wußten alle Kinder. Sie roch immer nach Alkohol. Einmal bat sie sie, Zigaretten für sie holen zu gehen. Und schenkte ihr das Wechselgeld. Das Mädchen schloß die Augen. Es war so schrecklich weit dort hinunter.

»Helga?« Das Mädchen drehte sich um. Mama hatte sich den Mantel und die Winterstiefel angezogen. »Spiel ein bißchen mit ihm, Helga«, sagte sie, »bau etwas mit ihm aus den

Klötzen, das macht euch doch Spaß.« Mama schaute sie an, als ob sie nach etwas fragen wollte. »Du paßt gut auf ihn auf für mich«, sagte sie, während sie nach ihrer Tasche griff. »Ich bin gleich wieder da.« Dann ging die Tür zu, und sie war weg.

»Mama, Mama«, schrie ihr der kleine Bruder mit weinerlicher Stimme nach. Er warf die Puppe von sich weg, zog sich an einem der Stühle hoch und wackelte in Richtung Tür. Nach einigen Schritten fiel er auf den Boden und fing an zu brüllen.

Das Mädchen hörte dem Gebrüll eine Weile zu. Sie schielte einige Male zu der Puppe hinüber, dann nahm sie langsam ein Auto aus dem Spielzeughaufen und ließ es zu ihm fahren. Aber er schaute es nicht an, sondern brüllte weiter und schrie: »Mama, Mama.« Sie ging zu ihm und zog ihn zum Spielzeug, fand seinen Schnuller und steckte ihn ihm in den Mund. »Schau mal, das Brumbrum«, sagte sie und reichte ihm einen kleinen Lastwagen, aber er schlug nach ihm und schrie aus Leibeskräften.

Schließlich holte sie die große Bauklotzkiste, öffnete sie und schob sie zu ihm.

»Schau mal«, sagte sie. »Schau, Klötze. Sollen wir ein Haus bauen? Ein großes Haus?«

Der kleine Bruder schaute auf die Klötze, und das Weinen wurde zum Wimmern.

»So, hör auf zu heulen. Schau mal, wir bauen ein großes Haus mit einem großen Garten und vielen Bäumen. Gib mir solche Klötze zuerst.«

Sie begann, die Klötze aufzustellen. Zuerst ein großes Viereck für das Haus. Allmählich verstummte das Wimmern, und der kleine Bruder begann, in den Klötzen zu wühlen.

Eine Zeitlang vergaß sie sich beim Hausbau. Das Viereck wurde höher. Wurde zu einem ansehnlichen Haus mit vielen großen Fenstern und zwei Türen. Nun fehlte nur noch das Dach.

Der kleine Bruder wurde unruhig. Er wollte auch bauen.

»Laß sein«, sagte sie und stieß ihn weg.

»Laß das sein, hab ich gesagt«, sagte sie wieder.

Aber er drängte sich zum Haus, stieß die Hände hinein; sie versuchte, es zu beschützen, aber er kroch an ihr vorbei, hörte nicht eher auf, bis alles zusammengefallen war.

»Gefallen«, sagte er und schaute die Verwüstung an.

»Schau, was du getan hast«, rief sie, indem sie aufsprang. »Immer mußt du alles kaputtmachen, du Blödmann. Du bist – abscheulich.«

»Baukotz«, sagte er und reichte ihr einen Bauklotz. »Hegga Baukotz ...«

»Kotz selber«, zischte sie und trat in den Bauklotzhaufen, als sie in ihr Zimmer lief. Sie hob Ronja vom Boden auf und ging dann zurück ins Wohnzimmer. Sie hatte Bauchweh. Und außerdem war sie hungrig geworden. Mama hatte vergessen, ihr etwas zu trinken zu geben. Sie legte das Buch auf das Sofa und ging in die Küche, holte sich Orangensaft aus dem Kühlschrank und schenkte ihn in eines der feinen Gläser ein. Dann holte sie Schokoladenkekse aus dem Schrank, reihte sie auf einen Teller und stellte beides auf das schöne, geblümte Tablett. Das Glas wackelte auf dem Tablett, aber sie paßte auf, daß nichts verschüttet wurde. Sie wollte es sich in der Sofaecke mit Ronja gemütlich machen und ...

Im selben Moment stieß das Tablett gegen den Türpfosten, und der Orangensaft schwappte über die Kekse, über das ganze Tablett, bis hinunter auf den Boden. Sie stellte das Tablett ab, holte rasch einen Lappen, trocknete und trocknete, so schnell sie konnte, aber der Orangensaft lief vor dem Lappen davon, klebte an ihren Händen, klebte an allem. Sie warf den Lappen von sich, nahm das Tablett vom Boden und schaute die Kekse an, die im Fruchtsaft schwammen. Sie hätte am liebsten geheult. Dann nahm sie sich zusammen, trocknete sich die Hände und holte sich einen Apfel aus dem Kühlschrank.

Als sie wieder ins Wohnzimmer kam, war das Buch vom Sofa verschwunden. Sie richtete den Blick vom Sofa weg auf den kleinen Bruder. Der hielt einige zerrissene Papierblätter in der Hand.

»Da«, sagte er und streckte ihr die Blätter hin. »Da.«

Sie schoß auf ihn zu und entriß ihm das Buch.

»Was hast du getan?«

Drei, nein vier Seiten, fünf, sechs, alle zerrissen. Gerade da, wo sie gelesen hatte. Das Buch kaputt. Er hatte ihr Buch kaputtgemacht.

Sie packte seine Schultern und schüttelte ihn.

»Du – du ...«

Überall drängte er sich dazwischen – machte alles kaputt – ganz egal was. Sie wünschte, daß er tot wäre – alles, wie es vorher war – kein kleiner Mann – kein ...

Beißende Ungeduld durchströmte sie wie ein Hungergefühl. Wollte sie zerplatzen lassen.

Der kleine Bruder grabschte nach ihren Haaren und lachte.

Ihre Hand hob sich blitzschnell.

Ihn schlagen – hauen – drängte sich überall dazwischen – machte kaputt – zu Brei schlagen ...

Ihre Hand senkte sich. Der kleine Bruder starrte sie an. Das Lachen war verstummt. Sie ließ ihn langsam los.

Der kleine Bruder krabbelte von ihr weg, so schnell er konnte. Sie blickte auf das zerfledderte Buch, schaute die weißen Schnipsel auf dem Boden an, dann blickte sie wieder auf. Er war jetzt an der Balkontür.

Plötzlich sah sie, daß die Balkontür einen Spalt weit offen war. Mama hatte vergessen, sie zu schließen. Seltsam, wo Mama immer Angst vor dem Balkon hatte. Wie in Trance sieht sie, wie er zur Tür krabbelt, sieht, wie er mit den plumpen Händchen dagegendrückt, sieht, wie sie sich öffnet, öffnet ...

Ihre Blicke flattern wie gehetzte Tiere durch das Wohnzimmer. Halten bei dem Buch an.

Die weißen Schnipsel wirbeln auf dem Boden. Drehen sich in einem wilden Tanz.

Die Frau ...

Sie fällt. Weit, weit hinunter in einen tiefen, schwarzen Brunnen. Fällt ...

Die Frau im Brunnen winkt und lacht.

Dann setzte sie zum Sprung an. Sie flog über den Boden zum kleinen Bruder und ergriff ihn halb draußen auf dem Balkon, zog ihn wieder herein ins Wohnzimmer zum Spielzeughaufen, dann sank sie neben ihm nieder. Sie hatte schmerzhaftes Seitenstechen. Als ob sie lange, lange gelaufen wäre.

Plötzlich fing sie an zu weinen. Das Weinen wurde lauter und lauter. Der kleine Bruder starrte sie mit großen Augen an, dann verzog er das Gesicht und weinte laut mit.

Der Schmerz im Magen verschwand langsam. Das Mädchen wischte sich das Gesicht mit dem Handrücken ab. Warum weint der kleine Bruder? Sie blickt sich um. Direkt neben ihr liegt die Stoffpuppe. Sie schaut traurig. Als ob sie etwas Böses geträumt hätte. Das Mädchen zögerte einen Augenblick, dann langte sie nach der Puppe, schüttelte vorsichtig die Papierschnipsel von ihr ab und reichte sie dem kleinen Bruder.

»Hier«, sagte sie. »Nimm sie.«

Und im selben Augenblick öffnete Mama die Türe.

Ólafur Jóhann Ólafsson

April

Sie saßen im Wohnzimmer und tranken heiße Schokolade. Der Junge lag im Bett, und jetzt saßen sie und schauten raus aufs Wasser. Margrét stand immer wieder auf, um nach ihm zu sehen. Er war im Wohnzimmer in ihrem Arm eingeschlafen, und sie hatte ihn ins Schlafzimmer gebracht und ins Ehebett gelegt. Er schlummerte friedlich, aber sie ging regelmäßig zu ihm, um ihn atmen zu hören. Wenn ihr sein Atmen nicht deutlich genug war, legte sie ihr Ohr an sein Gesicht. Dann war sie beruhigt.

Vor gut einem Jahr hatten sie das Sommerhäuschen erstmals bezogen. Das Land gehörte Margréts Eltern, deren eigenes Sommerhaus weiter oben am Hang lag. Zur Hochzeit hatten sie Margrét und Óskar ein Stück von ihrem Land geschenkt. Óskar errichtete das Ferienhaus selbst, was seine Zeit brauchte, weil er sehr beschäftigt war. Das Haus war nicht groß, aber gut gelegen, und nichts verdeckte die Sicht aufs Wasser. Zwischen ihnen und Margréts Eltern lagen eine Senke und ein kleiner Fluß, und obwohl Óskar sich gut mit seinen Schwiegereltern verstand, war er froh über Fluß und Senke. In der Senke standen große Bäume, die meisten waren Kiefern, aber es gab auch ein paar Birken.

Sie waren am Freitag nach der Arbeit hergekommen. Die Wettervorhersage war weder gut noch schlecht, doch Margrét schenkte ihr keine Aufmerksamkeit, weil sie aus Erfahrung wußte, daß man sich ohnehin nur selten darauf verlassen kann. Als Kind hatte sie viele Stunden am See verbracht; ihre Mutter war immer über den Sommer mit den Kindern dorthin gezogen, und ihr Vater hatte versucht, so oft wie möglich da zu sein. Bis zu diesem Abend war sie guter Hoffnung gewesen, daß sie und Óskar es genauso halten könnten.

Sie tranken die heiße Schokolade. Óskar saß mit dem Rükken zum Fenster, und die Männer, die sie gerettet hatten, saßen gegenüber am Wohnzimmertisch. Margrét saß neben Óskar, und als sie ein weiteres Mal aufstand, um nach dem Jungen zu sehen, sagte Óskar: Laß das doch. Es ist alles in Ordnung mit ihm.

Sie sah ihn kurz an, schwieg aber. Die Retter beobachteten sie. Als sie weg war, sagte Óskar: Wäre jetzt nicht ein kleiner Whisky angebracht? Der Mensch lebt nicht von Kakao allein.

Er füllte gerade die Gläser, als sie zurückkam.

Whisky? fragte er.

Sie schüttelte den Kopf.

Er tat etwas Wasser und einen Eiswürfel in die Gläser. Das Wasser stammte aus einer Quelle unterhalb der Senke. Es war kalt und hatte einen angenehmen Geschmack, sogar an warmen Tagen. Das erzählte er den Männern, während er die Getränke mixte. Er erzählte ihnen auch, daß er das Haus selbst gebaut hätte sowie alle Stromkabel und die Wasserleitung von der Quelle zum Haus verlegt hätte.

Das Wasser bei Margréts Eltern hatte immer einen erdigen Geschmack, sagte er. Jetzt bekommen sie Wasser aus unserer Quelle.

Es war spät im April und immer noch recht hell, obwohl es schon auf elf Uhr zuging. Samstage bringen Glück, hatte Óskar gesagt, als sie am Morgen aufgewacht waren, weil man die Sonne sehen konnte. Nachmittags hatte es sich zugezogen, war aber trocken geblieben. Die Berge waren wolkenverhangen.

Der Wind hat sich gelegt, sagte Óskar. Prost.

Margrét sah die Männer an. Der eine von ihnen hatte Anfang des Jahres das Sommerhaus neben dem ihrer Eltern gekauft. Aus der Ferne hatten sie ihn schon gesehen, aber erst jetzt getroffen. Ihre Eltern hatten sich über sein lautes Boot beschwert, mit dem er abends über den See raste, wenn sie der Stille oder dem Eistaucher lauschen wollten.

Ein Bankmensch, sagte ihr Vater. Ein neureicher Kerl. Alles deutet darauf hin, daß er alleinstehend ist.

Manchmal gab er Partys. Dann qualmten die Grills, und die Veranda war voller schnaps- und biertrinkender Leute. Das sagte Margréts Vater, der alles durch das Fernglas beobachtete, das Margrét und Óskar ihm zum sechzigsten Geburtstag geschenkt hatten. Margrét hatte von ihren Geschwistern zum Dreißigsten genau so ein Fernglas bekommen. Ihr Vater sagte, daß sein Nachbar zwei Grills hätte, einen Kohlegrill und einen Gasgrill. Er wird noch mal die Hütte in Brand stecken, hatte er gesagt.

Sie hatten sich bekannt gemacht, nachdem der Junge eingeschlafen war. Davor war keine Zeit dazu. Der Banker hieß Vilhelm und sein Freund Björn. Zu dem Zeitpunkt war Margrét noch vollkommen aufgewühlt und drückte die beiden fest an sich. Óskar stand ein wenig abseits und sah zu.

Na, na, sagte er. Wir wollen mal nicht übertreiben.

Den beiden entging nicht, wie sie ihn ansah. Sie warfen sich einen Blick zu, und Vilhelm sagte:

Es hätte schlimmer ausgehen können.

Sie waren beide zwischen dreißig und vierzig, Vilhelm blond und Björn rothaarig. Beide waren braungebrannt.

Óskar hatte die Idee gehabt, mit dem Jungen auf den See zu fahren. Er hieß Kári und war das einzige Kind von Óskar und Margrét, gerade sechs Jahre alt geworden. Er war nach Margréts Vater benannt, Kári Jón, und sah ihm auch ähnlich. Seine Großeltern hatten ihm zu Weihnachten eine Angel geschenkt, und Óskar war schon einige Male mit ihm zum Angeln runter zum See gegangen. Manchmal angelten sie vom Boot aus. Am vergangenen Wochenende hatte Kári seinen ersten Fisch gefangen, einen kleinen Saibling, den Margrét in der Pfanne gebraten hatte.

Sie ruhten sich gerade nach dem Essen aus, als Óskar die Bootstour wieder einfiel. Sie hatten Salat und Lamm gegessen, Weißwein zum Salat und Rotwein zum Fleisch getrunken. Sie fühlten sich gut, und über Margrét war eine solche Ruhe gekommen, daß sie sich kaum etwas Schöneres vorstellen konnte, als mit einem Buch in der Hand in der freien Natur zu sitzen.

Wäre es nicht besser, wenn ihr morgen früh fahrt? hatte sie gefragt. Es ist schon nach acht.

Wir bleiben nicht lange, antwortete Óskar. Ich habe es ihm versprochen.

Sie hatten gemeinsam abgewaschen, und beim Abtrocknen hatte Óskar sein Rotweinglas geleert. Obwohl Margrét als Kind gelernt hatte, daß man nicht hinausfährt, wenn man Alkohol getrunken hat, wollte sie dies jetzt nicht zur Sprache bringen. Das hatte sie früher einmal getan, und Óskar hatte seine Meinung nicht zurückgehalten, daß die Regeln ihres Vaters bei ihnen zu Hause nicht gelten. Óskar war auch ganz und gar nicht betrunken, und Margrét achtete darauf, daß Káris Schwimmweste fest saß, bevor sie zum See hinuntergingen.

Tief in ihrem Inneren war sie froh, einen ruhigen Moment für sich zu haben, so konnte sie endlich einen Krimi zu Ende lesen, den sie schon fast geschafft hatte. Sie setzte sich mit dem Buch und einer Schale Rosinen ans Fenster und sah sie den Abhang hinuntergehen. Sie hatte eine Vermutung, wer der Mörder sein könnte, und wollte nun Gewißheit. Noch bevor sie mit dem Boot ablegten, war sie in die Geschichte eingetaucht.

Es wehte ein leichter Wind, und das Boot schaukelte beim

Angeln leicht. An der ersten Stelle angelten sie nichts, und so fuhren sie weiter raus. Auch da fingen sie nichts. Da nahm der Wind zu und Óskar sagte zu Kári, daß sie nun besser heimfahren sollten. Kári fragte, ob sie nicht noch ein wenig länger bleiben können. Óskar gab nach, aber sie bekamen trotzdem keine Forelle an den Haken. Die Fische sind schon schlafen gegangen, sagte er, das sollten auch wir tun. Kári ließ enttäuscht den Kopf hängen.

Mit dir angele ich nie einen Fisch, und du machst auch nie mal was Lustiges, so wie der Mann im weißen Boot, sagte er. Fährst nie im Kreis und so.

Der Mann im weißen Boot war der Banker Vilhelm. Er machte sich manchmal einen Spaß daraus, in scharfen Kurven übers Wasser zu fahren, und Kári sah ihm dann begeistert zu. Verdammter Draufgänger, sagte Margréts Vater immer, was aber keinen Einfluß auf Kári hatte. Er sah, daß das weiße Boot große Wellen machte, die bis ans Ufer kamen.

Sollen wir Kurven fahren? fragte Óskar.

Das machst du nie, sagte Kári. Du fährst nie Kurven wie der Mann im weißen Boot.

Ach wirklich? sagte Óskar. Halt dich fest.

Sie waren nicht weit vom Land entfernt, als Óskar drehte, wieder auf den See hinaus steuerte und beschleunigte. Trotzdem fuhr er nicht schneller, als es ihm sicher erschien, schwenkte nach links und nach rechts, bevor er wieder langsamer wurde.

War das nicht lustig? fragte er.

Nein, sagte Kári, das war nicht so, wie es der Mann im weißen Boot macht. Das hat kein bißchen Spaß gemacht.

Óskar fuhr wieder schneller und steuerte jetzt aufs Land zu. Er war mürrisch und wollte nach Hause. Er gab so viel Gas, wie er konnte, und bog dann scharf nach rechts. Das Boot kenterte.

Sie tauchten unter. Óskar bekam keine Luft, und als er auftauchte, war Kári nirgends zu sehen. Dann aber hörte er ihn auf der anderen Seite des Boots, und er schwamm zu ihm. Kári hatte Wasser geschluckt und hustete. Óskar hielt sich mit einer Hand am Boot fest und zog mit der anderen Kári zu sich. Das Wasser war kalt, und Óskar glaubte nicht, bis ans Ufer schwimmen zu können. Der Junge hatte angefangen zu weinen und hustete weiter, weil er jedes Mal Wasser schluckte, wenn die Wellen über sie schwappten.

Margrét war so in ihr Buch vertieft, daß sie es nicht gesehen hatte, als das Boot kenterte. Ihre Vermutung hatte sich als richtig erwiesen, und der Mörder hatte handfeste Gründe für seine Tat. Seit sie aufgebrochen waren, hatte sie nicht von ihrem Buch aufgeschaut, erst jetzt streckte sie sich und sah nach draußen.

Sie schrie auf, griff hastig das Fernglas, das sie zum Dreißigsten bekommen hatte, und stürzte auf die Veranda. Erst sah sie Óskar, dann Kári. Sie hatten kein zweites Boot, trotzdem lief Margrét hinunter zum See. Obwohl der Abhang steil war, versuchte sie zu rennen und stolperte gleich. Als sie wieder auf den Beinen stand, sah sie das weiße Boot. Sie schaute durchs Fernglas.

Seit mehr als zehn Minuten waren sie jetzt im Wasser, und Óskar war am Rande der Erschöpfung. Er hatte vergeblich versucht, Kári auf den Bootsrumpf zu heben. Kári hatte mit dem Wimmern aufgehört und Óskar befürchtete, daß er bewußtlos werden könnte. Er konnte den Jungen kaum noch halten.

Sie sah, wie Óskar ihn losließ. Vilhelm hatte darauf geachtet, nicht zu dicht an sie heranzufahren, um sie nicht mit dem Rumpf zu verletzten. Er und Björn standen an der Bordwand und streckten die Arme nach ihnen aus. Óskar schwamm mit Kári los, konnte ihn aber nicht mehr halten und brauchte seine letzten Kräfte, um selbst zu ihnen zu schwimmen. Sie zogen ihn rasch ins Boot und hielten dann nach Kári Ausschau. Eine Welle war über ihn geschwappt und er war einen Augenblick lang verschwunden, dann tauchte sein Kopf wieder auf. Vilhelm warf sich ins Wasser, packte ihn und schwamm zurück. Kurz darauf steuerten sie mit dem gekenterten Boot im Schlepptau das Ufer an.

Margrét beobachtete alles durchs Fernglas. Wie versteinert hatte sie mitten auf dem Abhang gestanden, nun aber rannte sie dem Boot entgegen. Sie wartete nicht darauf, daß sie auf dem Sand aufsetzten, sondern lief ins Wasser und nahm Kári in den Arm. Vor Aufregung konnte sie nicht sprechen, und als alle Männer an Land waren, lief sie mit dem Jungen den Hang hinauf. Björn und Vilhelm folgten ihr mit Óskar in ihrer Mitte. Er war noch schwach und konnte nicht ohne Hilfe gehen. Als Margrét den Anstieg bewältigt hatte, blieb sie kurz stehen, um Kräfte zu sammeln. Vilhelm ließ Óskar los, lief zu ihr und half ihr bei den letzten Schritten.

Am Sommerhaus gab es einen heißen Pott, und Margrét zog Kári die nassen Kleider aus und hob ihn in den Pott. Vilhelm und Björn bekamen alte Badehosen von Óskar, dann setzten sich alle zu Kári ins heiße Wasser. Sie redeten nicht viel, und Óskar sah hinaus auf den See, zu der Stelle, an der das Boot gekentert war. Aus der Ferne sahen die Wellen nicht so hoch aus, und als die Abendsonne durchbrach, lag ein goldener Glanz auf ihnen.

Als sie aus dem Pott stiegen, bekam Vilhelm Jeans und Pullover von Óskar. Die Hose war zu groß, und als Margrét mit Kári ins Haus ging, holte Óskar ein Seil aus dem Geräteschuppen. Er versuchte, sich locker zu geben und einen leichteren Ton anzuschlagen: Jetzt hast du endlich mal ein kleines Landabenteuer erlebt, sagte er.

Óskar hatte seinen ersten Whisky schnell ausgetrunken. Björn und Vilhelm tranken langsamer, und Óskar beschloß, sich erst nachzuschenken, wenn auch sie ihre Gläser geleert hätten. Er redete übers Angeln auf dem See und guckte beim Sprechen auf ihre Gläser. Als Björn den letzten Schluck trank, stand er auf und holte die Flasche und Eiswürfel.

Noch ein Tröpfchen? fragte er.

Björn nickte, aber Vilhelm lehnte dankend ab.

Wir haben noch nichts gegessen, sagt er. Das Fleisch lag auf dem Grill, als ihr gekentert seid.

Margrét hatte geschwiegen, aber jetzt schaute sie auf.

Hast du nicht gesehen, wie es passiert ist? fragte Vilhelm.

Nein, sagte sie. Ich habe es nicht gesehen.

Óskar versuchte, dem Gespräch ein Ende zu bereiten.

Diesen Whisky habe ich im Frühling in London gekauft. Wir haben eine Wochenendreise dorthin gemacht. Crown Royal. Zwölf Jahre.

Das ist ein guter Whisky, sagte Björn.

Wir hatten das Fleisch auf dem Grill, sagte Vilhelm. Ich weiß nicht, ob wir ihn ausgemacht haben.

Das weiß ich auch nicht mehr, sagte Björn.

Wir haben noch ein paar Reste, sagte Óskar. Sollen wir euch die vielleicht aufwärmen?

Wir sind gleich losgelaufen, als es gekentert ist, sagte Vilhelm. Das Fleisch ist bestimmt ganz verbrannt.

Ich wärme das Lamm auf, sagte Óskar.

Was ist passiert? fragte Margrét.

Sie warfen sich einen Blick zu.

Ich habe es nicht gesehen, sagte Björn. Ich war drinnen.

Margrét schaute zu Óskar und wartete auf eine Antwort. Seit sie ins Haus gegangen waren, hatte sie kaum mit ihm geredet. Er drehte das Glas zwischen seinen Händen.

Ich weiß es nicht genau, sagte er. Ich bin eine Kurve gefahren und muß eine Welle abbekommen haben. Das darf nicht passieren. Das Boot muß sicher sein.

Er sah Vilhelm an. Vilhelm schwieg. Margrét stand auf.

Ich hole das Lamm, sagte sie.

Bevor sie das Fleisch in die Pfanne legte, schaute sie kurz bei Kári rein. Sie machte noch die Soße warm und verteilte auch den Rest vom Salat auf den Tellern.

Bitteschön, sagte sie.

Óskar schenkte sich und Björn nach. Vilhelm war noch beim ersten Glas.

Mancher ist schon nach kürzerer Zeit total unterkühlt, als ihr im Wasser wart, sagte er.

Ich habe versucht, Kári hochzuhalten, sagte Óskar. Das hat ihn wahrscheinlich gerettet. Mir selbst war arschkalt.

Er sah Margrét an. Sie sah weg.

Wir waren mindestens eine Viertelstunde im Wasser, fuhr er fort.

Das waren nicht mehr als sechs, sieben Minuten, sagte Vilhelm.

Wir sind gleich losgelaufen, als du das Boot zum Kentern gebracht hast. Ich hatte euch beobachtet.

Aha, sagte Óskar.

Ich habe euch beobachtet, als ich den Grill angeheizt habe.

Wir beobachten dich auch manchmal, wenn du mit dem Boot draußen bist, sagte Óskar. Mein Schwiegervater findet, daß du kein gutes Vorbild abgibst.

Vilhelm lächelte.

Er hat ein gutes Fernglas, dein Schwiegervater. Hat anscheinend kaum etwas anderes zu tun, als durchs Fernglas zu gukken. Weißt du, welche Marke es ist?

Óskar schaute sich um.

Wo ist das Fernglas? fragte er.

Unten am See, sagte Margrét.

Unten am See? Was hat es da zu suchen?

Ich habe euch zugesehen, sagte sie. Ich habe euch zugesehen, als ...

Sie schwieg, stand auf und wandte sich ab. Sie war kurz davor zu weinen, konnte sich aber beherrschen.

Alles ist noch mal gut gegangen, sagte Vilhelm. Alle sind gesund und munter. Vielleicht nehme ich jetzt doch noch einen Whisky.

Óskar schenkte ihm ein.

Wäre es nicht schön, ein bißchen Karten zu spielen? fragte er.

Warum nicht, sagte Björn.

Ich nicht, sagte Margrét.

Komm schon, sagte Óskar.

Ihr könnt ja spielen, sagte sie.

Wir gehen, sobald wir sollen, sagte Vilhelm und reichte Margrét den leeren Teller mit der einen und das Besteck mit der anderen Hand.

Vielen Dank, sagte er. Ich hatte einen Bärenhunger.

Ihre Hände berührten sich einen winzigen Moment lang, und sie sagte leise:

Vielleicht nachher.

Gut, sagte Óskar. Whist?

Schön, sagte Björn.

Wir könnten natürlich auch Bridge spielen, aber das wäre sicher nicht gerecht, sagte Óskar.

Ach ja? sagte Björn.

Ich bin zweifacher Islandmeister.

Er fing an zu mischen.

Dann müßte es für dich ja ein leichtes Spiel sein, sagte Vilhelm.

Margrét setzte sich schräg gegenüber von Vilhelm. Óskar mischte mit Elan und nahm ihren verachtenden Blick nicht wahr. Vilhelm hingegen, der aufgestanden war und sich selbst einen Drink mischte, übersah ihn nicht.

Bist du sicher, daß du nichts willst? fragte er Margrét.

Doch, sagte sie, gieß mir was ein.

Na so was, sagte Óskar.

Eis? fragte Vilhelm.

Sie nickte. Vilhelm reichte ihr das Glas und setzte sich.

Óskar teilte aus, schaute aber plötzlich auf.

Was hast du eigentlich gemacht, als wir gekentert sind? fragte er.

Margrét antwortete nicht.

Es war purer Zufall, daß ich euch beobachtet habe, sagte Vilhelm.

Sie hat gelesen, sagte Óskar. Dann bekommt sie nichts mehr mit. Das Haus könnte abbrennen, ohne daß sie es merkt.

Er lachte. Margrét sah weg.

Björn und Óskar gewannen die ersten Partien. Vilhelm bemerkte, daß Margrét hin und wieder ganz abwesend war, wenn sie aus dem Fenster sah. Es dämmerte, aber man konnte trotzdem bis zum See sehen. Er überlegte, woran sie wohl dachte.

Ihr habt ein besseres Blatt als wir, sagte Óskar, aber trotzdem verliert ihr immer.

Er stand auf, holte die Whiskyflasche und füllte die Gläser von Björn und Vilhelm. Es war nur noch wenig übrig, doch er achtete darauf, noch ein paar Tropfen für Margrét zurückzuhalten. Als er ihr einschenken wollte, zog sie das Glas weg und sagte leise aber bestimmt: Nein.

Na schön, sagte er, dann mache ich sie leer.

Er und Björn gewannen weiter. Óskar konnte sich nicht zurückhalten und machte Vilhelm immer sofort darauf aufmerksam, wenn er Fehler machte. Normalerweise führte er sich nicht so auf, jetzt aber konnte er sich nicht zügeln. Vilhelm hörte mit einem matten Lächeln auf den Lippen zu.

Bist du sicher, daß der Motor nicht kaputtgegangen ist? fragte er plötzlich.

Óskar antwortete nicht, sondern wartete ab.

Das ist mir nur gerade eingefallen, sagte Vilhelm.

Da ist nichts am Motor, sagte Óskar.

Warum ist dir das eingefallen? fragte Margrét.

Das Boot hat sich so seltsam gedreht, sagte Vilhelm. Ich hatte den Eindruck, daß sich vielleicht etwas gelöst hat. Irgendeine Schraube, vielleicht.

Margrét schaute zwischen ihnen hin und her. Óskar guckte auf die Karten. Vilhelm lächelte.

Wir sollten zu Ende spielen, sagte Óskar. Wer kommt raus?

Ich, sagte Björn. Hast du nicht noch etwas Whisky?

Nein, sagte Óskar, nichts mehr da.

Er hatte die Kontrolle verloren. Er merkte das und wollte versuchen, die beiden loszuwerden.

Es ist auch schon fast ein Uhr, fügte er hinzu.

Bei meinen Eltern gibt es noch Whisky, sagte Margrét. Den könntest du holen.

Ich will keinen Whisky mehr, sagte Óskar.

Ich will noch Whisky, sagte Margrét.

Ich gehe mit dir, sagte Björn. Gut, ein bißchen frische Luft zu schnappen.

Óskar dachte nach. Er hatte keine andere Wahl.

Na schön, sagte er. Dann wollen wir mal.

Margrét und Vilhelm blieben sitzen.

Wir üben inzwischen, sagte Vilhelm. Das haben wir nötig.

Sie gingen schnell. Björn mußte sich anstrengen, um Óskar folgen zu können. Es hatte abgekühlt, und der Wind wehte vom See her durch die Kiefern und Birken in der Senke zwischen den Sommerhäusern.

Wo ist die Quelle? fragte Björn.

Óskar verstand ihn nicht.

Das Sammelbecken, das du angelegt hast.

Da, sagte Óskar und zeigte die Senke hinunter, ohne das Tempo zu verringern.

Immer wieder blickte er über die Schulter zurück, aber außer einem Lichtschimmer im Wohnzimmerfenster war aus der Ferne nichts zu erkennen. Der Schlüssel hing an einem Nagel im Geräteschuppen. Er nahm ihn und öffnete die Tür. Seine Schwiegereltern waren auf den Kanaren. Sie waren nach dem Jahreswechsel dorthin geflogen und würden bis in den Mai hinein bleiben. Im Haus lag der traditionelle Modergeruch in der Luft, und Óskar ging direkt zum Schrank, in dem der Alkohol aufbewahrt wurde. Er fand eine halbe Flasche Johnny Walker.

Er beeilte sich abzuschließen und den Schlüssel an seinen Platz zurückzubringen.

Das sollte reichen, sagte Björn.

Sie gingen den gleichen Weg zurück. Als sie am Fluß ankamen, fiel Björn das Fernglas ein.

Sollen wir nicht eben zum See laufen und es holen? fragte er. Das dauert nur einen Augenblick.

Sie überquerten den Fluß, und auf dem Weg nach unten legte Óskar noch an Tempo zu. Nach kurzer Suche fanden sie das Fernglas. Es lag im Schilf, wo Margrét mit Kári im Arm gesessen hatte. Als sie gerade in Richtung Sommerhaus aufgebrochen waren, blieb Óskar plötzlich stehen. Auch Björn blieb stehen und wartete ab. Óskar zögerte, hielt sich dann aber das Fernglas an die Augen.

Es war niemand im Wohnzimmer. Er suchte auch außerhalb des Sommerhäuschens, aber dort war ebenfalls niemand.

Stimmt irgend etwas nicht? fragte Björn.

Gehen wir zurück, sagte Óskar und rannte los.

Er kam vor Björn am Sommerhaus an und riß die Tür auf. Er war verschwitzt und außer Atem und blieb im Türspalt stehen, als er Vilhelm und Margrét im Wohnzimmer sah. Sie saßen auf den gleichen Plätzen wie vorher, aber er war sicher, daß sie sich gerade erst gesetzt hatten. Er sah ihnen die Veränderung an.

Ihr habt nicht lange gebraucht, sagte Vilhelm.

Wir sind gelaufen, sagte Björn. Óskar hatte es eilig, zurückzukommen.

Na schön, sagte Vilhelm. Es ist spät geworden. Wir sollten dann mal. Der Whisky kann noch warten.

Er stand auf. Die Tür war noch offen.

Danke für den Lammbraten und den Whisky, sagte Vilhelm. Die Klamotten bringe ich morgen zurück.

Sie gingen. Margrét saß regungslos auf ihrem Platz und schaute zum See. Óskar stand immer noch an der gleichen Stelle. Als er den Mund öffnete, fiel ihm das Sprechen schwer, weil er einen Kloß im Hals hatte.

Was ist passiert? fragte er. Was ist eigentlich passiert?

Sie hatte zu zittern angefangen und antwortete nicht sofort. Sie vergrub ihr Gesicht in den Händen.

Du hast ihn losgelassen, sagte sie dann leise. Das ist passiert. Du hast ihn losgelassen.

Bjarni Bjarnason

Familienbilder

Papa war Fischer. Er besaß ein Zwölf-Tonnen-Boot, das Kátur hieß. Ich hatte immer schon den Wunsch gehabt, einmal auf dem Kutter mitfahren zu dürfen, doch ich mußte immer an Land zurückbleiben. Eines Morgens fragte er mich dann ganz unverhofft, ob ich mit auf eine Fahrt kommen wolle. Ich weiß nicht, warum, aber ich lehnte ab. Er versuchte mich mit allen Mitteln zu überzeugen, doch ich blieb felsenfest. Es wäre das allerletzte, was ich tun würde, einen Fuß auf diesen Kahn zu setzen. Auf dieser Fahrt sank Kátur, mitsamt den schwarzweißen Familienfotos in der Kajüte, genau so, wie es von ihm erwartet worden war, und mein Vater bekam die Versicherungssumme ausbezahlt. Es mußte nicht einmal ein Kind an Bord gewesen sein, um die Richter zu überzeugen. Er zahlte in kürzester Zeit seine Schulden ab, noch bevor die Inflation den eigentlichen Wert des Geldes auffraß, denn die Inflation verschluckte in jenen Jahren ganze Familien.

Papa war nie viel zu Hause gewesen. Er war ja immer auf dem Meer, aber da begann ich plötzlich zu begreifen, daß er nicht mal dann zu Hause war, wenn er eigentlich in der Stadt weilte. Irgendwann einmal war ich mit ihm in einem Lieferwagen unterwegs, mit dem er schon seit einigen Monaten herumgekurvt war, wie er sagte, als er einen Augenblick in einer Wohnung im Hlíðar-Viertel verschwand. Als ich fragte, was für eine Wohnung das sei, meinte er, er wohne dort. Er hauste gewiß schon lange dort. Das nächste Mal, als ich von ihm hörte, hatte er sich auf den Färöern niedergelassen und wohnte mit einer jungen färöischen Frau zusammen. Das fand ich eine ungeheuerliche Neuigkeit.

Zu der Zeit streifte ich ziemlich allein durch das Stadtviertel. Einigen Kindern war es verboten, mit mir zu spielen, und die anderen fanden mich so sonderbar, daß ich nur dann ihre Aufmerksamkeit erregte, wenn sich Gleichaltrige um mich scharten, um Geschichten von mir zum besten zu geben. Ich kannte diese Geschichten kaum, da die meisten erfunden waren oder von jemand anderem handelten. Auf unerklärliche Weise war es mir gelungen, im Mittelpunkt vieler erzählter Geschichten zu stehen, ohne viel dazu beigetragen zu haben. Mein Freund Gulli mied mich wie die Pest. Daheim guckte ich aus dem Fenster zu seinem Haus hinüber.

Dort wohnte unter anderen Sandrine, die schönste Frau im ganzen Stadtviertel, mitsamt Abdullah, ihrem arabischen Ehemann und zwei riesengroßen Giftschlangen. Sie sprach mit einem französischen Akzent. Obwohl ich dahintergekommen war, daß sie bloß einen Monat in Frankreich gelebt hatte.

»Aber«, sagte sie, »ich fühlte mich dort sofort wie zu Hause.«

Sie war einundzwanzig, trug Bleistiftabsätze und kurze Röcke und war immer in Eile. Der Araber war eigentlich stets schlecht gelaunt und brüllte ab und zu wie ein Gorilla. Einmal, als sie sich gerade stritten, sah ich, wie eine der Giftschlangen aus dem Fenster kroch. Obwohl sie im zweiten Stock wohnten, reichte sie bis in den Garten hinunter. Plötzlich wurde es still im Haus, das Paar tauchte am Fenster auf und versuchte, die Schlange mit vereinten Kräften wieder hochzuziehen. Aber es war schon zu spät, und während der Araber ihren Schwanz festhielt, damit sie nicht auf die Erde fiel, kam Sandrine mit entblößter Brust und einem Wäschekorb nach draußen, um sie einzufangen. Einen schöneren Anblick als Sandrine, die die schimmernde Schlange in den Wäschekorb stopfte, hatte ich noch nie gesehen.

Dann wurde es ruhig im Haus. Ich ging schlafen. Mitten in

der Nacht erwachte ich von irgendeinem Gepolter und hörte, daß meine Mutter mit einem Mann nach Hause gekommen war. Das gefiel mir ganz gut, und ich lief aus dem Zimmer, um ihn kennenzulernen. Vielleicht würde ich jetzt einen neuen Vater bekommen. Als ich ins Wohnzimmer kam, hatte er sich in Luft aufgelöst.

»Wo ist der Mann?« fragte ich.

»Welcher Mann?« fragte meine Mutter leicht beschwipst.

»Ich habe gehört, daß du mit einem Mann nach Hause gekommen bist, darf ich ihm Hallo sagen?«

»Was für ein Blödsinn, es ist niemand mit mir nach Hause gekommen. Geh ins Bett.«

Da hörte ich ein Rumpeln in der Wand. Der Mann war offensichtlich im Schlafzimmerschrank, der mit der Rückwand zur Wohnzimmerwand wies.

Ich ging ins Schlafzimmer, öffnete den Schrank, und der Mann kam heraus.

»Na so was, du bist ja ein kecker Knirps.«

»Ich bin nicht keck, ich wollte dir einfach nur Hallo sagen.«

»Soso, deine Mutter und ich wollten ein bißchen Ruhe haben.«

Ich ging auf den Balkon, von wo ich am Baum hinunter in den Garten kletterte. Gullbrandur schlich mir auf seinen Samtpfoten hinterher. Meine Mutter fragte mich vom Balkon, ob ich nicht wieder hineinkommen wolle, um mich hinzulegen.

»Es ist prima hier«, sagte ich.

Es war windstill und sternenklar. Ich lag im Gras, und Gullbrandur schnurrte an meiner Seite.

Mama fragte erneut, ob ich mich nicht lieber ins Bett legen wolle, ließ es dann aufgrund der Überredungskünste ihres Gastes aber sein, verschwand in der Wohnung und schloß die Balkontür.

Ich schaute die Sterne an und spürte, daß mich das alles nichts anging. Es gab nur mich und die Unendlichkeit. Ich mußte mein unbedeutendes Leben unter dem Aspekt dieser Unvergänglichkeit betrachten. Sie hielt sich nicht mit irgendwelchen Kleinigkeiten auf und ich, der ich doch gerade mal zehn Jahre gelebt hatte, sollte mir an ihr ein Beispiel nehmen. Diese Erkenntnis brannte sich in mein Herz. Als ich aufstand, war Gullbrandur verschwunden. Ich sah ihn nie wieder. Ich hatte das Gefühl, nicht mehr länger zu diesem Viertel, dieser Schule, diesen Freunden zu gehören.

Ich beschloß, auf die Färöer zu ziehen.

Als ich diesen Entschluß meiner Mutter unterbreitete, schaute sie mich lange nachdenklich an. Dann flüsterte sie, daß ich es sei, was ihr im Leben am besten gelungen sei.

Ich verstand nicht, was sie damit meinte, und verschwand in meinem Zimmer, um meine Sachen zusammenzupacken. Wenige Tage später brachte sie mich zum Flughafen. Auf dem Weg zur Maschine schien es mehrmals, als ob sie etwas sagen wollte, aber nicht die richtigen Worte fand. Als es soweit war, öffnete sie entschlossen den Mund, aber erneut ließen die Worte sie im Stich. Eilig griff sie in ihre Handtasche und nahm eine neue Kamera heraus, die ich noch nie gesehen hatte. Dann richtete sie die Kamera auf mich und drückte auf den Auslöser.

Ágúst Borgþór Sverrisson

Bis zur Unkenntlichkeit

(1975)

Obwohl unser Familienleben schon durch die Krankheit meines Bruders beherrscht wurde, ist er nach seinem Tod noch allgegenwärtiger. Manchmal frage ich mich, ob ich ihn jemals loswerden kann.

Das Wohnzimmer ist nicht groß und gehört jetzt nur noch ihm. Früher hatte er immer nur den Fußboden in Beschlag genommen. In der einen Ecke baute er einen Bauernhof auf: ein brauner Plastikzaun, Kühe, Schafe und Hunde, und der Bauer bearbeitete den Teppich mit einer Sense, die ihm zwischen den Händen steckte. In der anderen Ecke entstand eine beständig wachsende und sich immer weiter auf dem Fußboden ausdehnende Legostadt, ähnlich den Neubauten im Viertel, die uns unaufhaltsam wuchernd immer näher kommen. Manchmal hatte der Bauer auch etwas in der Stadt zu erledigen. Dann fuhr er in seinem in Legohausen angefertigten Auto hinüber, und man konnte kaum noch einen Fuß auf den Boden setzen.

Jetzt ist sein Spielzeug nirgendwo mehr zu sehen. Dafür reihen sich oben auf dem Wohnzimmerschrank viele kleine Fotos von ihm aneinander. Die Rahmen sind aus Leder und mit kleinen Füßchen versehen. Mittendrin thront auf der Kante des Schrankes die grüne Gedenkvase aus dem Krankenhaus. Manchmal träume ich frühmorgens davon, im Wohnzimmer Fußball zu spielen. In dem Moment, wenn der Ball die Vase trifft, wache ich jedesmal schweißgebadet auf.

An den Wänden hängen zwei große Bilder von ihm. Das eine ist eine Fotografie auf dunkelgrünem, gemaltem Hintergrund. Die Wangen sind aufgedunsen; sein Blick jedoch ist hell und klar. Er wirkt ernst, und seine Augen schauen uns vorwurfsvoll an.

Das andere Bild ist ein Gemälde und das zweite Andenken aus dem Krankenhaus. Das Gesicht darauf sieht ihm nicht sehr ähnlich, dafür kenne ich das Hemd nur zu gut: buntgestreift und im Stil der 60er Jahre. Wir hatten beide solche Hemden, sie wurden allerdings vor einer halben Ewigkeit zu Staublappen verarbeitet. Neulich habe ich meine Mutter dabei beobachtet, wie sie das Bild mit den Überresten eines der beiden Hemden abstaubte. Ich hoffe, daß es meins war, obwohl das eigentlich keine Rolle spielt.

Jeden Tag muß ich mit meiner Mutter auf den Friedhof. Das kann in langgezogene Spaziergänge ausarten, da ihr Interesse neben der Grabstätte meines Bruders auch den Lebensläufen einer Reihe anderer Friedhofsbewohner gilt, über die sie meint, mich aufklären zu müssen.

Vor allem spricht sie jedoch davon, was sie alles zur Verschönerung der letzten Ruhestätte meines Bruders zu tun gedenkt. Innerhalb eines Jahres hat sie dreimal einen neuen Grabstein geordert, einer prunkvoller als der andere.

Manchmal habe ich das Gefühl, daß Mutter mir gegenüber besonders liebevoll ist, wenn ich mit ihr auf dem Friedhof bin. »Du wirst sicher mal Arzt«, sagt sie dann und schaut mich wohlwollend an. »Du wirst Arzt und rettest den Menschen das Leben.« Mit Grausen male ich mir eine Zukunft in weißen Kitteln und Krankenhäusern aus. Ich hatte mir immer vorgestellt, als Erwachsener endlich frei sein zu dürfen. Die Tage verbrächte ich mit der Produktion bluttriefender Kinofilme, abends würde ich an meinem eigens zum Kartenspiel angefertigten Tisch sitzen und aus einem Whiskyglas trinken, das sich beim Absetzen in eine in den Tisch eingelassene, runde Vertiefung senkt.

Aber wenn meine Mutter solche Dinge sagt und mich dabei zärtlich anschaut, scheint die Medizinerkarriere unausweichlich. Schon seit langer Zeit wünsche ich mir nichts sehnlicher, als Arzt zu werden. In der Schule schreibe ich einen leidenschaftlichen Aufsatz darüber. Dann kommt das schlechte Gewissen, aber ich ignoriere es.

Anstatt einen Bruder loszuwerden, muß ich mich jetzt mit zweien herumschlagen. Einer liegt auf dem Friedhof, über den anderen spricht Mutter am Frühstückstisch. »Du weißt, daß dein Bruder weiterlebt. Und nicht nur das: Jetzt ist er auch nicht mehr krank. Er ist jetzt an einem anderen Ort und sieht uns von dort aus zu. Er kann uns sehen, obwohl wir ihn nicht sehen können. Aber du bist so ein sensibler Junge, da kann es gut sein, daß du ihn vielleicht doch irgendwann einmal sehen oder wenigstens hören kannst. Das würdest du doch sicher gern, oder?«

Mutter begreift mein Schweigen als Zeichen der Zustimmung und fährt fort: »Wenn du ganz allein hier oben in der Wohnung bist, kannst du dich ins Wohnzimmer setzen und etwas machen. Etwas, was nur ganz feinfühlige Menschen können. Du legst die Arme mit den Handflächen nach oben geöffnet auf die Armlehnen. Schließ die Augen und versuche, an gar nichts zu denken. Einfach den Kopf frei machen. Dann hörst du ihn vielleicht, wer weiß. Und wenn du ihn hörst, dann machst du die Augen wieder auf, und kannst ihn vielleicht sogar sehen!«

Mutter legt ein braunes Schreibheft und einen blauen BIC-Kuli auf den Küchentisch. Das Heft sieht genauso aus wie die, die ich in der Schule benutze, nur daß es leer ist. Dieses

Heft wird auch nicht in meiner Schultasche verstaut, und ich muß darin keine Hausaufgaben lösen. Dieses Heft brauche ich nur dann zu benutzen, wenn ich es selber will, darauf legt Mutter großen Wert, während sie mich mit bittenden Augen anschaut.

Eigentlich bin es nicht einmal ich, der in dieses Heft schreiben soll. Sie zeigt mir, wie ich den Stift halten muß; er soll zwischen Zeigefinger und Daumen ruhen. Die Minenspitze ganz oben auf der Seite. Die Hand bewegungslos.

Wenn er etwas schreibt, will Mutter das sehen. Aber sie sagt auch immer wieder, daß ich das alles nicht tun muß, wenn ich nicht will. Mit Augen, die betteln. Ich spüre, daß ich diesen Blick so schnell wie möglich loswerden muß. Er ist schlimmer als jede Schimpftirade. Obwohl ich das kaum beurteilen kann, weil nie jemand mit mir schimpft.

Mutter gibt sich mit jedem kleinen Satz zufrieden. Um ehrlich zu sein, sie ist außer sich vor Freude. Die Schrift ist sehr undeutlich, aber man kann ganz klar das Wort »kerngesund« aus dem Gekritzel am Zeilenende erkennen. Daraus zieht Mutter den Schluß, daß im Heft derselbe Satz steht, den ich angeblich in seinem Zimmer gehört habe: »Seid nicht traurig, mir geht es gut, ich bin kerngesund.«

»Hat er ganz bestimmt nicht noch mehr zu dir gesagt?« fragt sie eifrig.

»Nein, und mir kam es so vor, als wolle er vielleicht auch gar nicht, daß wir weiterhin mit ihm reden. So, als müsse er sein eigenes Leben in der anderen Welt leben. Und wir unseres.«

Mutters Gesicht ist ein einziges Fragezeichen.

»Das hat er gesagt?«

»Nein nein, ich hatte nur irgendwie so das Gefühl. Vielleicht, weil ich so ein etwas sensibler Junge bin, wie du sagst.«

Sie fragt, ob ich es nicht trotzdem noch einmal probieren wolle.

Ich sage, daß ich erst einmal abwarten möchte. Man müsse in sich spüren, ob man es noch einmal probieren sollte. Wenn man in diesen Dingen doch so feinfühlig ist.

Mutter sagt, daß ich vielleicht gerne Medium werden möchte, wenn ich groß bin. Medium und Arzt. Es gäbe auf der Welt sowohl gute Medien als auch gute Ärzte, aber sie habe noch nie von jemandem gehört, der beides auf einmal sei.

»So jemand wäre ein reiner Segen für die Menschheit.«

Ich nicke und würge dabei meine Spucke hinunter.

Als ich das verlassene Wohnzimmer betrete, kommt es mir wie die natürlichste Sache der Welt vor, wenn das Gesicht meines Bruders auf dem großen Wandporträt zu sprechen begänne.

Doch als ich die Arme auf die Lehnen lege, die Handflächen öffne, die Augen schließe und versuche, den Kopf frei zu bekommen, wird der Verkehr draußen plötzlich so laut; die Geräusche der Autos, die ich normalerweise gar nicht bemerke, scheinen so nah, als stünde ich draußen auf der Straße.

Da wird mir klar, wie groß und laut die Welt ist, die Stille ist nur hier. Erfüllt von tödlichem Leben wartet die Welt hinter dem Autolärm, der in der Ferne verschwindet.

(1976)

Manchmal verspüre ich den Drang, jeden Tag ins Kino zu gehen. Aber das geht nicht. Abends im Bett erfinde ich statt dessen meine eigenen Kinofilme. Rotgefärbte Einschußlöcher sprießen auf Anzügen, und die Männer winden sich vor meinen Augen. Einer nach dem anderen versucht, so großartig wie möglich sein Leben für mich auszuhauchen; sie sinken bebend zu Boden und lassen nichts an Dramatik aus.

So ist der Tod nicht.

Auf dem Nachttisch steht ein Glas mit durchsichtigem Whisky aus dem Wasserhahn. Wenn das Blutbad vorüber ist, setze ich mich im Bett auf und kippe ihn in einem Zug herunter. Ich ziehe eine Grimasse und seufze, die Flüssigkeit brennt in den Eingeweiden.

In den Filmen ab 14 fragt mich nie jemand nach meinem Ausweis, bei denen ab 16 kann es so oder so ausgehen. Es ist ärgerlich, mit der bezahlten Karte, die ich laut Kinoregeln nicht erstattet bekomme, wieder nach Hause zu gehen. Aber zweifellos fühle ich mich wie die Verbrecher in den Kinofilmen, wenn ich am Eingang die Karte vorzeige, als ob nichts sei. Und wenn der Türsteher das Ticket abreißt, habe ich es geschafft; hinein in das Flugzeug, hinaus aus dem Einflußbereich der Gerichtsbarkeit. Die überall auf dem Flughafen verteilten Polizisten greifen ins Leere. Sie können mich nicht stoppen. Sie können die Rache nicht verhindern. Ich werde den Mörder meines Bruders finden.

Unser Geschäft befindet sich im unteren Stockwerk des Hauses. Es ist ein kleines Lädchen, aber Mutter nennt es immer Das Geschäft. Sie sagt das mit Großbuchstaben und Stolz: Das Geschäft. Der Ladentisch befindet sich in einer engen Nische im Hauseingang; die Warenregale in einem kleinen, türlosen Raum daneben. Auf dem Tisch steht ein graues Telefon, das mir früher einmal schrecklich modern vorkam. Bevor wir es kauften, dachte ich, es gäbe nur schwarze Telefone. Jetzt ist das graue genauso alltäglich geworden wie der Staub auf dem Fußboden, wohingegen das schwarze Telefon im Wohnzimmer mich an eine vergangene, halb vergessene Zeit erinnert: Als mein Bruder noch nicht krank war und ich mit ihm spielen und streiten konnte wie mit einem normalem Kind.

Das Lager befindet sich in einem beheizten Schuppen im Hinterhof. Dort habe ich mich mit vergessenen Dessertsoßen angefreundet. In durchsichtigen Plastikflaschen und mit einer roten Verschlußkappe versehen stehen sie in gerader Reihe hinter einem bis obenhin mit Glühbirnen vollgestopften Pappkarton.

Die Birnen sind mit einer dicken Staubschicht überzogen, in die ich manchmal mit dem Zeigefinger eine Spur ziehe. Bei meinem nächsten Besuch im Schuppen sind die Spuren jedesmal wieder verschwunden und die Staubschicht ebenso dick wie zuvor. Das weckt in mir das Gefühl, keinerlei Einfluß auf den Gang der Dinge zu haben.

Die Flaschen mit den Soßen sind je nach Inhalt von verschiedener Farbe. In der Sekunde, bevor ich mir etwas aus einer von ihnen in den Mund spritze, durchströmt mich ein Glücksgefühl, welches in genauem Gegensatz zu der Leere steht, die der Staub auf den Glühbirnen in mir hervorruft: Ich, und nur ich, bestimme jeweils über die Menge in den Flaschen.

Kurze Zeit später jedoch, wenn mir schon leicht schummerig im Magen ist, kehrt die Leere zurück. Diese Dessertsoßen sind verlassen und vergessen; über sie zu bestimmen bedeutet nicht, über die Welt zu bestimmen. Die Behälter sind nur ein Teil von mir, so wie meine Socken oder meine Grimassen im Spiegel, die außer mir niemand sieht.

Vorne auf den Flaschenetiketten ist das Verfallsdatum gestempelt. Man schmeckt es nicht, aber laut Stempel sind alle Soßen im Februar 1974 abgelaufen. Da hat mein Bruder noch gelebt. Ich überlege, wie er jetzt wohl aussehen mag, wie lange der menschliche Körper erhalten bleibt.

Dann, als ich meinen Bruder endlich losgeworden bin, verstricke ich mich doch wieder in seinem Netz. Obwohl nicht mehr von ihm gesprochen wird und ich nicht länger gezwungen bin, über ihn nachzudenken.

Ich bin inzwischen lange genug auf der Welt, um zu den Jugendlichen gezählt zu werden. Aber hat sich irgend etwas verändert? Ich hatte mir immer eingebildet, daß mit dem Erreichen des Teenageralters automatisch die Coolness von mir Besitz ergreifen würde; daß eine Lederjacke vom Himmel und direkt auf meine Schultern fällt, eine Zigarette mir geradezu in den Mundwinkel fliegt und dort in gleichmäßigem Takt auf und ab wippt, während ich pausenlos geschliffene Kommentare von mir gebe.

Aber zum Rauchen fehlt mir der Mut. Und nicht nur das: Ich, der so oft Spielwhisky aus dem Küchenhahn getrunken hat, mit dem lange einstudierten Gesichtsausdruck und dem Seufzen der skrupellosen Leinwandhelden – sobald es ans Eingemachte in Form von echtem Wodka geht, kriege ich kalte Füße.

Das einzig Neue ist, daß mir jetzt niemand mehr den Eintritt zu nicht jugendfreien Filmen verweigert. Aber als 15jähriger in einen Film ab 16 zu kommen, ist nichts Besonderes. Die Jungs, die mir früher einmal atemlos zuhörten, nachdem ich mich im Austurbæjarbíó in »Deliverance« geschmuggelt hatte, winken jetzt verächtlich ab.

»Wie, trinkste keinen mit? Hast wohl Schiß vor deiner Mami, was?«

»Nee ... ich mag eben lieber Whisky.«

Noch immer ist es jedoch unwiderstehlich, in einem abgedunkelten Saal zu sitzen und den Tod als lustig, spannend und sorglos zu erleben. Keine langatmige Beerdigung, kein bleischweres Schweigen im Haus, keine Friedhofsbesuche, kein braunes Schreibheft, das nun vergessen und zusammen mit Schraubenziehern und Batterien in der untersten Küchenschublade liegt, unter Besteck und Kochlöffeln.

Früher war es einfach, ein paar Scheine aus der Ladenkasse zu stibitzen, aber jetzt hat Mutter das Geschäft verkauft. Was genau sie verkauft hat, ist mir nicht ganz klar, denn wir wohnen immer noch im selben Haus und auch der Lagerschuppen steht unverändert im Hinterhof, sogar noch mit einigen Waren darin.

Mein Bruder hatte in einem hellgelben Leinenbeutel Zehnkronenstücke gesammelt, die meine Mutter ihm gab, wenn sie Wechselgeld aus der Bank besorgte. Langsam aber sicher füllte sich der Beutel. Mein Bruder fand Zehner unterm Sofakissen, in der Einfahrt, auf dem Fußboden und so weiter. Die Leute schenkten ihm Zehner; einmal habe ich ihm sogar selbst einen gegeben.

Er imitierte den überquellenden Reichtum Onkel Dagoberts aus den Donald-Duck-Heften. Auf den Bildern sah man genau solche Säckchen. Um die Nachahmung perfekt zu machen, malte er mit einem schwarzen Filzstift Dollarzeichen außen auf den Beutel. Inzwischen läßt sich die Schrift nur noch erahnen, und ich bin mir nicht sicher, ob meine Augen ein tatsächlich vorhandenes Dollarzeichen ausmachen, oder ob es die Erinnerung ist, die mitliest.

Ich brauche lange, um alle Zehner aus dem Beutel zu zählen. Zusammengenommen reichen sie gerade für eine Kinokarte, eine Tüte Popcorn und zwei Busfahrten.

Die Flaschen mit den Dessertsoßen sind aus dem Lagerschuppen verschwunden. Die Kiste mit den Glühbirnen ebenso.

Jetzt kommt es mir so vor, als habe der Geist meines Bruders in den Sachen gewohnt; und ich bin froh, sie los zu sein. Auf dem Boden steht ein offener Cornflakes-Karton, halbvoll mit gelben Päckchen. Auf dem Holztisch liegen ein paar Stangen Viceroy-Zigaretten. Es wird nicht mehr geheizt, und nach all den warmen Schuppenjahren ist es ein merkwürdiges Gefühl, plötzlich zu frieren, wenn man hier im T-Shirt steht.

Mutter hat eine Wäscherei in der Oststadt gekauft. Hier ungesehen an die Ladenkasse zu kommen, erweist sich als schwierig. Der Dampf der Wäschemangel riecht merkwürdig. Ein paar Tage lang macht das Einatmen dieses Geruches Spaß, dann wird es zur Gewohnheit.

Der Kinofilm ist eine Enttäuschung, mehr Komödie als Action, trotz Altersbeschränkung. Im ganzen Film nur ein einziger Mord, und das, obwohl der Eintrittspreis erhöht worden ist. Ich fühlte mich betrogen, immerhin hatte ich beim letzten Kinobesuch hundert Kronen weniger bezahlt und mindestens sieben Morde zu sehen bekommen. Trotzdem konnte ich mir das Popcorn nicht verkneifen. Jetzt habe ich kein Geld mehr für die Busfahrt und muß nach Hause laufen.

Auf dem Heimweg merke ich, daß der Sommer zu Ende geht. Eine kühle Brise und hellblaue Dämmerung. So, als käme ich aus der Neun-Uhr-Vorstellung anstatt aus der um sieben.

Der leere Zehnkronenbeutel verwandelt sich in einen Knoten in meinem Magen. Ich muß an die Diamantendiebe und ihre Dreistigkeit aus dem Film denken. Für einen Moment finde ich mich selbst schlimmer als sie. Es kommt mir so vor, als hätten sie nichts gestohlen, was von Bedeutung ist, der erschossene Wachmann erscheint nebensächlich. Ich sehe ihn vor mir, wie er in der Schauspielerkantine Kaffee trinkt, noch mit künstlichem Blutfleck auf der Hemdbrust.

Ich überlege, ob ich den Berufswunsch Arzt wieder aufnehmen könnte.

(1978)

Heute kam die Zusage vom Gymnasium. Meine Mutter war vollkommen aus dem Häuschen; und obwohl wir beide wußten, daß alle Grundschulabsolventen aus diesem Viertel angenommen werden, fühlten wir uns wie nach einem hart erkämpften Sieg. Wir feierten im Restaurant, mit Hähnchen, Pommes und Leichtbier. Meine Mutter erzählte, daß zwei ihrer Cousins an diesem Gymnasium ihren Abschluß gemacht hätten. Beide sind verunglückt.

»Jetzt trittst du in ihre Fußstapfen«, sagte sie, und ihre Augen leuchteten dabei.

Aber das Medizinstudium hatte sie nicht erwähnt. Ich sah schon die Abiturientenmütze auf meinem Kopf, und wie man mich deshalb mit einem Polizisten verwechselt.

Ich nahm einen Schluck vom Leichtbier und stellte mir vor, es wäre stärker. War kurz davor, das Gesicht zu einer Grimasse zu verziehen, und ließ es dann doch sein. Dachte an den Brief vom Gymnasium und beschloß, inzwischen zu alt für so etwas zu sein.

Am Nebentisch nagte ein alter Mann geräuschvoll an seinem Hähnchenschenkel. Früher hatte ich ihn oft bei uns im Laden gesehen; aber jetzt schien er uns nicht mehr zu erkennen, obwohl sich unsere Blicke trafen. Meine Mutter bemerkte ihn nicht.

Für einen kurzen Moment wurde alles wie immer; so als wenn sich der Himmel plötzlich bezieht, und man hat immer noch die kurzen Hosen an.

Auf dem Heimweg hielt meine Mutter vor dem Gymnasium und schaute lange auf das Gebäude. Ein roter Skoda hinter uns hupte, aber sie kümmerte sich nicht darum.

Die alte Ladenkasse steht noch immer auf dem Schreibtisch. Im Gegensatz zu den meisten anderen Dingen scheint sie letztes Jahr nicht mitverkauft worden zu sein. Das schwarze Netzkabel liegt zusammengerollt daneben. Es gelingt mir, die Geldlade zu öffnen, aber ich bekomme sie nicht wieder zu. Sie ist leer. Aus irgendeinem Grund kommt es mir nicht in den Sinn, den Stecker in die Steckdose zu stecken.

Ich setze mich ins Wohnzimmer. Die Bilder meines Bruders an der Wand erdrücken mich nicht mehr. Früher konnte ich nicht einmal fernsehen, ohne daß sie störten. In all ihrer Schweigsamkeit brachten sie zum Ausdruck, daß man eigentlich etwas anderes machen sollte, als vor der Kiste zu hocken. In Stille leiden; mit dem gleichmütigen Gesichtsausdruck eines Heiligen. Jetzt sind es nur noch Reliquien, und Reliquien besitzen keinerlei Eigenleben, es sei denn, man tut alles, um sie damit zu versehen.

So ist das mit der Zeit; man merkt nicht, wie sie verrinnt, bis sie vergangen ist. Die Tage vergehen, ohne daß etwas zu passieren scheint; man bemerkt keinerlei Veränderung, bis man plötzlich entdeckt, daß alles anders ist.

Ich denke an das Motorengeräusch unseres Autos, das man im Wohnzimmer gehört haben muß, als Mama und ich heute abend ins Restaurant fuhren. Er wird sich entfernt haben und schließlich verschwunden sein, so wie anderer Autolärm – wenn jemand daheim gewesen wäre, um ihm zu lauschen. Nach einer Weile kann ich mich des Gefühls nicht erwehren, als wäre ich selbst hier im Wohnzimmer gewesen und hätte mir dabei zugehört, wie ich mich immer weiter hinaus in die Welt entferne, bis zur Unkenntlichkeit.

Jón Atli Jónasson

Der Zauberer

Wir haben dieses Haus gemietet. Wir wollten einen Monat hierbleiben und dann weiter durch Europa reisen. Solange ich denken kann, haben wir uns jeden Quadratzentimeter in Europa angeschaut. Städte und Straßen kommen mir inzwischen bekannt vor. Und trotzdem ist alles so fremd. So ausländisch irgendwie. Vielleicht ist es der Geruch oder die Milch. Das ist das erste, was Kinder wie ich bemerken: wie schlecht ausländische Milch schmeckt.

Es ist ein weißes, zweistöckiges Einfamilienhaus mit großen Fenstern. Vor den Fenstern sind schwarze Läden. Um den Sturm draußen zu halten. Meist sind sie geöffnet. Unser Nachbar ist ein alter Mann. Er wohnt in fast dem gleichen Haus. Schon frühmorgens ist er im Garten. Er interessiert sich sehr fürs Gärtnern. Wir Brüder schauen bei ihm vorbei und streunen dann den ganzen Tag um ihn herum. Das ist einer dieser Tage, an denen wir in Frieden gelassen werden. Genug Zeit haben, um kleine Jungen zu sein und Abenteuer zu erleben. An solchen Tagen gibt es eine stille Abmachung zwischen uns: Wir sind in derselben Mannschaft und kämpfen nicht gegeneinander. Der alte Mann wischt sich den Schweiß von der Stirn und redet auf deutsch mit uns. Wir haben keine Ahnung, wovon er spricht, nicken ihm aber zu. Einfach nur, um Interesse zu zeigen. Er zeigt uns seinen Schuppen. Der ist voller Gartengeräte, die ordentlich aufgereiht an einer Wand stehen. Auch Waffen, Schwerter und Fahnen gibt es dort zuhauf. Unser Nachbar interessiert sich offenbar sehr für den Nationalsozialismus. Er gibt uns Gasmasken zum Spielen. Wir befreien sie vom gröbsten Staub und setzen sie auf. Dann laufen wir schreiend zu Mama in den Garten. Sie kreischt und schreit. Auf direktestem Weg werden wir über den Lattenzaun geschickt, um diese feinen Geschenke dankend abzulehnen. Der alte Mann ist verärgert. Ich möchte ihm etwas sagen, aber er versteht kein Isländisch. Ich möchte ihm sagen, daß ich die Maske nicht nötig habe. Ich bin Meister darin, den Atem anzuhalten. Das kann ich tagelang. Einen großen Zug Sauerstoff einatmen und ihn in einer Blase in mir aufbewahren. Davon weiß niemand. Noch nicht einmal mein Bruder.

Wir gehen wieder zu Mama in den Garten und setzen uns zu ihr. Es ist heiß, und die Sonne scheint uns ins Gesicht. Ich schaue hoch zum Himmel. Am Mond vorbei und an der Sonne vorbei. Es gibt einen kleinen Punkt ganz weit draußen im Sonnensystem. Wenn ich ihn lange genug anstarre, kann ich die Zeit anhalten. Nicht wirklich lang am Stück. Im Atemanhalten bin ich viel besser. Aber ich arbeite daran. Ich gebe das Starren auf. Die Sonne ist zu stark. Wenn sie so kräftig scheint, kann ich die Zeit nicht anhalten. Im besten Fall langsamer machen. Ich habe ein Tonband im Bauch. Darauf kann ich alles aufnehmen, was ich behalten will. Ich setze es in Gang. Um später was zu haben. Wenn es mal Schwierigkeiten gibt. Ich beherrsche nämlich alle möglichen Zaubertricks, von denen niemand weiß. Noch nicht einmal mein Bruder.

Wir liegen im raschelnden Gras und spüren die Sonne unsere weißen Körper backen. Papa ist nirgends zu sehen. Er liegt im Schatten und schläft. Dieser Moment ist wie ein Foto, das genau im richtigen Augenblick aufgenommen wurde. Wenn der Stabhochspringer die Knöchel über die Stange streckt. Es wird langsam Abend. Wir packen die Decke und unsere Sachen zusammen. Wir sind halb gefühllos von der Sonne und der Natur um uns herum. Eine zu große Dosis Draußensein.

Eine Art schweigsame Ruhe liegt über uns. Als ob sich etwas in uns erholen durfte.

Drinnen im Haus ist Papa aufgewacht und sitzt am Küchentisch. Er steht langsam auf und sagt, daß ich ins Auto steigen soll. Wir wollen etwas zu essen besorgen. Ich ziehe mein T-Shirt an, nehme meine Jacke und laufe hinaus zum Auto. Er folgt mir und setzt sich hinein. Läßt den Motor an. Wir fahren schnell auf Straßen, die sich unter hohen Bäumen und Laub verstecken. Die letzten Sonnenstrahlen zwängen sich durch Ritzen zwischen den Bäumen und schießen Lichtblitze auf die Windschutzscheibe. Wir kommen an einem See vorbei, auf dem man mit Plastikschwänen Tretboot fahren kann. Einige von ihnen schaukeln gemeinsam am Ufer. Sie haben einen grünen Schimmer auf der Brust. Als wären sie ein bißchen krank.

»Wir sind uns ähnlich, du und ich«, sagt er und zündet eine Zigarette an. »Da gibt's einiges, was unter uns bleiben muß«, sagt er und biegt zum Einkaufszentrum ab. »Manches braucht deine Mutter nicht zu wissen.«

Er steuert das Auto auf den Parkplatz, und wir steigen aus. Er zieht einen Geldschein aus der Hosentasche und gibt ihn mir. »Siehst du den Laden da? Kauf dir Schokolade. Ich bin im Restaurant dort drüben. Und dann warte hier am Auto auf mich. Ich möchte was trinken. Ich bin so durstig. Dann kaufen wir was zum Essen.« Ich merke, daß der Schein durch den Schweiß in meinen Händen feucht geworden ist. »Aber du darfst nicht trinken«, sage ich ganz vorsichtig. Leise, als wünschte ich, daß er mich nicht hört. »Nicht einmal, wenn ich durstig bin?« Er lächelt und macht sich auf den Weg zum Restaurant. Ich war einmal dort. Da drinnen ist ein saurer Geruch und dicker Rauch. Er sticht einem in die Augen.

Es schaudert mich. Frankenstein bedient im Laden. Hinter

ihm ist ein Stapel halb geschmolzener Schokolade. Sie versucht, aus der Verpackung zu fliehen. Er starrt aus zehntausend Fuß Höhe auf mich herunter, und ich gebe ihm den feuchten Schein. Kaufe eine. Nur so, um sie zu befreien. Ich gehe wieder raus und werfe sie in den Müll. Keine Spur von Papa zu sehen. Ich laufe zum Auto und setze mich auf die lauwarme Motorhaube. Es ist schon kühler geworden. Ich drücke auf einen Punkt in meinem Bauch und spiele ab, was ich den Tag über aufs Tonband aufgenommen habe. Die warme Motorhaube hilft dabei.

Ich muß geschlafen haben. Als ich aufwache, bin ich ganz steif. Papa rüttelt an mir. Ich zucke zusammen und rutsche vom Auto und lande auf dem harten Asphalt. Er riecht. Er setzt sich ins Auto, und ich klopfe meine Kleider aus. Er beugt sich zur anderen Tür und öffnet mir. Ich stehe ein paar Sekunden still und hole Atem. Einen großen Zug Sauerstoff, den ich in einem unterirdischen Bunker im Bauch aufbewahre. Dann setze ich mich ins Auto, und er rast los.

Er ist so betrunken, daß er kaum Kontrolle über das Auto hat. Die Bäume rasen in der Dunkelheit an uns vorbei. Mir ist es ganz egal. Es spielt keine Rolle. Ich lenke dieses Auto mit Gedankenkraft. Darin bin ich sehr gut.

Als wir zum Haus kommen, sehe ich, daß ich vergessen habe, die Fensterläden zu schließen. Das Licht von drinnen strahlt auf den Kies. Ich habe keine Kraft, sie zu schließen. Es ist schon spät. Papa hält das Auto an und dreht sich zu mir. »Du darfst dich vor ihr nicht verplappern«, sagt er und hievt sich aus dem Auto.

Wir poltern laut ins Haus. Ich gehe direkt in die Küche. Er trottet die Treppe hoch ins Badezimmer und schließt ab. In der Küche sitzt Mama auf einem Stuhl und raucht. Mein Bruder schläft mit dem Kopf auf dem Küchentisch. In seinem blonden Haar sind weiße Strähnen. Sie schaut mich an und hofft, daß ich Zauberkräfte habe. Dann sieht sie in meinen Augen, daß ich nichts tun kann. Bei meinen Vorführungen ist sie hinter die Kulisse gekommen. Sie weiß, wie meine Tricks funktionieren. »Er hat nichts zu essen gekauft. Er ist betrunken«, sage ich, um allen Zweifel zu zerschlagen.

Mama steht auf und macht die Zigarette aus. Sie streichelt über meinen Kopf, dann geht sie hoch. Ich folge ihr bis zur Treppe und warte dort auf sie.

Sie schreit. Er schreit. Dann erscheint sie ganz oben auf der Treppe. Sie sieht mich an, und ihre Lippen formen ein lautloses Wort: »Renn«, sagt sie. Ich spüre kaltes Blut in den Adern. Sie verschwindet, und er taucht auf. Kommt wütend die Treppe runter. Mein Herz schlägt schnell. Ich schließe die Augen und sehe es vor mir. Eine rote Pumpe. Ich bin ein kleines bißchen stolz. Es ist in meiner Mannschaft. Ich möchte es nicht enttäuschen. Ich laufe für es. Für meine Mannschaft. Für Mama.

Ich greife nach der Türklinke. In der Dunkelheit finde ich den Griff nicht sofort. Das Haus zittert, als er wütend die Treppe runterkommt. Endlich gelingt es mir, die Tür zu öffnen, und ich spüre seinen zornigen Atem in meinem Nacken. Er packt mich. Ich öffne den Reißverschluß meiner Jacke, und er reißt sie mir vom Leib. Ich höre, wie er sie in seinen Händen zusammenknüllt. Dann laufe ich hinaus in die Dunkelheit. Ich höre ihn hinter mir. Ich renne zur Zaunlücke und hinters Haus des Nachbarn. Ich höre, daß er hinter mir her kommt. Ich laufe in den Garten und klettere auf die Mauer auf der anderen Seite. Es dauert eine Weile, bis ich oben bin. Ich spüre, daß er kommt. Als es mir endlich gelingt, mich auf die Mauer zu ziehen, packt er mein T-Shirt. Ich lasse mich über die Mauer fallen und das T-Shirt reißt. Auf der anderen Seite der Mauer falle ich langsam ins Dunkel.

Manchmal, wenn ich mich konzentriere, kann ich in der Luft schweben. Aber ich erzähle niemandem davon.

Einige Minuten später knalle ich auf den Kies. Ich höre ihn mit den Fäusten gegen die Mauer trommeln. Ich bin an den Bahngleisen. Dort, wo wir nicht spielen dürfen. Die Wand beginnt sich zu wölben. Er versucht, darüberzuklettern. Ich renne durch den losen Kies. Ich renne, bis ich Seitenstiche bekomme. Irgendwo hinter mir höre ich ein Plumpsen. Er ist über die Mauer gekommen. Die Seitenstiche lähmen mich in der Brust wie ein Todesstrahl. Bald holt er mich ein. Er holt mich immer ein.

Ich entdecke eine kleine Nische, dort, wo der Weg auf die Gleise trifft. Unter den Schienen. Ich schlüpfe hinein und verstecke mich. Er kommt angelaufen, doch es ist zu spät. Ich bin verschwunden. Ich höre, wie sich seine Schritte entfernen und sein Schreien. Er ruft mich. Leider. Ich bin gehörlos. Ich habe meine Ohren ausgeschaltet.

Ich muß geschlafen haben. Als ich die Augen öffne, prasseln kleine Steine auf mich nieder. Der Zug kommt. Ich friere. Papa ist irgendwo da draußen an den Gleisen und sucht mich. Wenn ich mich bewege, findet er mich. Der Lärm des Zugs wird jede Sekunde lauter. Dann höre ich ein fürchterliches Donnern. Der Zug rast direkt über mich hinweg, ich zittere überall und habe Angst vor seinem Gewicht. Die Sauerstoffblase in meinem Bauch zerplatzt und die Ohren schalten sich wieder ein. Ich habe nichts unter Kontrolle.

Ich verschwinde in der Dunkelheit. Meine Hose ist naß. Der Strahl ist so stark, daß er mich bis zum Bauch naß macht. Vielleicht bin ich tot. Erst viel später traue ich mich aufzustehen. Ich schleiche zurück zum Haus. Mache jeden Schritt so vorsichtig, wie ich kann. Hinter jeder Ecke wartet er auf mich. Ich öffne das Küchenfenster und schaue in den schwarzen

Himmel und sauge eine neue Sauerstoffblase ein. Ich deponiere sie sicher im Bauch und schwebe rein.

Ich höre ihn oben im Schlafzimmer schnarchen. Er hat aufgegeben. Ich setze mich an den Küchentisch und wühle in Mamas Tasche. Finde ihre Zigaretten und zünde mir eine an. Auf dem Kalender steht dreizehnter Juli. Im Dezember werde ich zwölf. Meine Hand wird blaß und verschwindet. Die Zigarette schwebt allein in der Luft. Es raucht aus ihr. Ich übe mich darin, unsichtbar zu werden.

Ólafur Haukur Símonarson

Funken

Der ganze Klamauk ging damit los, daß das Wasser, in dem ich geplanscht hatte, mit einem Mal abfloß. Ich verspürte einen unangenehmen Druck, so als wollte eine bös gesinnte Kraft mich aus meiner warmen, behaglichen Höhle herausstoßen. Klar, daß ich mich dagegen zu wehren versuchte und mit meinen Beinen strampelte, aber es nutzte nichts; der Druck nahm ständig zu, bis ich endlich durch eine enge Röhre nach unten gesaugt wurde und in eine neue Welt mit kalter Luft und gleißendem Licht flutschte. Als ich meine Augen aufschlug, hingen bläulich schimmernde Gesichter über mir, verzerrt durch etwas, das ich später als Lächeln zu definieren lernte. Dann durchtrennte jemand die Nabelschnur, und damit schwand meine letzte Hoffnung, ein behagliches Leben bei freier Kost und Logis führen zu können.

Natürlich schrie ich wie am Spieß, denn wie alle, die diesen beschwerlichen Wohnungswechsel mitgemacht haben, war ich überzeugt zu sterben und nicht geboren zu werden. Ich hörte erst mit meinem Gebrüll auf, als mir eine komische Wulst in den Mund geschoben wurde – eine Brustwarze meiner Mutter; und wie jedermann weiß, kann man mit einer Brustwarze zwischen den Lippen kaum unglücklich sein. Als sich dann noch ein warmer Milchstrahl in meinen Mund ergoß, war die Lage schnell zufriedenstellend.

Ich erinnere mich daran, als wäre es erst gestern geschehen.

Als nächstes kann ich von einer Sache berichten, die auf einer Insel im Fluß Ellidaár geschieht.

Ich sehe aus meinem Bettchen in einer verfallenen Holzhütte meiner Mutter hinterher, wie sie mit zwei Eimern in den Händen durch die Tür nach draußen verschwindet. Wasser gibt es jetzt nur noch im Fluß, denn gleich beim ersten Frost friert die Leitung ein. Auf den übereinandergeschobenen Eisschollen unten am Ufer ist es spiegelglatt, und meine Mutter muß sehr vorsichtig gehen, um nicht den Halt zu verlieren. Sie füllt die beiden Eimer mit Wasser und kämpft sich dann so schnell sie nur kann in der Dunkelheit den gleichen Weg zurück. Meine Mutter läßt mich nur ungern unbeaufsichtigt in der Hütte, denn der Kohleofen könnte ausgehen so wie letzte Nacht; dann steigt schwarzer Qualm auf, und es kostet erhebliche Mühe, das Feuer wieder anzufachen. Bei meiner Tante in der ehemaligen Militärbaracke in Laugarnes, wo ich geboren wurde, war es um einiges besser: Es gab Ölfeuerung, fließendes Wasser und Leute, mit denen man sich unterhalten konnte. Aber auch eine große Kinderschar, und darum war kein Platz für uns. Wir hatten keine Bleibe, wie es so schön heißt, aber da wurde uns diese Laube zur Nutzung angeboten, bis wir woanders unterschlüpfen konnten. Doch leider findet sich im Winter 1947 in Reykjavík einfach kein freier Wohnraum für all die Leute, die vom Land in die Hauptstadt drängen. Und so leben wir in diesem Sommerhäuschen. Zu dieser Jahreszeit herrscht pechschwarze Finsternis, und es ist ein gutes Stück Weges für meine Mutter, wenn sie mit dem Kinderwagen bis zum Hlemmur stapft, um alle lebenswichtigen Dinge für uns zu besorgen.

Meine Mutter legt ihre Hand auf meine brennend heiße Stirn, sie wringt einen Waschlappen mit eiskaltem Wasser aus und fährt damit über mein Gesicht. So geht es mir etwas besser. Dann legt sie ein paar Kohlen im Herd nach und gießt Wasser aus einem der beiden Eimer in einen großen Kochtopf. Für das Seelenheil meiner Mutter ist es gut, immer heißes Wasser parat zu haben, um gegen das Perpetuum mobile, das da

Schmutz heißt, vorgehen zu können. Mit größter Hartnäckigkeit schrubbt und wienert sie Fenster, Wände und – indem sie auf einen Tisch steigt – sogar Zimmerdecken. Natürlich bearbeitete sie den Holzfußboden der Laube mit Scheuersand, gleich als wir einzogen, so daß er jetzt hell leuchtet. Meine Mutter würde ohne Bedenken ein Kohlebergwerk blank putzen. Um sie herum muß alles blitzsauber und ordentlich sein. Vor den verrotteten Fenstern der Hütte hängen strahlend weiße Gardinen, die sie selbst genäht hat. Auf dem Tisch liegt eine mit rosa Blumen bestickte Decke. Aus einem tristen Sommerhäuschen bei den Ellidaár hat sie ein gemütliches Zuhause gemacht.

Mein Vater kommt mit dem Fischdampfer »Nanna« aus dem Hvalfjördur zurück. Das Schiff ist bis obenhin mit Hering gefüllt. Er steht in einem wetterfesten Overall voller Fischschuppen am Fenster des Steuerhauses, zündet sich eine Zigarette an, blickt über das Vorschiff und versucht, logisch zu denken. Selbstredend hatte er nicht die Absicht gehabt, zwei Frauen gleichzeitig zu schwängern, aber es ist trotzdem passiert. Beide Frauen haben jetzt einen Jungen zur Welt gebracht. Und im Grunde könnte er sich gut vorstellen, mit beiden verheiratet zu sein. Doch das kommt natürlich nicht in Frage. Muslime dürfen zwar mehr als eine oder zwei Frauen haben, allerdings nur dann, wenn sie anständig für sie und alle ihre Bälger sorgen können. Aber obwohl sie Hering zuhauf anlanden, beteuert der Reeder gegenüber meinem Vater, daß kein Geld da sei. Es genüge nicht, den Hering aus dem Meer zu holen, erklärt er philosophisch, der Fang müsse auch zu Geld gemacht werden.

»Wie geht's euch da in euerm Sommerhaus?« erkundigt sich Ingvar, der Schiffsführer, der neben meinem Vater steht.

»Das ist eine verfallene Bretterbude.«

»Dann mußt du ein eigenes Haus bauen.«

»Mit welchem Geld?«

»Es gibt genug Geld auf der Welt.«

»Na, toll!«

»Was macht der Junge?« fragt Ingvar.

»Dem geht's gut.«

»Das andere Mädchen, wie geht's der?«

»Ehrlich gesagt, ich weiß es nicht.«

»Halte dich mal an Elín«, sagt Ingvar, »das ist ein gutes Mädel.«

Die »Nanna« tuckert in den Hafen von Reykjavík. Dort warten Dutzende von Fischerbooten darauf, entladen zu werden. Der Hering wird in derartigen Mengen an Land gebracht, daß gar nicht alles verarbeitet werden kann. Die großen Fischsiedereien hat man alle in Nordisland und in den Ostfjorden errichtet. Wer konnte denn schon ahnen, daß der ganze Hvalfjörður einmal voller Heringsschwärme sein würde?

»Geh nach Hause zu deinem kleinen Sohn«, sagt Ingvar, »wir können bestimmt erst morgen abend anlanden.«

»Hättest du ein bißchen Geld für mich?« fragt mein Vater.

Ingvar holt seine Brieftasche hervor.

»Laß die anderen Jungs das nicht sehen«, schärft er ihm ein, »die Reederei hat nämlich kein Geld.«

»Trotzdem willst du, daß ich mir ein Boot zulege und mich selbständig mache.«

»Wir reden später darüber«, sagt Ingvar. »Lauf nach Hause und gib deinem Mädchen einen Kuß von mir.«

Mein Vater fährt mit dem Stadtbus bis zur Haltestelle Blesugróf. Im höher gelegenen Teil der Straße werfen die Laternen einen schwachen Schein auf die Fahrbahn, aber auf seinem Weg den Abhang hinunter zu unserer Hütte herrscht völlige Finsternis. Meine Mutter hält mich warm eingehüllt im Arm und steht in der Eingangstür. Sie will zur Straße hochlaufen und versuchen, per Anhalter in die Stadt zu kommen. Mein Gesicht ist feuerrot vom Fieber. Mein Vater packt mich und preßt mich an sich, und sie laufen gemeinsam den Abhang hinauf zur Straße. Wir haben Glück, ein freundlicher Mann nimmt uns mit und fährt uns direkt vor die Tür des Krankenhauses. Gut, daß ihr sofort gekommen seid, sagen die Ärzte, es handelt sich um eine akute Gehirnhautentzündung. Weil man nicht sicher ist, ob ich überlebe, werde ich in der Klinik notgetauft – nach einem Freund meines Vaters, der im Meer ertrunken ist, erhalte ich den Namen Ólafur Haukur.

Oddný Eir Ævarsdóttir

Heim zu meinem Herzen

Duftspiegel

Er führt mich in sein Labor und bittet mich, auf einem Kupferhocker Platz zu nehmen und irgendwie den Geruch meiner Eltern zu beschreiben, anhand von Farben oder Formen, aber am besten sei es, Wörter zu verwenden. Es fehlen uns noch so viele Brücken zwischen verschiedenen Bereichen des Gehirns, ganz zu schweigen von Brücken zwischen Herz und Hirn, sagt er. Bis sich daran etwas ändert, stehen unsere Theorien auf wackligen Brotfüßen. Ich sehe einen kleinen gebackenen Kerl vor mir, der auf Weißbrotfüßen mit den Ergebnissen der Geruchsanalyse unterm Arm herbeigeeilt kommt, ganz butterverschmiert.

Wenn die Formwahrnehmung mit den anderen Gebieten der sinnlichen Wahrnehmung zusammenfließt und sie sich gegenseitig befruchten, entsteht eine neue Wissenschaftsdisziplin, die es uns ermöglicht, den Gefühlskörper und seine Verbindung mit der Lichtzeit zu verstehen. Die Duftwahrnehmung eröffnet uns den Weg dorthin, deswegen müssen wir versuchen, sie zu verstehen. Denn sie weist nicht nur da, wo wilde Kaninchen hoppeln, eine Übereinstimmung zwischen Lymphdrüsensystem und Sternenstaub nach, nein, nicht nur das. Vielmehr könnte sie den Weg zwischen verschiedenen Bereichen unseres Daseins öffnen, zwischen Geisteskörper, Lichtkörper, Gefühlskörper und so weiter. Ich habe diese Hypothese noch nirgendwo geäußert und erzähle dir im Vertrauen davon: Deine Augen sehen sich selbst im Spiegel, sie können nicht den eigentlichen Sehvorgang sehen, aber alles andere. Deine Ohren hören deine Stimme nicht so, wie andere sie hören, aber es gibt recht gute Aufnahmegeräte. Die Worte sind bemüht, dem Denken gerecht zu werden. Aber was ist mit der armen Nase, fragt er. Ich weiß es nicht, sage ich. Doch, sieh mal, du nimmst ganz unterschiedliche Gerüche von allen Dingen um dich herum wahr und kannst auch dich selbst riechen, zum Beispiel kannst du prüfen, ob du nach Schweiß riechst. Ich hebe instinktiv den Arm, um festzustellen, ob ich nach Schweiß rieche. Du benutzt Parfum und merkst, daß es sich auf der Haut mit der Zeit verändert, wenn es sich mit deinem eigenen Geruch vermischt, entwickelt er seine Theorie unbeirrt weiter. Ich pflichte all dem durch Kopfnicken bei. Er ist ganz nah an mich herangetreten und sagt mit weit aufgerissenen Augen: Du wirst nie den Geruch wahrnehmen können, der durch die Mischung von Haut und Parfum entsteht. Es gibt keinen Duftspiegel. Deshalb benutzen so viele Menschen Parfums, die nicht zu ihnen passen, die die edelste Note ihres eigenen Geruchs nicht hervortreten lassen.

Wenn jemand in einem weißen Kleid bei einer Beerdigung aufkreuzt, liegt das an Geschmacklosigkeit, einem Modetrend oder mangelndem Urteilsvermögen, und wenn Menschen schlecht riechen, liegt es ganz sicher an einer totalen Duftblindheit. Bist du auch duftblind, frage ich ihn. Ja, trotz meines jahrelangen Riechtrainings weiß ich nie, wie ich selbst rieche und ob das Parfum, das ich selbst herstelle und benutze, auch wirklich gut ist. Oder doch, ich nehme es natürlich an meinem Befinden wahr, und genau das ist es, was ich so gerne erklären möchte. Er ist jetzt sehr aufgeregt. Wir wußten, daß die Augen nicht auf sich allein gestellt sehen, wußten aber nicht, wie viele Verknüpfungen jedes einzelne Wahrnehmungsfeld hat, daß jedes einzelne Hirnfeld von anderen Feldern im Körper abhängt, sogar von anderen Zeiten, einer anderen Dimension. Ich lege die Hände zusammen, bereit, seine Augen aufzufangen, wenn sie aus den Höhlen kullern.

Da der Geruchssinn in unseren Breitengraden so unterentwickelt ist, gleichzeitig aber eine rasante Entwicklung durchmacht, hoffen wir, diese Entwicklung verfolgen zu können, den Weg zu unserem Denken nachvollziehen und dieses Wissen auf andere Bereiche übertragen zu können. Dann erst werden wir verstehen, welchen Einfluß alte und abwegige Muster auf unsere Gesundheit und auf unsere ganze Beziehung zur Welt haben. Dann verstehen wir zum Beispiel hoffentlich den Unterschied zwischen Helfersyndrom und Mitgefühl. Aber gut, jetzt fangen wir mit der Parfumproduktion an, eins, zwei, drei! Mit einem eleganten Hüftschwung macht er einen Satz zur Seite, und ich höre in meinem Kopf wieder die Tanzmelodie eine Runde nach der anderen drehen. Wir werden gemeinsam eine bestimmte Grundsubstanz deines Geruchs zum Vorschein bringen, aber denk daran, daß unsere Methoden noch nicht besonders ausgefeilt sind. Ich mache das Licht aus und du sagst mir, was du in den einzelnen Schichten deiner Gedanken siehst. Ich verstehe die Aufforderung nicht wirklich, vertraue aber darauf, daß tief in mir eine Art Verstand arbeitet.

Muttererbe

Ich fange bei Mama an, merke gleich, daß ich sie nicht gut genug beschreiben kann. Denk nicht darüber nach, wie du sie beschreibst, sagt er, bleib einfach wach, halte deinen Rücken gerade und erzähle, was dir in den Sinn kommt, das sind Bruchstücke, mach dir keine Gedanken, später siehst du dreidimensional, das in jedem Fall, wir sind erst am Anfang, entspann dich, aber schlaf nicht ein.

Ich nehme den Geruch von frisch gewaschenen Bettbezügen, gelüfteten Bettdecken, ausgeschüttelten Kopfkissen wahr, ich sehe Morphium, als sie Krankenschwester war, hat sie es eigenmächtig einem sterbenden Mann in die Ader gespritzt, der größere Qualen leiden mußte als aus den Krankenberichten hervorging, sehe dunkelbraune Medizin für einen geistig verwirrten Mann, ich erinnere mich, daß sie einmal wegen irgendeines jungen Mannes in Tränen aufgelöst nach Hause kam, weil er zu sich selbst so böse war, den ganzen Kopf voller Wahnvorstellungen. Papa hat sie umarmt und gesagt, daß sie lernen müsse, sich besser zu schützen und zu erkennen, daß sie eben nur so wenig helfen könne. Es war ein tiefsitzender Schmerz, der sie vor Wut über das medizinische und psychiatrische Pflegesystem zittern ließ. Dann wurde sie selbst krank, fing sich einen Virus an der Herzwand ein und durfte nicht mehr in der Krankenpflege arbeiten. Als sie sich erholte, fing sie an, mit Ölfarben zu malen. Ich merke den starken, angenehmen Geruch von Farbpigmenten, von Fixiermittel, Terpentin und hellgelber Lasur, und ich sehe Muster aus der Natur und viele Schichten durchschimmernder Farbe. Seit sie als kleines Mädchen bei Sonntagsausflügen durchs Autofenster die Schneereste beobachtet hat, verfolgt sie die saisonalen Schneezeichnungen auf den Berghängen. Ich rieche einen Wetterumschwung, Nebel und unbeständiges Wetter. Sand und Wüste. Heilpflanzen. Sie hat die Bißwunde einer ausländischen Frau mit einem Schafgarbenumschlag verbunden, ein verrückter Hund hatte sie gebissen, und wir sind zusammen losgezogen, um Heilkräuter zu sammeln, haben sie dann nach einem Rezept ihrer Großmutter gekocht und den Sud in kleine braune Gläser gefüllt, mit Filzstift beschriftet: *Wilde Saat aus Island.* Ich sehe ihre Hände Muster für die Weberei herstellen, die ihr Vater gegründet hat. Ich sehe häkelnde und strickende und nähende Hände, sie und ihre Mutter und ihre Tante haben die Kleidung für ihre Kinder selbst gemacht. Und Hände, die Gewürze hacken, Knoblauch, Petersilie, Salbei, Estragon, Zitronenschale und Basilikum, sie hat in Italien gelebt. Die Zeit ist um, stell dich langsam auf deinen Vater ein.

Oh, aber darf ich noch eine Sache zu Mama hinzufügen? Ja, bitte sehr, was ist das für ein übler Geruch, der sich hier ausbreitet, ist das Basilikum? Nein, das ist leider der Geruch von Katzenurin. Als Mama klein war, hat sie den Müll rausgebracht, und als sie die Mülltonne geöffnet hat, ist eine verschreckte Katze rausgesprungen. Ich habe Mamas Katzenphobie geerbt, der Garten an unserem Haus war immer voll von rolligen Katzen, es gab auch viele verwilderte Katzen, struppig und ohne Schwanz, und wenn es geregnet hat, ist der Katzenurin mit dem Regenwasser durch die undichte Tür runter in unseren Keller gelaufen, und dann durch den Fußboden verdampft, wenn es wärmer wurde, und dann war unser Haus voll davon und Mama ganz niedergeschlagen, sie fand den Geruch so unerträglich und meinte, daß er die schöne Atmosphäre kaputtmache, die sie geschaffen hatte in dem Haus, an dem sie immer herumgewerkelt haben, meine Eltern.

Vatererbe

Der Geruch, der am stärksten von Papa ausgeht, kommt vom Land, vom Bischofsweg mitten durch die Berge zur nächsten Siedlung. Selbst wenn es keine Wegweiser gibt, verirrt Papa sich nicht, dann orientiert er sich an der Sonne oder am Polarstern, an der Beschaffenheit des Geländes und am Wind. Einmal ist er bis in die Hauptstadt gefahren, saß als kleiner Knirps hinten im Jeep und hat aus dem Fenster gestarrt, wollte sich den ganzen Weg einverleiben, Landstrich für Landstrich. Jetzt sehe ich diesen witzigen Gegensatz: Mama ist ein Stadtkind, das sich nach Natur sehnt, hinter ihrem Haus im Stadtzentrum waren eine Lakritzfabrik und eine Druckerei, und dann hat sie in New York gelebt, ist zum Flughafen gefahren, um die Beatles in Empfang zu nehmen, als sie nach Amerika kamen. Papa hat die Beatles zum ersten Mal aus der Kehle eines Stadtjungen gehört, der den Sommer über aufs Land geschickt wurde, er hat ihm die neuesten Lieder vorgesungen und draußen auf der Wiese *shake* getanzt. Er wollte so schnell wie möglich in den Strudel der Städte abtauchen, ist nach Brasilien gereist mit Aufenthalt in New York, obwohl er bis dahin erst einmal in Reykjavík gewesen war. Er beschloß, sich um Straßenkinder zu kümmern und schrieb nach Hause aufs Land, versuchte die Ungerechtigkeit der Welt zu beschreiben, aber die Entfernung war groß, und wer glaubt schon, daß die Polizei draußen auf der Straße auf Kinder schießt und daß anderen Menschen Trinkwasser verwehrt wird? Als an der Krankenstation Lastwagen voller junger Leute auf der Ladefläche und mit wehender Gerechtigkeitsflagge vorbeifuhren, wollte er sich ihnen anschließen, wurde aber vom ersten Guerillalager wegen mangelnder Erfahrung im Umgang mit Schußwaffen abgewiesen. Er war nie mit seinem Vater auf die Jagd gegangen, weil er jede freie Stunde genutzt hatte, um mit den alten Männern von den anderen Höfen zu reden, ihren Geschichten zu lauschen. Da kommt ein starker Geruch von Tonbändern, denn nachdem er sich damit befaßt hatte, wie man die Welt am ehesten begreifen kann, hat er beim Radio angefangen und ist oft müde nach Hause gekommen, wenn es nicht so recht klappen wollte, an den Weltanschauungen zu rütteln, Mama hat ihn dann in den Arm genommen und daran erinnert, daß er eben nur so wenig verändern kann. Ich rieche den Geruch von Diesel, von Autos, mein Bruder und ich haben eine Pilgerfahrt gemacht, um uns die Überreste von Papas erstem Auto auf der Müllkippe anzusehen, das war ein blau-grüner *Standard Vanguard*, wir haben die Federn mitgenommen. Geruch von Tabak aus der Pfeife des Bauern, von neugeborenen Lämmern, Woll- und Dunggeruch. Wir alle fanden diesen Schafstallgeruch angenehm, aber einige Male hat er mich richtig fertiggemacht. Das Weihnachtsrauchfleisch hing in einer Vorratskammer neben der Waschküche, und als ich in der Schule bemerkte, daß meine Festtagskleider nach Fleisch rochen, das über Dung geräuchert worden war, fing ich an zu weinen. Ich war auch niedergeschlagen, als Papa Dorschleber und Rogen im selben Topf gekocht hat, das Fett ist auf den Rogen übergegangen, dabei war er so froh darüber, in der Stadt etwas Saisonales kochen zu können. Dieser zwiespältige, starke Landgeruch geht von Papa aus, und am schönsten ist der, der aus den Leseclubbüchern strömt, mit dunkelblauem Gemeindestempel gestempelt, sein Pflegevater war der Vorsitzende und ein ambitionierter Einkäufer. Der Büchergeruch kommt auch von seinem leiblichen Vater, einem Lehrer und Landstreicher, der alte Balladen gesungen und aufgesagt hat, starker Geruch von mündlicher Überlieferung und Wachswalzen, Geruch von Psalmen und Bachs *Passionen*, die er bis zum Anschlag aufgedreht hat, immer wenn ihm danach war, wegen seiner Liebe zur Musik hat er Theologie studiert.

Die Zeit ist um. Heute ist dein Duft oktogonal, das auf jeden Fall. Das ist großartig, es steckt unheimlich viel Emotionalität in dir und poetische Nostalgie gegenüber deinen Nächsten, ja ja, das kommt oft vor, das ist das Herz im Duft, es ist gut, so anzufangen, der Rest kommt später. Sein Ohr ist riesengroß und rot geworden, es hat soviel zugehört, er macht den Bericht fertig, taucht den Stift in reine Aromaöle. Kannst du vielleicht noch eine kleine Anmerkung hinzufügen, zum Beispiel finde ich nicht, daß von Mama Katzenuringeruch ausgeht, das habe ich nicht so gemeint. Mach dir keine Sorgen, sagt er, siehst du nicht, daß das, was ich schreibe, gleich wieder verdampft? Es ist so warm hier drinnen, dieser Bericht wird nie existieren. Ich wollte dich nur beruhigen, so tun, als würde ich schreiben, aber schau her, wenn richtige Aromaöle verdampfen, bleibt nichts zurück, null, nur wenn sie unrein sind, hinterlassen sie Fettflecken auf dem Papier. Geh und hol dir was Erfrischendes und versuch dich zu entspannen, denk an nichts, dein Sinnesmagen ist jetzt voll genug.

Ich sitze allein in der Kantine und versuche an nichts zu denken, aber der Geruch hier drinnen ist so neutral, es würde mir zweifelsohne helfen, einen Gang runterzuschalten, wenn der Geruch von verbranntem Brot oder Sandelholz in der Luft läge, wie vor der tibetischen Gebetsstätte, und wenn weiße Blüten in mein Gesicht rieselten.

Guðmundur Andri Thorsson

Nun kann der Abend kommen

Das Leben spielt sich draußen ab. Manchmal scheint es ihr, als höre sie es, wie es vorüberzieht. Dann ertönt ein Geräusch, eine Art Zugluft, die kaum zu hören ist, und sie weiß, das war das Leben, das gerade vorbeizog. Sie hört Kinder kreischen und rufen, und manchmal würde sie gern die Tür öffnen und ihnen einen Bonbon zustecken oder eine Cola anbieten, aber wenn es dann soweit ist, traut sie sich doch nicht. Und die Kinder sind weiter draußen und sie drinnen. Sie hört Flugzeuge und Autos und Motorräder und Rasenmäher und Kreissägen und denkt bei sich, so ist das Leben heutzutage. Dieses Tempo in allem. Dieser unpersönliche Lärm. Diese widerliche Brutalität. Sie will hier drinnen bleiben.

Hier drin. Sie hat überall Staub gewischt und gesaugt und das Geschirr gespült. Die Keule ist im Ofen, und nachher wird sie sie genießen, wenn sie die Soße gemacht hat und die Kartoffeln gekocht sind. Das Essen wird ihr für die ganze Woche reichen. Die Waschmaschine läuft, und die Platte mit Crosby, Stills, Nash & Young dreht sich auf dem Plattenteller: *Our house is a very very very fine house* ... Nun kann der Abend beginnen. Der Nebelschleier und das Unwohlsein, die sie verfolgen, sind verschwunden, durch das Stubenfenster strömt das Abendrot mit seinem tausendjährigen Schweigen herein. Das Haus duftet nach Lamm und Reinheit. Sie hat geduscht und danach die bequeme graue Hose und das blaue T-Shirt mit dem Bild angezogen, das Gummi drucken ließ, um für das Buch zu werben, das er vor einigen Jahren herausgegeben hat. Das Haar ist noch naß, und sie hat es glatt nach hinten gekämmt, so daß ihre feinen Gesichtszüge mit den sanft geschwungenen Wangenknochen, den blauen Augen, dem kleinen Kinn und dem schmalen Hals runder erscheinen. Sie ist jugendlich, schlank und allen gegenüber überaus zuvorkommend, und alle kommen mit ihr gut aus. Irgendwo gibt es auch noch alte Freunde, und jetzt sitzt sie am Wohnzimmertisch, während sie die alten Platten hört und alte Klassenfotos einscannt, um sie später auf Facebook hochzuladen. Später am Abend will sie vielleicht in der Mikrowelle Popcorn machen und zwei Dosen Bier trinken und dabei fernsehen. Vielleicht einen alten Spielfilm, vielleicht Taggart, vielleicht auch Benny Hinn auf Omega-TV, falls er heute Abend kommt, auch wenn sie nicht besonders gläubig ist. Er strahlt immer eine gewisse Freude aus, verbreitet Leben und Stimmung, er erinnert sie an Kalli, lächelt stets und ist immer positiv. Er verfügt auch über diese Fähigkeit, in das Leben jener Leute einzudringen, bei denen es Probleme gibt, und diese im Nu zu lösen, indem er die Leute anspornt oder den Heiligen Geist sie anspornen läßt, sie ist sich da nicht ganz sicher. Sie selbst hat es aufgegeben, sich um Therapien oder Veränderungen Gedanken zu machen, und außerdem ist mit ihr nichts weiter, außer daß sich das Leben draußen abspielt, und alt ist sie auch noch nicht.

Sie ist nicht alt, und doch ist es schon lange her, daß jemand vorbeigekommen ist, lange her, daß sie jemanden getroffen hat, lange her, daß sie sich für etwas begeistert hat, es ist lange her, daß sie gelacht und getratscht und gesungen hat, lange her, daß sie geküßt hat – alles lange her. Sie fährt jeden Tag zur Arbeit in die Bank und sitzt auf ihrem Kassenstuhl und bedient die Menschen, die sich noch kein Online-Banking eingerichtet haben – doch das sind keine Begegnungen mit Menschen. Auf dem Heimweg geht sie einkaufen, und dann kreuzen die unterschiedlichsten Leute ihren Weg, die die unterschiedlichsten Dinge zu ihr sagen. Doch auch das sind keine Begegnungen mit Menschen. Manchmal kommt Sveinsína,

Kallis Schwester, zu Besuch und setzt sich an den Küchentisch und erzählt von ihren Kindern und von anderen aus dem Ort und von deren Kindern und von deren verschwägerten Angehörigen und von den Verwandten der verschwägerten Angehörigen – und von deren Kindern. Doch das sind auch keine Begegnungen mit Menschen.

Manchmal ruft Gummi an. Er kam im vorletzten Sommer zu Besuch, kam allein und fragte einfach, ob er nicht übers Wochenende kommen könnte. Er wollte Kabeljau für sie machen und sie zu Weißwein einladen, es mit ihr gemütlich haben. So ist er, aufmerksam – liebenswürdig. Dann kam er am Freitag nach dem Mittag mit einem Rucksack voll verschiedenster Gewürze und Gemüse, mit Knoblauch und Ingwer und Koriander und Dill, mit Tomaten, Fenchel und Gott weiß was und mit einigen Weißweinflaschen, die er sofort in den Kühlschrank legte. Er knetete blitzschnell einen Brotteig und stürmte dann hinunter zum Kai, um zu sehen, ob er nicht frischen Kabeljau bekommen könnte. Aber er bekam keinen und ging in den Supermarkt, wo es nur tiefgefrorene Schellfischfilets gab, ließ sich jedoch trotzdem nicht unterkriegen, sondern lief zu seinem Vater in die Werkstatt, wo einer der Männer ein Boot hatte, und war drauf und dran, mit diesem auf die Jagd nach Kabeljau hinauszufahren. So ist er, der Gummi. Er gab nicht eher auf, als bis er den Kabeljau besorgt hatte, den er sich in den Kopf gesetzt hatte, für seine Mutter zu kochen. Und es war sieben Uhr, als er mit zwei schönen Kabeljaus ankam. Er nahm sie aus, filetierte sie und befreite sie von den Gräten. Dann öffnete er eine Weinflasche und begann mit dem Kochen, währenddessen er ihr von alldem berichtete, was ihm widerfahren war. Und sie berichtete ihm von nichts, weil ihr nichts widerfahren war. Das war eine Zeit. Sie lauschte seiner Stimme an diesem Abend und schaute auf das Lächeln in seinen Augenwinkeln und auf seinen Lippen. Seine

Worte dufteten. Sie waren gesättigt von Süße und fremdem Aroma, so wie jeder Bissen vom Kabeljau. Sein Leben war voller Kraft und Farbe gewesen. Es war draußen vorübergezogen, während sie hier drinnen war.

Er erzählte ihr zum ersten Mal von seinen Jahren der Rastlosigkeit, als er in fernen Ländern unterwegs war. Er war durch Südamerika gereist und quer durch Europa und auf irgendeine Weise mitten im Balkankrieg gelandet. Während ringsherum die Bomben einschlugen, verliebte er sich in ein Mädchen, das irgendeinen langen Namen hatte, den er sich nie merken konnte. So nannte er sie einfach Ása, und sie waren eine ganze Woche ununterbrochen zusammen, und sie steuerte die andere Hälfte von dem bei, was ihn zum Mann machte. Doch dann war es an der Zeit, nach Hause zu fahren, und sie versprachen sich, einander wiederzufinden, wenn der Krieg vorüber wäre. Sie lag die ganze Nacht in seinen Armen, während draußen die Bomben fielen, bis der Morgen anbrach und das Morgengrauen seine Wirklichkeit über ihr Dasein breitete. Hast du davon nichts gewußt, Mama? fragt er, und sie sagt Nein und hört für einen Moment auf zu kauen. Ich weiß immer noch nicht, was aus Ása geworden ist, denk dir nur, sagt er: Vielleicht ist sie tot. Ich denke jeden Tag an sie, vom Aufwachen am Morgen bis zum Einschlafen am Abend.

Und einmal, in Südamerika, lag er nachts wach in einem Zelt – das war irgendwo in Bolivien – und auf einmal bemerkt er etwas. Da ist irgendein Rascheln. Hab ich dir noch nie davon erzählt, Mama? Nein, antwortet sie. Ja, da war ein Rascheln, ich hatte das Gefühl, daß da etwas ist, und plötzlich, als ob jemand mit dem Finger geschnipst hätte, liegt ein Mann auf mir, und ich spüre – und das ist die reine Wahrheit –, ich spüre deutlich eine kalte Messerklinge an meiner Kehle. Und ich schwöre, daß ich bis heute nicht weiß, was da ablief, woher ich die Kraft nahm, aber mit einem Höllengebrüll – auf isländisch – schrie ich einfach Verdammter Satansbraten! oder etwas in der Art – mit einem Höllengebrüll gelang es mir irgendwie – sowie mit Gottes Hilfe – oder indem ich den anderen da unten anrief –, diesen Satan von mir zu stoßen und mich rittlings auf ihn zu setzen. Danach weiß ich nur noch, daß er aus dem Zelt rannte und ich das Messer hatte und ihm hinterherschrie: Du verdammter Satansbraten aus der Hölle! Oder etwas in der Art. Hab ich dir davon noch nie erzählt? Nein, er hatte ihr noch nie davon erzählt. In Ecuador hatte er irgendeine Erscheinung gesehen, die er am ehesten für einen Geist hielt, und er spürte das Böse von ihm ausströmen ... Da gab es Mädchen – sowohl in Brasilien als auch in Mexiko –, aber keine von ihnen liebte er so wie Ása in Sarajevo, von der er nicht wußte, was aus ihr geworden war, die er aber immer ausfindig machen möchte und an die er jeden Tag denkt. In El Salvador hatte er den Präsidenten getroffen und bei ihm Interesse für die isländische Nutzung der Erdwärme in Treibhäusern geweckt. In den brasilianischen Wäldern war er nur knapp einigen wilden Pavianen entkommen, und er war den Amazonas auf einem Einbaum hinuntergefahren. Sie sah seine wachsenden Geheimratsecken und seine gewölbte Stirn, gerötet von Sonne und hitzigen Gedanken, sein helles Haar, das einen eigenartigen gelben Schimmer bekommen hatte, und seine blauen Augen, die von Abenteuern funkelten. Sie wußte, daß er ein hoffnungsloser Fall war, war sich aber trotzdem nicht ganz sicher, ob er ein Unglücksrabe war, da der Kabeljau mit jedem Bissen einen neuen Geschmack hatte, während er sein Leben vor ihren Augen und Ohren ausbreitete. Er war jetzt zweiundvierzig Jahre, sie war gerade einmal achtzehn gewesen, als sie ihn bekam. Manchmal hatte sie darüber nachgedacht, ob es eine Auswirkung auf sein Leben gehabt hätte, daß er in einer Kirche gezeugt worden war. Sie hatte auf irgendeinem Ausflug mit anderen Jugendlichen aus dem Ort mit Kalli in einem

Zelt gelegen, und die ganze Nacht hindurch hatten sie mehrmals versucht, sich der Liebe hinzugeben, aber bei Kalli klappte es nicht, weil er vollkommen betrunken war. Sie erinnerte sich, wie der Regen auf die orangefarbene Zeltbahn niederprasselte, wie sie die ganze Nacht hindurch in einer ekstatischen Glückseligkeit dahindämmerte und hin und wieder mit einem gewissen leichten Höhepunkt erwachte, während er sich auf ihr abrackerte, bis er erschlaffte, dann aber nach kurzem erneut begann, wenn das Verlangen nach einer Befriedigung ihn wieder gestärkt hatte. Sie erwachten gegen Mittag und kleideten sich an, machten sich eine Ochsenschwanzsuppe auf dem Campingkocher warm und tranken lauwarme Cola dazu, und auf einmal zeigte Kalli zur Kirche hinüber und sagte: Hey, komm, wir sehen uns die Kirche an. Es regnete immer noch, und in den anderen Zelten rührte sich nichts, als sie unter der Zeltbahn hervorkrochen und in Richtung Kirche liefen. Die Tür knarrte, als sie die alte, schwarze Landkirche öffneten und sich hineinschlichen. Sie sprachen kein Wort, sie lachten weder, noch flüsterten sie, und doch war es so, als verstummte jeder Ton, als sie in die Kirche eintraten. Es war wie ein Erstrahlen. Es war, als träten sie durch die Pforte des Paradieses, wo es nur köstliche Milde, würdige Ruhe und gütige Energien gab und die Nähe der Engel allgegenwärtig war. Die Kanzel war rot und blau und grün und verziert mit Darstellungen aus der Heiligen Schrift, und das Altarbild zeigte Jesus, wie er den Hunger der Menschen mit zwei Fischen und fünf Broten stillte. Er stand mit ausgebreiteten Armen in der Mitte. In einer Hand lagen zwei kleine Fische, in der anderen fünf Brote, und er war umringt von einigen Männern, die offensichtlich Bauern waren und denen hier die Rolle der Menschenmenge zukam. Christus schaute geradeaus, als ob die Brote und die Fische auch den Betrachtern zugedacht wären. Sie gingen langsam weiter in die Kirche hinein, der Boden war mit rotem Teppich bedeckt und gab unter ihren Schritten ein wenig nach. Der Altar war leer, die liturgischen Gegenstände wurden offenbar an einem anderen Ort verwahrt. Kalli streckte die Arme nach ihr aus und berührte sie. Er stand hinter ihr und strich ihr den Rücken herab bis zum Gesäß. Sie öffnete ihre Beine, so daß er sie durch die Jeans auch im Schritt streicheln konnte. Er küßte ihren Nacken, den Hals und die Ohrläppchen und streichelte dabei ihre Schenkel und ihre Backen und ihre Vulva und ihre Brüste. Sie drehte sich um und drang mit ihrer Zunge in seinen Mund, und der Heilige Geist schwebte über ihnen, während sie sich ihrer Kleidungsstücke entledigten und gegenseitig ihr Fleisch aufeinander spürten, warm und weich. Und als er in sie hineinglitt, schien bei ihm endlich alles in Ordnung zu sein, und er kam sanft innerhalb von einer Minute. So standen sie eine Weile und hielten den Atem an, als lauschten sie dem Heiligen Geist, doch sie hörten nichts außer dem beständigen Summen der Fischfliegen an den Scheiben. Und da erst bemerkten sie, daß sie vergessen hatten, die Tür hinter sich zu schließen, und daß die Kirche offen stand. In der Türöffnung stand ein Schaf und schaute ihnen verwundert zu, machte dann kehrt und schritt gravitätisch von dannen. Sie bemühten sich, nicht vor Lachen laut loszuprusten und zogen sich schnell wieder an. Den ganzen Weg zum Zelt mußten sie kichern – und auch die ganze Woche über und immer, wenn sie sich an ihr Geheimnis erinnerten.

Während Gummi ihr von seinen Abenteuern in fernen Ländern erzählte, von seinen Liebschaften und Sorgen, überlegte sie, ob sie ihm erzählen sollte, daß sie auch ihre Zeiten erlebt hatte, rare und vergängliche zwar, doch auch sie hatten ihren Glanz, solange sie andauerten. Sie schwieg. Er schwieg ebenfalls, trug die Teller zum Abwaschbecken und spülte sie kurz, bevor er sie in die Spülmaschine einsortierte. Er bereitete Kaffee mit einer kleinen Espressomaschine, die er mitgebracht hatte, und servierte dann zum Kaffee After Eight und Aprikosenlikör. Beim Kaffeetrinken sagte er ihr, daß er vorhätte, Begga und die Kinder zu verlassen, daß es vorbei wäre. Er sagte, daß er hierherkommen und bei ihr wohnen wollte, für die erste Zeit zumindest, daß er den alten Speicher, der schon zu verfallen begann, kaufen und dort ein Restaurant eröffnen wollte, daß er ein Boot kaufen wollte und Kabeljau fangen und diesen dann abends für die Gäste und Besucher zubereiten. Er wollte das Lokal *Zu den drei Kabeljaus* nennen und skizzierte das Logo, das der Islandflagge von Jörundur nachempfunden sein sollte, drei flache Klippfische auf blauem Grund. Sie betrachtete seine Stirn, die Geheimratsecken, dieses seltsam gelbliche Haar und die blauen Augen voller ausgefallener Träume. Sie trank mit ihm den zuckersüßen Aprikosenlikör und den aromatischen Kaffee und sagte ihm, daß er ausgezeichnet Kabeljau zubereiten könnte. Das Mahl hätte wie das Nationalgericht geschmeckt, zu dem es nie wurde. Sie sagte ihm außerdem, daß er ein guter Sohn wäre, daß er allerdings auch ein guter Vater und Ehemann sein müßte, und wenn er vorhätte, hierherzuziehen und ein Restaurant zu eröffnen, was sich auf jeden Fall interessant anhörte, dann müßten Begga und die Kinder selbstverständlich ebenfalls hierherziehen. Er dürfte nicht das gleiche tun, was sein Vater getan hatte.

Das Leben spielt sich draußen ab. Manchmal hört sie es, wenn sie genau hinhört, was sie jedoch immer seltener tut. Sie wird einige der alten Platten hören, während sie alte Klassenfotos scannt, um sie auf Facebook hochzuladen, und dazu lauwarmes Dosenbier trinken. Sie hat den ganzen Tag nicht auf ihre Seite geguckt. Bestimmt sind dort heute ein paar Grüße zu ihrem sechzigsten Geburtstag eingetrudelt. Gummi ruft sicherlich irgendwann später an, so ist er, das macht er. Manchmal ruft er an, einfach um zu schwatzen und sich bei ihr zu melden. Sie weiß, daß er ein hoffnungsloser Fall ist und daß das Restaurant *Zu den drei Kabeljaus* nur in seinem Kopf inmitten von alten Abenteuern, wahren wie ersponnenen, und seiner Liebe zu Ása, die in Sarajevo die zweite Hälfte von dem bewahrt, das ihn zu einem ganzen Mann macht, existiert. Er verließ Begga und die Kinder genauso, wie sein Vater seine Familie damals verlassen hatte, als der Junge erst sieben Jahre alt war, und sie mit nichts zurückblieb, außer seiner Abwesenheit in den ausgebreiteten Armen, dem Schweigen im Haus und verbitterten Gedanken. Inzwischen hat er sich eine Wohnung im Stadtzentrum genommen und arbeitet als Koch in einem guten Restaurant in der Nähe. Trotzdem erklärt er, unglücklich zu sein und zuviel zu trinken. Selbst wird sie jetzt gleich die Soße zur Lammkeule zubereiten, und nach dem Abendessen genehmigt sie sich zwei Bier zur Feier des Tages, macht Popcorn und sieht irgendeinen Spielfilm, vielleicht Taggart oder vielleicht einfach Benny Hinn, auch wenn sie nicht besonders gläubig ist. Nun kann der Abend beginnen.

Nachwort

»Eigentlich bin ich ein recht erdverbundener Mensch, aber ich besitze zwei Jahrgänge *Popular Mechanics*, die ich oft betrachte, wenn ich abends allein bin. Dabei stieß ich auf diese geniale Zeichnung von Flügeln, die ich dann aus spärlichem Material zusammenbaute. Es ist schon etwas her, seit die Flügel fertig sind, aber erst im Herbst habe ich angefangen, sie richtig zu benutzen. In der Dämmerung schnalle ich mir die Flügel an, öffne ein Dachbodenfenster. Ein Glashimmel nimmt mich in Empfang.«*

Mit diesen Worten beginnt Gyrðir Elíassons Kurzgeschichte »Ein Flügelmensch«, die symbolisch für die isländische Literatur stehen könnte. Schon die Sagas aus dem 13. Jahrhundert waren eine ganz ungewöhnliche Mischung aus realistischem Gesellschaftspanorama und übernatürlichen Geschehnissen, aus Familienchroniken und Abenteuern, Wirklichkeit und Traum. Und noch immer ist es diese Mischung, die für die isländische Literatur ausschlaggebend ist. Man könnte sie als erdverbunden bezeichnen, und doch hebt sie zu so manchem Flug an, auf den sie ihre Leser mitnimmt. Darin liegt auch ihre Verwandtschaft mit der südamerikanischen Literatur – keinem Autor fühlte sich J. L. Borges so verbunden wie dem isländischen Gelehrten Snorri Sturluson, der 1241 ermordet wurde.

In der isländischen Geistesgeschichte gibt es keine wirkliche philosophische Tradition. Ein isländischer Philosoph hat dazu einmal gesagt, daß die Isländer statt dessen eine erzählende Tradition hätten. Wenn dem Isländer eine abstrakte Frage ge-

* Gyrðir Elíasson »Ein Flügelmensch«, aus: Gyrðir Elíasson, *Papierbooteregen. Erzählungen.* Aus dem Isländischen von Sæmundur G. Halldórsson und Gert Kreutzer. Kleinheinrich, Münster 1996.

stellt wird, antwortet er mit einer Geschichte, vielleicht von seinem Onkel in Súðavík, dem beim Fischen einmal ein Hai ins Netz geriet und so weiter. Das könnte die ganz besondere Stellung der Literatur in Island erklären, die auf eine fast tausendjährige Tradition zurückblicken kann, während sich andere Kunstarten erst sehr viel später entfalteten. Nachdem Island erst 1918 zu einem souveränen Staat erklärt wurde, spiegelte sich auch die Identitätssuche seiner Bewohner, der Versuch, ein Selbstbildnis zu entwickeln, vorherrschend und über lange Zeit in der Literatur. Mit Halldór Laxness bekamen die Isländer schließlich einen Nationaldichter – zwar wurde er nicht von allen gleichermaßen gemocht, doch fühlten sich fast alle dazu berufen, zu seinen Werken und Gedanken Stellung zu beziehen. Damit nahm er im 20. Jahrhundert eine Position ein, die Autoren anderer europäischer Nationen höchstens im 19. Jahrhundert gegönnt war.

Vor diesem Hintergrund ist die Anordnung der Geschichten in diesem Band zu sehen, die thematisch und nicht chronologisch sortiert sind. Sie stammen zum größten Teil aus der zweiten Hälfte des zwanzigsten Jahrhunderts und wurden von bekannten und unbekannten Autorinnen und Autoren verfaßt; viele von ihnen erscheinen hier zum ersten Mal. Die Erzählungen, die nicht nur was den Inhalt, sondern auch was die Form anbelangt, ein breites Spektrum abdecken, beschäftigen sich mit Themen, die man eigentlich auch der Philosophie zuordnen könnte: dem Verhältnis zwischen Phantasie und Wirklichkeit, zwischen Mensch und Natur, zwischen Frauen und Männern. Dabei stehen sie ganz in der für die isländische Literatur charakteristischen Erzähltradition: Als »Wanderer zwischen den Welten« befinden sie sich auf der Schwelle zwischen Realismus und Phantasie, zwischen Wirklichkeit und Traum.

In einem vielzitierten Gespräch aus einem Roman von Einar Már Guðmundsson* unterhalten sich zwei Jungen darüber, ob Tauben in ihren kleinen Köpfen ein Gehirn haben, und stellen fest, daß Tauben kein Gehirn brauchen, weil sie Flügel haben. Sie stellen sich die Frage, ob es nicht vielleicht besser sei, Flügel statt ein Gehirn zu besitzen. Schließlich kommen sie zu dem Ergebnis, daß es vielleicht am besten sei, ein Gehirn mit Flügeln zu haben. Unser Wunsch ist, daß diese Sammlung isländischer Erzählungen den Lesern das Gefühl vermitteln möge, mit der Literatur davonfliegen und andere Welten betreten zu können.

Soffía Auður Birgisdóttir
Gert Kreutzer
Halldór Guðmundsson

* Einar Már Guðmundsson, *Vængjasláttur í þakrennum.* Almenna bókafélagið, Reykjavík 1983.

Autorenverzeichnis

Kristín Marja Baldursdóttir, 1949 in Hafnarfjörður geboren, absolvierte ein Lehramtsstudium, erwarb einen B. A. in Deutsch und Isländisch und war als Lehrerin und Journalistin tätig. 1995 erschien ihr Debütroman *Mávahlátur* (dt. *Möwengelächter*, 2001). Der Roman war ein großer Erfolg und wurde vom Theaterensemble Reykjavík als Bühnenstück aufgeführt und von Ágúst Guðmundsson verfilmt. Seitdem hat sie als freie Schriftstellerin fünf Romane, die alle ins Deutsche übersetzt wurden, und eine Kurzgeschichtensammlung verfaßt.
OHRFEIGEN (»Kinnhestur«) stammt aus der Sammlung *Kvöldljósin eru kveikt* (*Die Abendlichter sind angezündet*, 2001) – und erinnert an eine bekannte Stelle aus der *Njáls Saga*. Übersetzung: Ursula Giger.

Sveinbjörn I. Baldvinsson, 1957 in Reykjavík geboren, studierte Literaturwissenschaft und Dänisch an der Universität Islands und Dramaturgie an der University of Southern California. Er produzierte Fernsehbeiträge und arbeitete als Programmleiter beim staatlichen Fernsehen Islands RÚV. Er unterrichtete Dramaturgie an verschiedenen Universitäten Europas und leitet heute den Fachbereich Dramaturgie an der norwegischen Filmschule in Lillehammer. Er verfaßte Lyrik, Kurzgeschichten, Romane, Theaterstükke und Filmmanuskripte. Sein erstes Buch war der Gedichtband *Í skugga mannsins* (*Im Schatten des Menschen*, 1976).
Mit ICEMASTER gewann Sveinbjörn I. Baldvinsson den Kurzgeschichtenwettbewerb des Kunstfestivals in Reykjavík 1986. Die Geschichte erschien in der Sammlung *Stórir brúnir vængir* (*Große braune Flügel*, 1989) und wurde in zahlreiche Sprachen übersetzt. Übersetzung: Hartmut Mittelstädt, erschienen in: *Wortlaut Island, Isländische Gegenwartsliteratur*. Hg. v. Franz Gíslason, Sigurður A. Magnússon und Wolfgang Schiffer (edition die horen 26, hg. von Johann P. Tammen), NW Verlag, Bremerhaven 2000. Abdruck mit freundlicher Genehmigung des Autors und des Übersetzers.

Guðbergur Bergsson, 1932 in Grindavík geboren, absolvierte ein Lehramtsstudium auf Island, bevor er Literatur und Kunstgeschichte in Barcelona studierte. Mit seinen Übersetzungen leistete er einen großen Beitrag zur Vermittlung spanischer und portugiesischer Literatur nach Island. Seine ersten beiden Bücher erschienen 1961: der Gedichtband *Endurtekin orð* (*Wiederholte Worte*) und der Roman *Músin sem læðist* (*Die schleichende*

Maus). Seitdem hat er zahlreiche Romane und Kurzgeschichten sowie autobiographische Werke veröffentlicht. Guðbergur Bergsson hat für seine Werke viele Auszeichnungen erhalten, darunter den Nordischen Literaturpreis der Schwedischen Akademie 2004. Er zählt zu den wichtigsten isländischen Schriftstellern des 20. Jahrhunderts.
ZAUBER DER KINDHEIT ist ein Auszug aus dem Roman *Faðir og móðir og dulmagn bernskunnar*, für den Bergsson 1997 den Isländischen Literaturpreis erhielt. Das Buch erschien in deutscher Übersetzung von Karl Ludwig Wetzig unter dem Titel *Vater, Mutter und der Zauber der Kindheit.* © Steidl Verlag, Göttingen 2005.

Bjarni Bjarnason, 1965 in Reykjavík geboren, veröffentlichte bereits als Jugendlicher Gedichte in Zeitungen und Zeitschriften, bevor 1989 die Gedichtbände *Upphafið* (*Der Anfang*) und *Ótal kraftaverk* (*Unzählige Wunder*) erschienen. Später schrieb er Kurzgeschichten. 1996 erschien der Roman *Endurkoma Maríu* (*Marias Rückkehr*), der für den Isländischen Literaturpreis nominiert wurde. Für den Roman *Borgin bak við orðin* (*Die Stadt hinter den Worten*, 1998) erhielt er den Literaturpreis der Stadt Reykjavík, für *Mannætukonan og maðurinn hennar* (*Die Kannibalin und ihr Mann*, 2001), ein Kriminalroman mit traumartigen Sequenzen und phantastischer Erzählweise, den Halldór-Laxness-Literaturpreis.
FAMILIENBILDER (»Fjölskyldumyndir«) ist ein Auszug aus dem autobiographischen Roman *Andlit* (*Gesicht*, 2003) und beschreibt die Kindheit eines Jungen, der von seinen Eltern abgelehnt wird und seine eigenen Wege geht. Übersetzung: Ursula Giger.

Sigfús Bjartmarsson, 1955 im Aðaldalur in Nordisland geboren, studierte Geschichte, arbeitete auf dem Bau und in der Landwirtschaft und verbrachte viele Jahre auf Reisen. 1979 veröffentlichte er sein erstes Buch, den Gedichtband *Út um lensportið* (*Aus dem Speigatt*). Für den Erzählungsband *Vargatal* (*Raubtierverzeichnis*), in dem er isländische Raubtiere, darunter auch den Menschen, porträtiert, erhielt er 1999 den Kulturpreis der Tageszeitung DV. Sigfús Bjartmarsson veröffentlichte bislang sechs Gedichtbände und vier Kurzgeschichtensammlungen und übersetzte Werke von Jorge Luis Borges und Octavio Paz ins Isländische.
DER MENSCH (»Maðurinn«) stammt aus *Raubtierverzeichnis*. Übersetzung: Karl-Ludwig Wetzig.

Þórarinn Eldjárn, 1949 in Reykjavík geboren, studierte Literatur und Philosophie in Lund und Reykjavík und lebte einige Zeit in Stockholm. Seit 1975 ist er ausschließlich als Schriftsteller und Übersetzer tätig. Er ist bekannt für seine Wortspiele und hat viele beliebte Gedichtbände für Kinder und Erwachsene veröffentlicht, wie *Kvæði* (*Gedichte*, 1975) und *Disneyrímur* (*Disneylieder*, 1978). Außerdem hat er neun Kurzprosabände und vier Romane verfaßt. Þórarinn Eldjárn hat zahlreiche Preise erhalten, u. a. den Guðmundur-Böðvarsson-Poesiepreis, den Jónas-Hallgrímsson-Literaturpreis und zweimal den Kinderbuchpreis der Stadt Reykjavík. 1993 wurde er vom IBBY für seine Kinderbücher geehrt. Der Kurzgeschichtenband *Die glücklichste Nation unter der Sonne* erschien 2011 auf deutsch.
DER KLANG DER WÖRTER (»Orðanna hljóðan«) ist dem Band *Eins og vax* (*Wie Wachs*, 2002) entnommen. Übersetzung: Coletta Bürling.

Gyrðir Elíasson, 1961 in Reykjavík geboren, ist als Schriftsteller und Übersetzer tätig und gehört zu den renommiertesten Autoren Islands. Sein erstes Buch, der Gedichtband *Svarthvít axlabönd* (*Schwarzweiße Hosenträger*), erschien 1983. Seitdem hat er weitere 14 Gedichtbände, 9 Kurzprosasammlungen und 4 Romane veröffentlicht. Sein Werk wurde vielfach ausgezeichnet. Für die im Jahre 2000 erschienene Kurzgeschichtensammlung *Gula húsið* (*Das gelbe Haus*) erhielt er den Isländischen Literaturpreis und den Halldór-Laxness-Literaturpreis. Für seinen letzten Erzählungsband *Milli trjánna* (*Zwischen den Bäumen*, 2009) wurde er mit dem Literaturpreis des Nordischen Rates 2011 ausgezeichnet. Seine Bücher wurden in zahlreiche Sprachen übersetzt. Auf deutsch erschienen zuletzt die Romane *Gangandi íkorni* (*Ein Eichhörnchen auf Wanderschaft*, 2011) und *Sandárbókin. Pastoralsónata* (*Am Sandfluss. Pastoralsonate*, 2011) und der Gedichtband *Nokkur almenn orð um kulnun sólar* (*Einige allgemeine Worte zur Erkaltung der Sonne*, 2011).
INFERNO (»Infernó«) stammt aus *Zwischen den Bäumen*. Übersetzung: Gert Kreutzer.

Sigurlín Bjarney Gísladóttir, 1975 in Sandgerði geboren, studierte Theologie und isländische Literatur. Sie veröffentlichte Geschichten in Zeitschriften und nahm erfolgreich an Wettbewerben teil. 2007 erschien ihr erstes Buch, *Fjallvegir í Reykjavík* (*Bergpisten in Reykjavík*), eine Sammlung kurzer Prosaskizzen. 2009 wurde ein weiterer Band mit Prosaskizzen, *Svuntustrengur* (*Schürzenband*), veröffentlicht.
EINE RIPPE AUS MEINER SEITE (»Rif úr síðu minni«), GLETSCHERLAUF IN

DER SKEIÐARÁ (»Skeiðarárhlaup: Dill og aðrar viðkvæmar jurtir«) und FEST IN MOSFELLSVEIT (»Hátíð í Mosfellssveit«) stammen aus *Schürzenband*. Übersetzung: Anika Lüders.

Vigdís Grímsdóttir, 1953 in Reykjavík geboren, studierte Pädagogik, Erziehungswissenschaften, Isländisch und Bibliothekswissenschaften. Sie arbeitete als Lehrerin, bis sie sich 1990 ganz dem Schreiben zuwandte. 1983 erschien der Kurzgeschichtenband *Tíu myndir úr lífi þínu* (*Zehn Bilder aus deinem Leben*). Mit dem Roman *Kaldaljós* (*Kaltes Licht*, 1987), der 2004 auch verfilmt wurde, gelang ihr der literarische Durchbruch, seitdem ist sie eine der beliebtesten Autorinnen Islands. Sie verfaßte Romane, Kurzgeschichten, Gedichte, Kinderbücher u. v. m. 1994 wurde sie mit dem Isländischen Literaturpreis, 2001 mit dem Kulturpreis der Zeitung DV ausgezeichnet.
DIE KRAFT DER FLÜGEL ERFASST SIE (»Máttur vængjanna fer um þær«) stammt aus *Eldur og regn* (*Feuer und Regen*, 1985). Übersetzung: Gudrun M.H. Kloes. WACH AUF, DORNRÖSCHEN (»Vaknaðu Þyrnirós«) ist *Zehn Bilder aus deinem Leben* entnommen. Übersetzung: Petra Schulze, erschienen in: *Flügelrauschen: Erzählungen zeitgenössischer isländischer Autoren*. Hg. v. Kolbrún Haraldsdóttir und Hubert Seelow. Aus dem Isländischen von Studenten der Nordischen Abteilung der Universität Erlangen-Nürnberg. Steidl Verlag, Göttingen 2000. Abdruck mit freundlicher Genehmigung der Autorin.

Böðvar Guðmundsson, 1939 auf Kirkjuból in Westisland geboren, studierte Isländisch an der Universität Islands mit Studienaufenthalten in Frankreich und Deutschland. Sein erstes Buch, der Gedichtband *Austan Elivoga* (*Östlich von Elivogar*) erschien 1964. Seitdem hat er eine Vielzahl an Lyrikbänden, Kurzgeschichtensammlungen, Romanen und Theaterstücken verfaßt. Für den Roman *Lífsins tré* (*Baum des Lebens*) wurde er 1996 mit dem Isländischen Literaturpreis ausgezeichnet.
DER SKALDENMET (»Skáldamjöðurinn«) stammt aus *Sögur úr Síðunni* (*Geschichten aus Síða*, 2007). Übersetzung: Hartmut Mittelstädt.

Einar Már Guðmundsson, 1954 in Reykjavík geboren, studierte Literatur und Geschichte in Reykjavík und Kopenhagen. 1980 und 1981 veröffentlichte er drei Gedichtbände, mit denen er große Aufmerksamkeit erregte: *Er nokkur í kórónafötum hér inni?* (*Ist hier jemand in Kórónа-Kleidung?*), *Sendisveinninn er einmana* (*Der Botenjunge ist einsam*) und *Róbinson Krúsó snýr aftur* (*Robinson Crusoe kehrt zurück*). 1982 gewann

er den Romanwettbewerb des Verlages Almenna bókafélagið mit *Riddarar hringstigans* (dt. *Die Ritter der runden Treppe*, 1988). Für seinen berühmtesten Roman *Englar alheimsins* (1993, dt. *Engel des Universums*, 1998) erhielt er 1995 den Literaturpreis des Nordischen Rates. Einar Már Guðmundsson gehört zu den renommiertesten Gegenwartsautoren Islands und schrieb neben Gedichten und Romanen auch Kurzgeschichten und Kinderbücher. Darüber hinaus veröffentlichte er 2009 das Sachbuch *Hvíta bókin* (dt. *Wie man ein Land in den Abgrund führt: Die Geschichte von Islands Ruin*, 2010), das von der isländischen Wirtschaftkrise im Jahr 2008 handelt. Seine Bücher wurden in viele Sprachen übersetzt und erhielten Auszeichnungen im In- und Ausland.
DIE SCHÖNE HELENA (»Helena fagra«) ist dem Band *Kannski er pósturinn svangur* (*Vielleicht hat die Post Hunger*, 2000) entnommen. Übersetzung: Gudrun M. H. Kloes.

Svava Jakobsdóttir (1930-2004) wurde in Neskaupstaður geboren. Im Alter von fünf Jahren emigrierte sie mit ihrer Familie nach Kanada. Sie studierte nordamerikanische und englische Literatur, Altenglisch und mittelalterliche Literatur in Northampton/MA sowie altisländische Literatur in Oxford. Svava Jakobsdóttir wurde mit den Kurzgeschichtensammlungen *Tólf konur* (*Zwölf Frauen*, 1965) und *Veizla undir grjótvegg* (*Das Fest an der Steinmauer*, 1967) bekannt. Sie gilt als Wegbereiterin der modernen isländischen Literatur und war in der Frauenrechtsbewegung aktiv. Zudem arbeitete sie für das Außenministerium und war Abgeordnete im isländischen Parlament. Die Romane *Leigjandinn* (*Der Mieter*, 1969) und *Gunnlaðar saga* (*Gunnlöds Saga*, 1987) wurden für den Literaturpreis des Nordischen Rates nominiert.
ALLES VERGEHT EINMAL (»Fyrnist yfir allt«) stammt aus dem Erzählungsband *Undir eldfjalli* (*Am Vulkan*, 1989). Übersetzung: Hiltrud Hildur Guðmundsdóttir.

Elísabet Kristín Jökulsdóttir, 1958 in Reykjavik geboren, war als Dramaturgin u. a. an der Autorenwerkstatt des Theaterensembles Reykjavík tätig. 1989 veröffentlichte sie ihren ersten Gedichtband *Dans í lokuðu herbergi* (*Tanz im geschlossenen Zimmer*) und hat seitdem zahlreiche Gedichte, Kurzgeschichten, Romane und Theaterstücke verfaßt. In ihren Texten bewegt sie sich zwischen Phantasie und Paradox, erforscht die Grenzen zwischen Traum und Wirklichkeit und tendiert in manchen Geschichten zu Horror und Wahnsinn.

Fótboltasögur: Tala saman strákar (*Fußballgeschichten: Sprecht euch ab, Jungs*, 2001) ist eine Sammlung von Prosaskizzen, die von Fußballspielern, ihrem Kampf und ihren Gedanken handeln. Die ausgewählten FUSSBALLGESCHICHTEN wurden von Jón B. Atlason und Alexander Sitzmann übersetzt und erschienen zuerst in: *Unterwegs im Land der Fabulanten*, hg. von Kurt Morawietz und Johann P. Tammen, die horen, Band 221, NW Verlag, Bremerhaven 2006. Abdruck mit freundlicher Genehmigung der Autorin und der Übersetzer.

Jón Atli Jónasson, 1972 in Reykjavík geboren, arbeitet bei Theater und Film. Zu seinem literarischen Repertoire gehören Gedichte, Kurzgeschichten, Romane und Biographien. Er hat zahlreiche Theaterstücke verfaßt und inszeniert und ist einer der Gründer der ›Mindgroup‹, einer europäischen Organisation für experimentelles Theater. Für das Stück *Brim* (2004) erhielt er den Isländischen Schauspielpreis Gríman. Der gleichnamige Film wurde 2011 mit dem Isländischen Filmpreis Edda ausgezeichnet. Der Erzählungsband *Brotinn taktur* (*Breakbeat*, 2001) erregte großes Aufsehen, weil er Erfahrungen junger Menschen in deren Alltagssprache beschreibt, durchzogen von Anglizismen und Verweisen auf Filme und Musik.
DER ZAUBERER (»Töframaðurinn«) stammt aus *Breakbeat*. Übersetzung: Anika Lüders.

Einar Kárason, 1955 in Reykjavík geboren, studierte Literaturgeschichte und ist seit 1978 freiberuflich als Schriftsteller tätig. Er war Vorsitzender des Isländischen Schriftstellerverbandes und ist Vorstandsmitglied des Reykjavíker Literaturfestivals. Berühmt wurde er durch die Romantrilogie *Þar sem djöflaeyjan rís* (1983, dt. *Die Teufelsinsel*, 1997), *Gulleyjan* (1985, dt. *Die Goldinsel*, 2011) und *Fyrirheitna landið* (1989, dt. *Das Gelobte Land*, 2011), die von einer Reykjavíker Großfamilie in den Nachkriegsjahren handelt. Die Trilogie wurde als Theaterstück inszeniert und 1997 verfilmt. Sein Roman *Ofsi* (2008, dt. *Versöhnung und Groll*, 2011) wurde mit dem Isländischen Literaturpreis 2008 ausgezeichnet und für den Literaturpreis des Nordischen Rates nominiert. Für die Romane *Die Goldinsel* und *Stormur* (2004, dt. *Sturmerprobt*, 2007) erhielt er den Kulturpreis der Zeitung DV. Einar Kárason veröffentlichte neben Romanen auch Kurzgeschichten, Reisebücher, Kinderbücher, Interviewbücher, Filmmanuskripte und Gedichte.
DIE GESCHICHTE VOM LEBENSMITTELGESCHÄFT AN DER ECKE (»Kveldúlfs þáttur kjörbúðar«) stammt aus *Söngur villiandarinnar og fleiri sögur* (*Gesang der Wildente und andere Geschichten*, 1987). Übersetzung: Colet-

ta Bürling, erschienen in: *Wortlaut Island, Isländische Gegenwartsliteratur.* Hg. v. Franz Gíslason, Sigurður A. Magnússon und Wolfgang Schiffer (edition die horen 26, hg. von Johann P. Tammen), NW Verlag, Bremerhaven 2000. Abdruck mit freundlicher Genehmigung des Autors.

Halldór Laxness (1902-1998) wurde in Reykjavík geboren. Mit 17 Jahren veröffentlichte er seinen ersten Roman *Barn náttúrunnar* (*Naturkind*, 1919), dem weitere Romane, Kurzgeschichten, Gedichte, Artikel und Theaterstücke folgten. Mit der Veröffentlichung der Romane *Salka Valka* (dt. *Salka Valka*, 2009), *Sjálfstætt fólk* (dt. *Sein eigener Herr*, 2009) und *Heimsljós* (dt. *Weltlicht*, 2009) in den 30er Jahren entwickelte sich der Roman zum beliebtesten Literaturgenre auf Island. Laxness war sein ganzes Leben ein aktiver Gesellschaftskritiker und veröffentlichte zahlreiche Artikel in Zeitungen und Zeitschriften. Seine Werke wurden in mehr als 40 Sprachen übersetzt und vielfach ausgezeichnet. 1955 wurde ihm der Nobelpreis für Literatur verliehen.
EIN SPIEGELBILD IM WASSER (»Fyrirburður í djúpinu«) erschien erstmals 1935 in der Zeitschrift Samtíðin, zählt jedoch zu den frühen Werken des Autors und wurde vermutlich bereits 1925 verfaßt. Die Erzählung ist dem Band *Sjö töframenn* entnommen. Übersetzung: Hubert Seelow, erschienen in: *Sieben Zauberer: Erzählungen.* © Steidl Verlag, Göttingen 1992.

Bragi Ólafsson, 1962 in Reykjavík geboren, studierte Spanisch in Reykjavík und Granada. Bevor er mit dem Schreiben begann, spielte er in verschiedenen Musikgruppen, darunter den Sugarcubes. 1986 veröffentlichte er seinen ersten Gedichtband *Dragsúgur* (*Durchzug*) und verfaßte seitdem Romane und Kurzgeschichten sowie Theaterstücke. Der Autor wurde für sein Werk vielfach ausgezeichnet: Vier seiner Romane wurden für den Isländischen Literaturpreis nominiert, der Roman *Sendiherrann* (2006, dt. *Der Botschafter*, 2009) wurde für den Literaturpreis des Nordischen Rates nominiert. Für den Roman *Samkvæmisleikir* (*Gesellschaftsspiele*, 2004) erhielt Bragi den Kulturpreis der Zeitung DV.
DER TANZSTIL (»Dansstíllinn«) ist *Við hinir einkennisklæddu* (*Wir Uniformierten*, 2003) entnommen. Übersetzung: Tina Flecken.

Ólafur Jóhann Ólafsson, 1962 in Reykjavík geboren, studierte Physik in Massachusetts. Er arbeitete für Sony, Advanta und Time Warner Digital Media. Schon während seiner Studienzeit veröffentlichte er neben wissenschaftlichen Artikeln über Atomphysik auch Kurzgeschichten. Sein erster

Erzählungsband *Níu lyklar* (*Neun Schlüssel*) erschien 1986, 1988 folgte der erste Roman *Markaðstorg guðanna* (*Marktplatz der Götter*). Für den Band *Aldingarðurinn* (*Der Garten Eden*, 2006) wurde er mit dem Isländischen Literaturpreis ausgezeichnet. Neben Kurzgeschichten und Romanen schreibt er auch Theaterstücke. Die Filmrechte für das Buch *Slóð fiðrildanna* (dt. *Der Weg nach Hause*, 2002) wurden an Hollywood verkauft.
APRIL (»Apríl«) stammt aus dem Band *Der Garten Eden*. Für diese Geschichte erhielt der Autor den amerikanischen O. Henry Award. Übersetzung: Anika Lüders.

Kristín Ómarsdóttir, 1962 in Reykjavík geboren, studierte Literatur und Spanisch in Reykjavík, Barcelona und Kopenhagen. 1985 gewann sie den Autorenwettbewerb des Isländischen Nationaltheaters. 1987 erschien ihr erstes Buch, der Gedichtband *Í húsinu okkar er þoka* (*Nebel in unserem Haus*), dem weitere Gedichtbände, Romane, Kurzgeschichten sowie zahlreiche Theaterstücke folgten. 2005 erhielt sie für das Stück *Segðu mér allt* (*Sag mir alles*) den Isländischen Theaterpreis Gríman. Der Roman *Elskan mín ég dey* (*Ich sterbe, mein Schatz*, 1997) wurde mit dem Kulturpreis der Zeitung DV ausgezeichnet und für den Isländischen Literaturpreis und den Literaturpreis des Nordischen Rates nominiert.
FRAUENSEHNSUCHT (»Konuþrá«), BLUMEN AUF DEN RÖCKEN VON FRAUEN (»Blómin á pilsum kvenna«) und PRÜGELKNABEN (»Slagsmálastrákarnir«) stammen aus *Einu sinni sögur* (*Es war einmal-Geschichten*, 1991). Übersetzung: Andreas Vollmer.

Fríða Á. Sigurðardóttir (1940-2010) wurde auf Hesteyri im Nordwesten Islands geboren und ist die Schwester der Autorin Jakobína Sigurðardóttir. Sie studierte Islandistik. 1980 erschien ihre erste Kurzgeschichtensammlung *Þetta er ekkert alvarlegt* (*Das ist nicht so schlimm*). Der Roman *Meðan nóttin líður* (1990, dt. *Ninas Geschichte*, 1998) wurde 1990 mit dem Isländischen Literaturpreis und 1992 mit dem Literaturpreis des Nordischen Rates ausgezeichnet. Fríða Á. Sigurðardóttir veröffentlichte insgesamt sechs Romane und drei Erzählungsbände.
DER SPRUNG (»Stökkið«) stammt aus dem Band *Við gluggann* (*Am Fenster*, 1984). Übersetzung: Julia Dürr, erschienen in: *Flügelrauschen: Erzählungen zeitgenössischer isländischer Autoren*. Hg. v. Kolbrún Haraldsdóttir und Hubert Seelow. Aus dem Isländischen von Studenten der Nordischen Abteilung der Universität Erlangen-Nürnberg. Steidl Verlag, Göttingen 2000.

Jakobína Sigurðardóttir (1918-1994) wurde in Hælavík im Nordwesten Islands geboren und ist die Schwester der Autorin Fríða Á. Sigurðardóttir. Sie absolvierte ein Lehramtsstudium und war lange Zeit Bäuerin am Mývatn. In den 60er Jahren war sie eine der beliebtesten Romanautorinnen Islands. Ihre Werke wurden vielfach ausgezeichnet und handeln oft vom Konflikt zwischen Stadt und Land.
KINDHEIT ist ein Kapitel aus ihrem autobiographischen Roman *Í barndómi* (*In der Kindheit*, 1994). Übersetzung: Gisa Marehn.

Ragna Sigurðardóttir, 1962 in Reykjavík geboren, studierte Bildende Kunst auf Island und in den Niederlanden und arbeitete erfolgreich als Künstlerin. Ihre ersten Bücher waren lyrische Prosawerke, die sich auf ihre Kunst bezogen. 1987 erschien ein Band mit kurzen Prosaskizzen unter dem Titel *Stefnumót* (*Verabredung*), 1993 ihr erster Roman *Borg* (*Stadt*).
AM STRAND (»Í flæðarmálinu«), AUF DER BRÜCKE (»Á brúnni«) und AUF DER LANDSTRASSE (»Á þjóðveginum«) stammen aus *Verabredung*. Übersetzung: Gudrun M. H. Kloes.

Steinunn Sigurðardóttir, 1950 in Reykjavík geboren, studierte Psychologie und Philosophie in Dublin und arbeitete als Journalistin und Korrespondentin für den staatlichen Rundfunk Islands RÚV. Ihr erstes Buch, der Gedichtband *Sífellur* (*Beständigkeiten*), erschien 1969. In den 80er Jahren schrieb sie vermehrt Prosa und Theaterstücke. Ihr erster Roman *Tímaþjófurinn* (1986, dt. *Der Zeitdieb*, 1997) wurde 1999 von Yves Angelo unter dem Titel *Voleur du Vie* verfilmt. Mittlerweile hat die Autorin neun Romane, zwei Bände mit Kurzgeschichten, sechs Gedichtbände und eine Biographie veröffentlicht. Sie erhielt zahlreiche Auszeichnungen, darunter den Isländischen Literaturpreis 1995 für den Roman *Hjartastaður* (dt. *Herzort*, 2001).
FRAU UND SCHAF (»Kona og kind«) erschien zuerst in der Kulturzeitschrift Tímarit Máls og menningar, 3/1987. Übersetzung: Coletta Bürling.

Ólafur Jóhann Sigurðsson (1918-1988) begann schon früh zu schreiben: Seine erste Kurzgeschichtensammlung, *Við Álftavatn* (*Am Schwanensee*), verfaßte er im Alter von 16 Jahren. 1936 erschien sein erster Roman, *Skuggarnir af bænum* (*Die Schatten der Stadt*). Er verfaßte zudem fünf Gedichtbände; für *Að brunnum* (*Am Brunnen*, 1974) erhielt er 1976 als erster Isländer den Literaturpreis des Nordischen Rates.
DIE ERRICHTUNG DER PYRAMIDEN (»Reistir pyramídar«) ist dem Band

Teningar í tafli (*Würfel im Schach*, 1945) entnommen. Übersetzung: Gert Kreutzer.

Steinar Sigurjónsson (1928-1992) wuchs in Akranes an der Westküste Islands auf. Er arbeitete als Drucker und fuhr zur See. Sein erstes Buch, der Kurzgeschichtenband *Hér erum við* (*Hier sind wir*), erschien 1955. Zu seinen bekanntesten Romanen gehören *Ástarsaga* (*Liebesgeschichte*, 1959), *Blandað í svartan dauðann* (*Mit Hochprozentigem gemischt*, 1967) und *Farðu burt skuggi* (*Verschwinde, Schatten*, 1971). Weiterhin schrieb er Gedichte und Theaterstücke. Seine Werke fanden zunächst keine besondere Beachtung, heute gilt Steinar Sigurjónsson jedoch als Wegbereiter des Modernismus. Eine Gesamtausgabe seiner Werke erschien im Jahr 2008.
DELIRIUM TREMENS (»Tremmi«) stammt aus *Brotabrot* (*Bruchstück*, 1993). Übersetzung: Anika Lüders.

Ólafur Haukur Símonarson, 1947 in Reykjavík geboren, studierte Innenarchitektur und Literatur in Kopenhagen und Straßburg. Er arbeitete für den staatlichen Rundfunk Islands RÚV und war von 1980-1982 Direktor des Volkstheaters in Akureyri. 1970 erschien sein erstes Buch, der Gedichtband *Unglingarnir í eldofninum* (*Die Jünglinge im Feuerofen*). Ólafur Haukur gehört zu den produktivsten isländischen Theaterautoren; seine Stücke wurden auf Bühnen, im Radio und im Fernsehen inszeniert. Ólafur Haukur verfaßte außerdem Romane, Kurzgeschichten sowie zahlreiche Kinder- und Jugendbücher, die heute zur Standardliteratur in isländischen Grundschulen gehören. Sein erster Roman, *Vatn á myllu kölska* (*Wasser auf des Teufels Mühle*, 1978) wurde für den Literaturpreis des Nordischen Rates nominiert. Für das Theaterstück *Hafið* (*Das Meer*) erhielt er 1993 den Kulturpreis der Zeitung DV. Die Verfilmung von Baltasar Kormákur aus dem Jahr 2002 wurde mit dem isländischen Filmpreis Edda ausgezeichnet.
FUNKEN (»Neistar«) ist ein Kapitel aus der Romanbiographie *Fluga á vegg* (*Fliege an der Wand*, 2008). Übersetzung: Hartmut Mittelstädt.

Halldór Stefánsson (1892-1979) wuchs in Eskifjörður im Osten Islands auf. 1930 erschien sein erster Kurzgeschichtenband *Í fáum dráttum* (*Mit wenigen Strichen*). Er gehörte der politisch linken Autorengruppe ›Rote Federn‹ an und verfaßte Romane und Theaterstücke. Bekannt ist er vor allem für seine Kurzgeschichten, von denen er insgesamt fünf Bände veröffentlichte.
ZWEITE PERSON EINZAHL (»Önnur persóna eintala«) stammt aus dem Band *Einn er geymdur* (*Eins im Sinn*, 1942). Übersetzung: Gert Kreutzer.

Ágúst Borgþór Sverrisson, 1962 in Reykjavík geboren, studierte Deutsch, Literatur und Philosophie in Berlin, München und Reykjavík. 1987 erschien der Gedichtband *Eftirlyst augnablik* (*Gewünschter Augenblick*, 1987). Sein neuestes Werk ist der Roman *Hliðarspor* (*Seitensprung*, 2007). Ágúst Borgþór Sverrisson schreibt vor allem Kurzgeschichten; zwischen 1988 und 2004 veröffentlichte er insgesamt fünf Bände.
BIS ZUR UNKENNTLICHKEIT erschien erstmals in Tímarit Máls og menningar, (2/2001), danach in dem Band *Sumarið 1970* (*Sommer 1970*, 2001). Übersetzung: Claudia Overesch.

Guðmundur Andri Thorsson, 1957 in Reykjavík geboren, studierte Isländisch und Literaturwissenschaft und arbeitete für Zeitungen, Rundfunk und Verlage. Seit 2009 ist er, wie zuvor schon von 1987 bis 1989, Herausgeber der Literaturzeitschrift Tímarit Máls og menningar. Er schreibt Artikel und Kolumnen über Literatur, Kunst, Kultur und Gesellschaft. Sein erster Roman, *Mín káta angist* (*Meine fröhliche Verzweiflung*), erschien 1988, vier weitere folgten. Für *Íslenski draumurinn* (*Der isländische Traum*) bekam der Autor den Kulturpreis der Zeitung DV.
NUN KANN DER ABEND KOMMEN (»Kvöldið má koma«) erschien erstmals in der Zeitschrift Skírnir (2010: 184). Übersetzung: Gisa Marehn.

Rúnar Helgi Vignisson, 1959 in Ísafjörður geboren, studierte Englisch, Isländisch, Französisch und Deutsch auf Island und Literaturwissenschaft an der University of Iowa. Heute ist er Dozent für Kreatives Schreiben an der Universität Islands. Sein erster Roman, *Ekkert slor* (*Nichts zu Lachen*), erschien 1984. Der Roman *Nautnastuldur* (*Rinderdiebstahl*, 1990) wurde für den Isländischen Literaturpreis nominiert. Neben Romanen schreibt der Autor auch Kurzgeschichten und übersetzt englischsprachige Literatur, u. a. von William Faulkner und J. M. Coetzee. Für seine Übersetzung von J. M. Coetzees *Der Junge* erhielt er 2006 den Isländischen Übersetzerpreis.
EROTIK IN DER MITTSOMMERNACHT (»Erótík á Jónsmessunótt)« stammt aus *Í allri sinni nekt* (*In all ihrer Nacktheit*, 2000). Übersetzung: Betty Wahl

Thor Vilhjálmsson (1925-2011) wurde im schottischen Edinburgh geboren. Er studierte Nordistik an der Universität Islands, in Nottingham und in Paris und war als Bibliothekar in der Isländischen Nationalbibliothek und am Isländischen Nationaltheater tätig. Er war Mitbegründer des Literaturfestivals in Reykjavík und der Kulturzeitschrift Birtingur (1955). Sein er-

stes Buch, *Maðurinn er alltaf einn* (*Der Mensch ist immer allein*), erschien 1950. Es folgten weitere Romane, Kurzgeschichten, Gedichte, Reiseberichte und eine Vielzahl an Artikeln und Kolumnen über Kultur und Kunst. Seine Werke wurden vielfach ausgezeichnet und in zahlreiche Sprachen übersetzt. 1987 erhielt er für den Roman *Grámosinn glóir* (dt. *Das Graumoos glüht*, 1990) den Literaturpreis des Nordischen Rates, 1998 den Isländischen Literaturpreis für *Morgunþula í stráum* (dt. *Morgengebet*, 2011) sowie den Nordischen Literaturpreis der Schwedischen Akademie 1992.
SCHNEE IN PARIS (»Snjór í París«) stammt aus *Dagar mannsins* (*Tage des Menschen*, 1954). Übersetzung: Gert Kreutzer.

Þórbergur Þórðarson (1888-1974) wurde auf Hali im Südosten Islands geboren. Im Alter von 18 Jahren zog er nach Reykjavík, fuhr zur See und studierte später Nordistik. Er arbeitete als Lehrer, bis er nach der Veröffentlichung seines kontroversen Buches *Bréf til Láru* (*Brief an Lára*, 1924) suspendiert wurde. Die meisten seiner Werke tragen autobiographische Züge, die er jedoch fiktional stark abänderte. Dadurch ebnete er den Weg für die ersten Romanbiographien in der isländischen Literatur.
WIE ICH EINMAL SCHWANGER WAR (»Þegar ég varð óléttur«) stammt aus *Brief an Lára*. Übersetzung: Richard Kölbl.

Oddný Eir Ævarsdóttir, 1972 in Reykjavík geboren, studierte politische Philosophie und promovierte in Paris. Zudem forschte sie im Bereich der Museumswissenschaften in Budapest und war in den Bereichen Literatur, Kunst, Musik und Bibliothekswissenschaften tätig. 2004 erschien ihr erstes Buch, *Opnun kryppunnar: brúðuleikhús* (*Öffnung des Buckels: Puppentheater*). Im Jahr 2009 veröffentlichte sie das autobiographische Werk *Heim til míns hjarta* (*Heim zu meinem Herzen*), in dem sie von einer jungen Frau erzählt, die sich in ein Sanatorium einliefern läßt, um die Liebe zu verstehen.
HEIM ZU MEINEM HERZEN ist ein Auszug aus dem gleichnamigen Roman. Übersetzung: Anika Lüders.

Die Kulthauptstadt des Nordens – wie sie keiner kennt!

Reykjavík ist die nördlichste Hauptstadt Europas und was für eine! Tief mit seiner Geschichte verwurzelt, präsentiert sich Reykjavík gleichzeitig als aufstrebende junge Metropole mit einer lebendigen Literatur- und Kulturszene. Die literarische Stimme Reykjavíks ist vielfältig und vielstimmig, besonders die jungen Autorinnen und Autoren sind in den vergangenen Jahren international sehr erfolgreich geworden. Der berühmte isländische Autor Pétur Gunnarsson lädt uns ein, seine faszinierende Heimatstadt kennenzulernen.

Pétur Gunnarsson. Reykjavík
Aus dem Isländischen von Betty Wahl. insel taschenbuch 4043.
Etwa 120 Seiten

Helden und Schurken, Gespenster und Wiedergänger, verfeindete Wikinger und Geächtete …

Die unterhaltsamen Geschichten aus dem alten Island erzählen von starken, mutigen und waghalsigen Männern und Frauen, die sich vor über tausend Jahren dort niederließen. Nicht nur hatten sie Konflikte und Fehden auszutragen und sich Wind, Wetter und der rauhen Natur zu stellen, auch für ihre ehrenhaften Heldentaten sind sie weithin bekannt.

Die schönsten und spannendsten Sagas aus dem »Wilden Westen« des hohen Nordens sind in diesem Band versammelt.

Die schönsten isländischen Sagas
Ausgewählt und mit einem Vorwort von Arthúr Björgvin Bollason. Aus dem Altisländischen von Rolf Heller. insel taschenbuch 4044. 239 Seiten

Dichtung aus dem hohen Norden

Isländische Lyrik in ihrer ganzen Bandbreite von den Anfängen bis zur Gegenwart – erstmals auf deutsch.

Das Land der Wikinger und Gletscher, der rauhen Natur und strengen Winter offenbart seine eindrucksvolle lyrische Seite. In dieser umfassenden Anthologie findet man neben den weltberühmten Versen der Edda auch Gedichte vieler bekannter Autoren wie Halldór Laxness, Steinunn Sigurðardóttir, Gyrðir Elíasson, Andri Snær Magnason und Sjón. Und mit Steinar Bragi und Eiríkur Örn Norðdahl präsentiert die Sammlung auch die jüngsten Stimmen moderner isländischer Dichtung.

Isländische Lyrik
Herausgegeben von Silja Aðalsteinsdóttir, Jón Bjarni Atlason und Björn Kozempel. insel taschenbuch 4054. 222 Seiten

Das Tao des Nordens

Vieles können wir lernen von den Wikingern im alten Island. Vor über tausend Jahren entstand diese Sammlung von Weisheiten und wertvollen Ratschlägen, die uns auf wunderbare Weise die Lebensanschauung der frühen isländischen Siedler vermitteln. Sie erzählen von Gastfreundschaft und guten Sitten, vom Glück der Freundschaft und vom Umgang mit anderen Menschen. Gleichzeitig bieten sie Rat für ganz alltägliche Probleme und lehren die Kunst des zufriedenen Lebens.

Die Weisheit der Wikinger
Aus dem Altisländischen von Arnulf Krause. insel taschenbuch 4041.
90 Seiten

Eine Geschichte von Abenteuerlust und weiblichem Freiheitsdrang.

Ein Neuanfang sollte es werden, als Harriet und Joseph Blackstone von England nach Neuseeland aufbrachen. Von einem Leben in Wohlstand träumten sie, aber als Joseph im Fluss neben seinem Haus einen Schimmer von Gold entdeckt, kennt er nur noch ein Ziel. Er lässt Harriet und seine Mutter zurück und macht sich auf zu den Goldfeldern, zusammen mit vielen anderen Glückssuchern. Auf der Suche nach ihrem Mann reist Harriet ihrem eigenen Traum entgegen.
»Rose Tremain schreibt die besten historischen Romane unserer Zeit.«
Evening Standard

Rose Tremain, Die Farbe der Träume. Roman
Aus dem Englischen von Christel Dormagen. insel taschenbuch 4002.
459 Seiten

»Herzzerreißend schön.« ***Vogue***

Im Jahr 1922 wandert der junge Metzgermeister Fidelis Waldvogel nach Amerika aus, um dort sein Glück zu suchen – im Gepäck einen Koffer voller Würste, mit deren Verkauf er die Reise in die Neue Welt finanziert. In Argus, North Dakota, gründet er ein Geschäft, eine Familie und einen Gesangverein. Aber erst als Fidelis und seine Frau Eva der Artistin Delphine begegnen, beginnt ihr amerikanisches Abenteuer.

»Eine fast im Flüsterton erzählte Geschichte voller kleiner und großer Gefühle. Was folgt, wird sie süchtig machen … ein Meisterwerk.«

Cosmopolitan

Louise Erdrich, Der Club der singenden Metzger
Roman. Aus dem Amerikanischen von Renate Orth-Guttmann.
insel taschenbuch 4014. 503 Seiten